MONTAGNES

PENDANT LA DERNIÈRE INSURRECTION CARLISTE

EN CATALOGNE

(1872-1875)

PAR LE COMMANDANT

DE LA LLAVE Y GARCIA

DU GÉNIE ESPAGNOL

TRADUIT PAR A. JOUART

CHEF D'ESCADRON D'ARTILLERIE

Avec 1 carte et 21 plans, croquis et portraits

PARIS

BERGER-LEVRAULT ET Cⁱᵉ, LIBRAIRES-ÉDITEURS

5, RUE DES BEAUX-ARTS, 5

MÊME MAISON À NANCY

1881

LA

GUERRE DE MONTAGNES

EN CATALOGNE

(1872-1875)

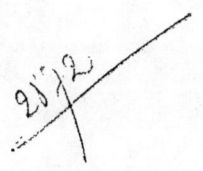

NANCY, IMPRIMERIE BERGER-LEVRAULT ET Cie

A. MARTINEZ CAMPOS.

CAPITAINE - GÉNÉRAL.

Em. Gastebois. del.

Lith. Berger-Levrault & Cie à Nancy

LA GUERRE

DE MONTAGNES

PENDANT LA DERNIÈRE INSURRECTION CARLISTE

EN CATALOGNE

(1872-1875)

PAR LE COMMANDANT

DE LA LLAVE Y GARCIA

DU GÉNIE ESPAGNOL

TRADUIT PAR A. JOUART

CHEF D'ESCADRON D'ARTILLERIE

———

Avec 1 carte et 21 plans, croquis et portraits

———

PARIS

BERGER-LEVRAULT ET Cie, LIBRAIRES-ÉDITEURS

5, RUE DES BEAUX-ARTS, 5

MÊME MAISON A NANCY

—

1881

LA

GUERRE DE MONTAGNES

PENDANT LA DERNIÈRE INSURRECTION CARLISTE

EN CATALOGNE

(1872-1875)

———

Les guerres civiles qui ont eu la Catalogne pour théâtre,
n'ont point toujours été des guerres de partisans sans
organisation, comme on est quelquefois tenté de le croire :
les affaires auxquelles elles ont donné lieu, bien que peu
connues en général, méritent pourtant d'être étudiées, à
cause du cachet particulier que leur donnent la configuration même du pays et le caractère essentiellement guerrier
des habitants.

Aussi semble-t-il qu'on ne lira pas sans intérêt le récit
des opérations les plus importantes de la dernière guerre,
fait par un témoin oculaire, le commandant D. J. de la Llave
y Garcia, qui a pu, grâce à sa situation, recueillir des
données précises sur l'organisation des forces carlistes en
Catalogne.

Ce modeste travail, où l'auteur, comme il le dit lui-même,

est loin d'avoir eu la prétention d'écrire une histoire de cette guerre, débute par une description du pays et un simple résumé chronologique qui rendent facile l'étude détaillée des faits principaux: on y trouve aussi des notices utiles sur les travaux de fortification auxquels le corps du génie fut plus particulièrement employé.

Avant d'aller plus loin, nous nous faisons un devoir de remercier le commandant de la Llave du soin avec lequel il a bien voulu nous indiquer les corrections à introduire dans le texte primitif, pour assurer la rigoureuse exactitude des données dans cette édition, à laquelle d'élégants croquis des divers types militaires des deux armées en présence, dus à la plume d'un jeune officier du génie espagnol, M. le lieutenant Lagarde, viennent encore ajouter un nouvel attrait.

I

Description géographique de la Catalogne au point de vue militaire.

L'antique comté de Barcelone, devenu plus tard principauté de Catalogne, a souvent été le théâtre de guerres tant étrangères que civiles. La nature du pays, sa configuration particulière, le caractère belliqueux de ses habitants ont, en tout temps, opposé de très-grandes difficultés aux invasions étrangères, de même qu'ils ont rendu longues et pénibles les guerres civiles et les insurrections des tenaces catalans, toujours prêts à s'émanciper du pouvoir central, à défendre leurs priviléges ou à s'armer pour la cause du prétendant qui a leurs sympathies.

Les provinces catalanes, situées dans la partie nord-est de la péninsule espagnole, peuvent être considérées comme limitées au nord par la frontière française, à l'est par la Méditerranée, au sud par l'Èbre, et à l'ouest par deux autres rivières, le Sègre et la Noguera Ribagorzana. Cependant la province de Tarragone comprend aussi le district judiciaire de Gandesa sur la rive droite de l'Èbre, où se trouve également la moitié du district de Tortose ; mais au point de vue militaire, on doit regarder ce territoire comme faisant partie du Maestrazgo ; aussi les opérations dont il a été le théâtre ont-elles été exécutées, non par l'armée de Catalogne, mais par l'autre armée qui, pendant la guerre civile, a pris le nom d'armée du Centre.

La principauté de Catalogne est formée par le versant méridional des Pyrénées orientales, dont les contreforts se prolongent jusqu'à l'Èbre et à la côte. En décrivant ces montagnes, le colonel Rudtorffer, dans sa *Géographie militaire de l'Europe,* résume parfaitement en quelques lignes le caractère général du terrain :

« Les montagnes de la Catalogne, dit-il, sont sillonnées
« en tout sens par les affluents de l'Èbre et par de petites
« rivières qui se jettent directement dans la mer ; la majeure
« partie de celles-ci ne sont que des torrents encaissés dans
« des lits de rochers. Tout le pays est plein de vallées étroites,
« de passages escarpés, de roches et de montagnes couvertes
« de forêts, entremêlées de petites plaines dans lesquelles,
« au printemps, la fonte des neiges intercepte généralement
« les communications. Les contreforts qui les séparent ne
« sont pas très-hauts; leur surface est couverte de bois et
« quelquefois aussi de champs cultivés. Les canaux d'irriga-
« tion, les enclos, les jardins, les plantations d'oliviers et
« d'arbres fruitiers qui se multiplient partout, font que même

« les parties les moins accidentées ne présentent qu'un ter-
« rain coupé, ce qui, joint aux nombreux torrents que les
« eaux de la pluie enflent en quelques heures et qu'aucun
« pont ne traverse, rend toute cette région extrêmement fa-
« cile à défendre.

« Tout, en outre, sur cette frontière, conserve le cachet
« de l'époque guerrière du moyen âge. Tous les bâtiments,
« toutes les clôtures des habitations isolées sont en pierre ;
« en dehors des villages, on trouve un grand nombre de
« maisons, de métairies et d'édifices religieux ; les vallées et
« leurs versants sont couverts de tours et de châteaux, de
« façon qu'il est facile d'y disputer le terrain pied à pied.

« La fertilité du sol est très-grande. On y fait presque
« toujours deux récoltes, et, néanmoins, cette région, à cause
« de la densité de sa population, produit à peine plus de cé-
« réales qu'elle n'en consomme. Les prés, les pâturages sont
« étroits, aussi le foin est-il rare ; dans les plaines plus éten-
« dues, la culture dominante est celle du maïs. »

Les Pyrénées catalanes ou orientales s'étendent depuis
la mer jusqu'à la source de la Garonne, près du pic de Mau-
berne ; leur crête ou la ligne de partage des eaux forme la
frontière entre l'Espagne et la France, excepté en deux ou
trois points, comme la Cerdagne française qui appartient au
versant espagnol, la vallée d'Andorre qui forme un État au-
tonome, et la vallée espagnole d'Aran, située sur le versant
français.

C'est dans les Pyrénées que naissent pour ainsi dire toutes
les rivières importantes qui arrosent l'ancienne principauté,
et qui sont la Muga, la Fluvia, le Ter, le Llobregat et le Sègre.
Les vallées qui forment les cinq grands bassins de ces rivières sont séparées par des chaînes de montagnes très-éle-
vées ; celles-ci projettent des rameaux qui, dans la région

supérieure, limitent les bassins des divers affluents, et dans la région inférieure, forment les vallées secondaires de la Tordera, du Besos, du Foix et du Francoli.

La première chaîne qu'on rencontre, en pénétrant dans l'intérieur du pays à partir de la côte de la province de Gérone, est celle qui se détache des Pyrénées vers le cap Cerbère et finit au cap Creus en côtoyant le bord de la mer et formant le versant gauche du bassin de la Muga. Cette rivière, dont le cours est peu étendu, coule dans la direction ouest-est et reçoit de nombreux affluents de peu d'importance : tout son bassin prend le nom d'Ampurdan ; ce territoire, l'un des plus riches de la Catalogne, a pour chef-lieu Figueras et renferme d'autres villes importantes, comme Rosas, Castellon de Ampurias, Perelada et La Junquera. Il se divise en haut et bas Ampurdan comprenant, le premier, les pentes des montagnes qui entourent la vallée, et, le second, la vallée elle-même et les marais qui avoisinent la mer.

En continuant, on rencontre une chaîne assez élevée qui, sous le nom de sierra de Basagoda et de Notre-Dame-du-Mont, constitue la ligne de partage entre la Muga et la Fluvia.

Cette dernière prend sa source dans le dédale des Pyrénées et, après avoir reçu de nombreux petits affluents, coule presque en ligne droite dans la direction ouest-est, à partir de Castellfullit par Besalu, jusqu'à la mer. Le haut bassin de la Fluvia a pour ville principale Olot, centre de la partie montagneuse de la province de Gérone.

La chaîne qui limite à droite le bassin de la Fluvia se détache à Rocapruna, passe par Capsacosta, puis, sous les noms de sierra de la Magdalena, du Grau, de Finestras et de Rocacorba, va se perdre progressivement dans la mer. Cette chaîne qui se développe suivant une ligne brisée court d'abord dans la direction nord-sud, puis tourne de l'ouest à l'est en projetant, dans sa partie la plus élevée, de nombreux éperons qui forment, d'un côté, les profondes et charmantes vallées d'Olot, et de l'autre, des fondrières prolongées jusque dans la vallée du Ter. Cette rivière, l'une des plus importantes de la Catalogne, prend sa source à Set-Casas et roule du nord au sud encaissée dans une vallée étroite et boisée, où elle arrose Camprodon et San Juan de las Abadesas ; elle atteint ensuite Ripoll et y reçoit son affluent le Fraser venu du nord-ouest par le couloir de Ribas, depuis Puigmal et Tossas. A Ripoll elle pénètre dans les défilés de Montesquiu et de San Quirse de Besora, puis traverse la plaine de Vich par Manlleu et Roda, se jette à l'est à travers les escarpements des Guillerias, d'où elle sort pour parcourir un terrain relativement plat jusqu'à Gérone et à son embouchure dans la mer, vis-à-vis des îles Médas. Le long et étroit bassin du Ter est limité sur la droite par une chaîne qui se détache de la sierra du Cadi au-dessus de Castellar de Nuch, s'étend dans la direction nord-sud sous les noms de Costa Puvilla, de Mongrony, de Puigrodon et de San Jaime de Frontanya, puis se prolonge par le vaste plateau du Llusanès, au centre duquel se trouve le bourg de Prats. Ce plateau, tourmenté et coupé de nombreux ravins, se déprime au sud-est vers Tona, contourne à l'est et au nord la plaine de Vich, puis se relève brusquement pour former la sierra extrêmement haute de Monseny, qui s'épanouit comme un vrai labyrinthe dans toutes les directions et s'affaisse au nord dans la rangée de collines ravinées des Guillerias, pour aller tomber dans la vallée du Ter; cette région a été le berceau de nombreuses guerres civiles et a constamment servi de refuge aux bandits, dont quelques-uns se sont rendus célèbres ; outre qu'elle est pauvre et sauvage, elle est tellement coupée que les opérations y sont toujours extrêmement difficiles.

Au delà du Monseny, la chaîne commence à s'abaisser, se continue dans la direction ouest-est par les monts de San Hilario et forme plus loin les monts Gavarras, où se trouvent les sources de l'Onya, affluent du Ter qui la reçoit à Gérone ; la ligne des hauteurs passe au-dessous du bourg de Santa Coloma de Farnès, et, après plusieurs inflexions, va se perdre dans la mer, près des ports de Palamos et de San Feliu de Guixols. Les nombreux contreforts de cette longue chaîne, dont le plus remarquable est connu sous le nom de sierra de la Quart, près de Berga, forment, vers son origine, de véritables ravins au fond desquels coulent d'un côté les affluents du Ter, et de l'autre ceux du Llobregat. Plus bas, la montagne, devenue le plateau du Llusanès, détache encore divers rameaux, comme la sierra de Pinos, celle de Moya qui va presque jusqu'à Manresa, et celle de Montéalègre ou de San Llorens de Munt dont les derniers replis arrivent jusqu'au Vallès et près du Llobregat, en formant une région tout à fait sauvage au nord de Tarrasa.

Entre la sierra de San Llorens de Munt et les derniers contreforts du Monseny coule le Besos, encaissé, près de sa source, dans le long et étroit défilé du Congost, qui s'ouvre dans la contrée appelée le Vallès, au centre de laquelle se trouve la petite ville de Granollers. Après avoir ensuite traversé le défilé de Moncada, le Besos gagne la plaine de Barcelone et va se jeter dans la mer non loin de cette ville.

Une autre ramification du Monseny, passant entre San Celoni et Cardedeu, va envelopper sur le rivage la ville de Mataro et les riches bourgs de la côte du Levant. Enfin, c'est au Monseny que naît aussi la Tordera ; cette rivière coule entre le contrefort précédent et les monts Gavarras, en passant par San Celoni, le château d'Hostalrich et le bourg de Tordera.

Le Llobrègat prend sa source à Castellar de Nuch et descend dans la direction nord-sud jusqu'à Berga, en recevant
les eaux d'une infinité de ravins et de torrents qui sillonnent
ce pays sauvage. Dans toute la région qu'on peut appeler le
haut Llobregat, c'est-à-dire en amont de Berga, on ne rencontre que des défilés et des positions formidables; il suffit
de citer Guardiola, Castellar de Nuch, Vallsèbre, Paguera et
Queralt. A partir de Berga, le Llobregat continue son cours
dans la même direction nord-sud entre les montagnes détachées des chaînes principales qui limitent son bassin à droite
et à gauche, et traverse des positions dont quelques-unes
sont restées célèbres, comme celles de Puigreig et de Granota. A Sellent, la rivière entre dans la plaine de Bagès, où se
trouve la ville de Manresa, vulgairement appelée *la capitale
de la montagne,* titre que lui dispute Vich où le Llobregat
reçoit les eaux du Cardoner; celui-ci descend de la sierra
du Cadi et arrose San Llorens dels Morunys ou dels Piteus,
Solsona, Cardona et Suria. De Manresa, le Llobregat, suivant
encore sa direction nord-sud, passe au pied de la montagne
de Monserrat, célèbre par sa hauteur et son aspect pitto-
resque, et dont le sommet escarpé est couronné par un
monastère vénéré; il atteint ensuite Martorell, y reçoit la
Noya, venue de l'ouest par Igualada et San Sadurni, et débouche alors des défilés dans la plaine de Barcelone, où il
arrose les villages du bas Llobregat, Molins de Rey, San
Feliu, San Boy et Prat; il se jette enfin dans la mer au pied
du château de Monjuich, le seul fort qui défende Barcelone.

La sierra qui se détache des Pyrénées au pic de Corlitte,
forme le versant droit du Llobregat et le versant gauche du
Sègre; c'est la chaîne centrale et en même temps la plus
importante de la Catalogne : elle commence en France,
comme le Sègre lui-même, et ses premiers chaînons, qui

sont les plus élevés et que les neiges couvrent presque toute l'année, prennent le nom de sierra du Cadi. Elle descend du nord-est au sud-ouest jusqu'au delà de Gossol, puis se dirige du nord au sud par San Llorens dels Piteus et Solsona et arrive jusqu'aux environs immédiats de Calaf, où elle s'appelle sierra de Pinos. Tout le long de ce parcours, la chaîne projette des contreforts nombreux, mais peu étendus, à l'exception toutefois de celui qui se détache audessus de Castellar de Nuch et sert, comme on l'a vu plus haut, de ligne de partage entre les vallées du Llobregat et du Ter. Les autres ne forment que les fondrières du haut Llobregat, les plateaux de Vallsèbre et de Fumanya, et n'envoient de l'autre côté que quelques ruisseaux dans la vallée de la Cerdagne. Un peu plus bas se trouve le chaînon qui, passant à Serrateix et à Castelladral, se termine d'une part au plateau de Sampedor, près de Manresa, où il sépare le Cardoner du Llobregat, et de l'autre au plateau de Busa entre la Valldora et le Cardoner. Du côté opposé, les contreforts sont très-courts, mais extrêmement escarpés, et ne donnent accès que par des gorges étroites dans la vallée du Sègre.

Vers Calaf, la sierra du Cadi détache un rameau dans la direction ouest-est sous les noms de sierra de Castellfullit, de Forn del Vidre et de Massana; il se termine par la montagne déjà citée de Monserrat, qui s'élève brusquement à une grande hauteur et apparaît comme une forteresse naturelle formidable sur le cours inférieur du Llobregat. Ce massif sépare les eaux de la Noya de celles du Cardoner.

Au delà de Calaf, la sierra du Cadi, devenue la Segarra, passe au-dessus de Cervera, partage les eaux entre la Noya et les affluents du Sègre, et s'étend dans la direction nordest sud-ouest jusqu'au point où elle prend le nom de sierra de Prades, qu'on peut regarder comme son extrémité méridionale.

De cette dernière partie de la chaîne se détachent une infinité de contreforts qui donnent naissance à des rivières secondaires et aux affluents de l'Èbre, vers lequel vont se perdre leurs dernières ondulations.

A Bellprat, la Segarra envoie, du nord-ouest au sud-est, sous le nom de sierra de Bufaganya, un rameau jusqu'au Puig de Montagut, où il s'épanouit en trois autres. Le plus oriental de ceux-ci passe au-dessus de La Llacuna, par le col d'Ordal, prend le nom de sierra d'Arambrunya et de la Mola, et finit à Castell de Fels et à la côte de Garraf, près de l'embouchure du Llobregat; le second, par San Jaime des Domenys, gagne Bellver et Cunit; enfin le troisième, par Rodonya et Mas-Llorens, s'avance jusqu'à la mer. Entre ces hauteurs coulent la rivière de Foix qui arrose le Panadès, région riche et fertile autour de Villafranca, le torrent de Montagut qui passe à Vendrell, et la rivière Gaya. Plus loin les sierras de Comavert, de Col de Lilla, de Col de Cabra, d'un côté, et celle de Tallat de l'autre entourent la Conca de Barbera dont la rivière l'Anguera se jette dans le Francoli. Les sierras de Comavert et de Col de Lilla se prolongent jusqu'à la mer, près d'Altafulla, et partagent les eaux entre la Gaya et le Francoli.

Cette dernière rivière prend sa source dans la sierra de Prades et, après avoir traversé la gorge de Lilla, arrive dans la fertile campagne de Tarragone, où se trouvent des villes très-importantes, comme Reus, Valls et surtout Tarragone elle-même à son embouchure.

La sierra de Prades forme un dédale de hauteurs enchevêtrées, où coulent les affluents de l'Èbre et de nombreux ruisseaux; on donne le nom de Priorato à cette contrée dont le centre est à Falset. Les plus remarquables de ces hauteurs sont : la sierra de la Llena qui forme les Garrigas et couvre l'espace compris entre Méquinenza, Fayon et Flix, avec les sierras de Figuera et de la Tour de l'Espagnol qui en dépendent ; la sierra du Monsant, moins étendue, mais plus élevée, et enfin la ramification principale qu'on peut regarder comme le prolongement de la sierra de Prades et qui comprend la sierra de Llaveria et le plateau de Burga jusqu'au col d'Alva, au-dessus de Tortose. De cette sierra naissent d'autres rameaux, dont l'un va se perdre dans la mer sous le nom de Col de Balaguer.

A l'ouest de la grande vertèbre que nous venons de décrire, coule le Sègre, la rivière la plus abondante de la Catalogne. Il prend sa source en France, au pied du pic de Corlitte, et traverse, dans son cours supérieur, une vallée ouverte et charmante, la Cerdagne, dont une partie se trouve sur le territoire français ; sur la frontière même se rencontre Puigcerda, capitale de la Cerdagne espagnole. En sortant de cette vallée, la rivière pénètre dans les étroits défilés d'Isobol et de Pont de Bar. Le lit du Sègre commence à s'élargir à la Seo de Urgel, où il reçoit les eaux de la Balira qui descend de la vallée d'Andorre. Au-dessous de la Seo de Urgel, la sierra du Cadi et les montagnes qui lui font face se rapprochent tellement qu'elles ne laissent entre elles qu'une étroite et profonde coupure ; à Pons, la vallée s'ouvre un peu plus et le Sègre reçoit à gauche les eaux du Llobregos, qui prend sa source près de Calaf et traverse ce bourg ainsi que Sanahuja.

Le Sègre continue son cours en quittant la direction nord-sud qu'il suivait depuis la Seo de Urgel, pour tourner du nord-est au sud-ouest jusqu'à Camarasa, où il reçoit à droite les eaux de la Noguera Pallaresa : cette rivière descend de

Notre-Dame-de-Montgarri dans les Pyrénées et, après s'être grossie des eaux des petits vallons de cette contrée, pénètre dans la vallée de Pallas en passant par Sort; elle entre ensuite dans la Conca de Tremp par la gorge de Collegats, près de la Pobla de Segur, et coule par Talarn et Tremp jusqu'à Camarasa. Les vallées de Pallas et de la Conca de Tremp, bien qu'elles soient étroites, sont cependant agréables et fertiles; elles renferment une nombreuse population, surtout près des bords de la rivière.

Le Sègre, à Camarasa, s'incline davantage vers le sud, reçoit à gauche le Sio, qui vient de la Segarra par Agramunt en traversant une partie de la vaste plaine d'Urgel, puis continue par Balaguer et Menargues, où il reçoit à droite la Noguera Ribagorzana. Cet affluent prend sa source au port de Viella et descend du nord au sud, par un étroit ravin, d'Areny au pont de Montañana, en formant la limite entre les provinces de Catalogne et d'Aragon; il tourne ensuite jusqu'à Menargues. Un peu en aval de ce point, le Sègre recueille encore à gauche le Corp, dont la source est dans la Segarra et qui traverse Cervera et Tarrega; puis, dix kilomètres plus bas, il passe à Lérida, et de là, considérablement grossi, roule jusqu'à Méquinenza où il jette ses eaux dans l'Èbre, après avoir lui-même reçu celles de la Cinca qui coule en Aragon.

Dans tout son cours inférieur, le Sègre traverse et arrose les fertiles plaines d'Urgel comprises, depuis Camarasa jusqu'à Méquinenza, entre la rivière et les sierras de la Segarra et de la Llena.

Les sierras formées par les contreforts des Pyrénées entre lesquels coulent le Sègre et ses affluents sont: entre le Sègre et la Balira, la chaîne qui sépare la Catalogne d'Andorre et se termine aux hauteurs de Castell-Ciutat, couronnées par les

forts de la Seo de Urgel; entre la Balira et la Noguera Pallaresa, une sierra qui partant du pic de Siguier prend plus
bas le nom d'Arès; entre les deux Nogueras (Pallaresa et Ribagorzana), la sierra de Monsech qui s'étend du nord au sud
en face de la Pobla de Segur. Les deux sierras d'Arès et de
Monsech paraissent, à première vue, ne former qu'une même
chaîne dans le prolongement de celle du Cadi, à travers
laquelle une coupure aurait livré passage aux eaux de la Noguera Pallaresa. Le val d'Aran, bien qu'espagnol, se trouve
sur le versant français des Pyrénées, au-dessus des sources
des deux Nogueras, et ne communique avec l'Espagne que
par le port de Viella, impraticable pendant une grande partie
de l'année à cause des neiges; la Garonne prend sa source
dans le val et traverse Viella, son chef-lieu, ainsi que l'ancienne place forte de Castel-Léon.

L'Èbre, en pénétrant en Catalogne par Méquinenza, bien
qu'il soit déjà dans la partie inférieure de son cours, a encore à franchir des gorges étroites dans lesquelles son lit se
trouve encaissé, jusque près de Tortose, entre les massifs de
la sierra de Prades à gauche et ceux des ports de Beceite à
droite : on trouve dans cette région de nombreux bacs; mais
il n'y a qu'un seul pont, celui de Tortose. Au delà de cette
place, le terrain plan et bas forme les Bouches des Alfaques par lesquelles l'Èbre se jette dans la mer à travers les
étangs et les marais.

Cette simple description oro-hydrographique suffit pour
faire comprendre combien est tourmenté le sol de presque
toute la Catalogne et quelles infinies facilités peut y trouver
une insurrection pour se défendre et s'alimenter.

On se rend compte aisément qu'un terrain aussi accidenté
doit abonder en défilés et en positions avantageuses, soit
dans la direction même des vallées lorsqu'elles sont étroites.

soit sur les lignes de partage des eaux et sur les communications des vallées les unes avec les autres.

La constitution géologique de la Catalogne dérive tout entière du soulèvement plutonien des Pyrénées, combiné avec quelques autres accidents particuliers moins importants; ces phénomènes, en soulevant et rompant les terrains de sédiment primitifs et secondaires, déterminèrent les anciens lacs et golfes où se formèrent les dépôts tertiaires, desséchés depuis par différentes causes.

Les Pyrénées, en effet, sont constituées par diverses masses granitiques et cristallines qui apparaissent à la surface en bien des points, entourées de bandes de terrain silurien et dévonien. Les soulèvements plutoniens se retrouvent en maints endroits: ils forment les hauteurs de Monseny, de Far, de Gavarras dans la province de Gérone, celles de Monserrat et de Monjuich dans celle de Barcelone, et ont donné lieu à leur tour à de nouvelles formations siluriennes qui constituent les montagnes de la côte.

La base des Pyrénées, depuis Berga jusqu'à l'occident, est formée par une bande de terrain secondaire crétacé, jurassique et triasique, sur laquelle vient s'appuyer une autre bande de calcaire coquillier à nummulites. Les terrains crétacés et triasiques se montrent au sud de la Principauté, dans les sierras de Prades, de Monsant et de Col de Balaguer, en même temps qu'apparaissent quelques pics granitiques qui se sont ouvert un passage à travers les couches de sédiment.

Le terrain miocène, de formation tertiaire, occupe une grande partie de la province de Lérida, où il constitue les plaines d'Urgel qui se relient à la vaste cuvette également miocène de l'Èbre.

Celle-ci, de formation relativement récente, est fermée

par la barrière de terrain primitif et secondaire qui s'étend
du nord-est au sud-ouest, depuis le cap Creus jusqu'au plateau crétacé du Maestrazgo, parallèlement à la côte de Catalogne. Cette barrière est coupée par une profonde brèche à
travers laquelle se déversait autrefois le lac miocène de
l'Èbre et par laquelle le fleuve se précipite aujourd'hui avec
impétuosité.

Les terrains miocènes forment aussi la campagne de Tarragone, entourée de montagnes crétacées et triasiques, et
les bandes de terrain bas qui s'étendent le long de la côte.

Les terrains d'alluvion se rencontrent sur les bords de
la mer, où ils proviennent des atterrissements modernes et
des dépôts laissés par les rivières vers leur embouchure.
Les Alfaques de l'Èbre, les Estanys au sud de Barcelone
et la partie la plus basse de l'Ampurdan en fournissent des
exemples.

La Catalogne renferme, dans les environs d'Olot, une
région volcanique dont les roches éruptives sont le basalte,
le trachyte et la pouzzolane, comme on peut parfaitement
le reconnaître dans l'escarpement basaltique de Castellfullit,
sur les hauteurs d'Olot et au Bosch de Tosca. On trouve en
outre deux importants gisements de charbon, l'un à San
Juan de las Abadesas, l'autre au nord de Berga.

L'ancienne Principauté, aujourd'hui Capitainerie générale
de Catalogne, forme, dans la nouvelle division géographique
de l'Espagne, les quatre provinces de Gérone, de Barcelone,
de Lérida et de Tarragone.

La province de Gérone, la plus orientale de la Péninsule,
a une étendue de 5,883 kilomètres carrés avec 311,000 habitants. Elle comprend les bassins de la Muga et de la Fluvia, la majeure partie de celui du Ter, le bas de la vallée de

la Tordera et enfin la Cerdagne espagnole ; les centres importants de population sont : Gérone, le chef-lieu, seule grande ville de la province, ancienne place forte ; Figueras avec le fort de San Fernando ; Olot, La Bisbal, Santa Coloma de Farnès, Ripoll, Ribas, Puigcerda, Bañolas, Besalu, La Junquera, Castellon de Ampurias, Camprodon, Amer, Anglès, Hostalrich et son château, Llagostera et les ports de mer de Cadaquès, Rosas, Palamos, San Feliu de Guixols, Lloret et Blanes.

La province de Barcelone, au sud-ouest de la précédente, s'étend sur 7,731 kilomètres carrés ; elle a 714,000 habitants. On peut dire qu'elle est formée du bassin du Llobregat et des bassins secondaires du Besos et du Foix. Les centres les plus importants sont : Barcelone avec 210,000 habitants, port de mer défendu par des batteries et le château de Monjuich, Mataro, Vich, Manresa, Villafranca del Panadès, Igualada, Villanueva y Geltru, San Feliu de Llobregat, Tarrasa, Sabadell, Granollers, Berga et Cardona avec leurs châteaux, Roda, Manlleu, Prats de Llusanès, Arenys-sur-Mer, Badalona et Masnou.

La province de Lérida, à l'ouest de celle de Barcelone, d'une superficie de 12,305 kilomètres carrés avec 307,000 habitants, est tout entière arrosée par le Sègre et ses affluents ; elle comprend, comme points importants : Lérida et ses forts extérieurs, restes de ses anciennes fortifications, Balaguer, ancienne place forte, Solsona avec un vieux château en ruines, Seo de Urgel, défendue par trois forts, Cervera, Tarrega, Agramunt, Camarasa, Tremp, Pobla de Segur, Sort, Viella, Bellver, Orgaña et Sanahuja.

La province de Tarragone, au sud de celles de Lérida et de Barcelone, a 6,348 kilomètres carrés et 320,000 habitants ; elle est arrosée par le Francoli et traversée par l'Èbre

qui laisse sur sa rive droite, comme on l'a vu plus haut, tout
le district de Gandesa et la moitié de celui de Tortose. Les
centres importants sur la rive gauche sont : Tarragone,
ancienne place forte et port de mer, Reus, Valls, Vendrell, Montblanch, Falset et Mora avec leurs anciens
châteaux, Tortose, place forte, Santa Coloma de Queralt et
Amposta.

Le réseau des communications, quelque amélioré qu'il soit
déjà aujourd'hui, est encore loin de ce qu'il devrait être
pour que la Catalogne, pays riche, industrieux et actif, pût
retirer tout le profit possible de ses produits.

Plusieurs lignes de chemins de fer partent de Barcelone :
la ligne du Nord suit le littoral du Levant, passe par Badalona,
Masnou, Mataro, Arenys-sur-Mer et Calella ; elle traverse la
Tordera près de Blanes et, longeant la rive gauche de la
rivière, va rejoindre la ligne intérieure à 5 kilomètres d'Hostalrich.

Cette ligne intérieure part de Barcelone par Moncada, pénètre dans le Vallès, passe à Granollers et de là se dirige au
nord-est par Cardedeu, Llinas, San Celoni et Hostalrich pour
gagner la station de raccordement. A partir de ce point, la
ligne se prolonge par Sils et Caldas de Malavella, traverse
les monts Gavarras et arrive à Gérone, où elle s'arrête pour
le moment. On paraît avoir dernièrement repris les travaux
avec beaucoup d'activité, pour continuer cette ligne par Figueras et Perelada de façon à la relier à Port-Vendres avec
les chemins français.

De Granollers part un embranchement qui a été livré à
l'exploitation pendant la guerre et qui pénètre par Ayguafreda dans le défilé du Congost, d'où il passe dans la plaine
de Vich : il s'arrête aujourd'hui dans cette ville, mais on a

le projet de le continuer par San Quirse de Besora et Ripoll jusqu'aux houillères de San Juan de las Abadesas.

La ligne de Barcelone à Saragosse suit parallèlement la voie précédente jusqu'à Moncada; de là, elle va par le Vallès à Sabadell, puis à Tarrasa où elle s'engage dans les massifs de la sierra de San Llorens de Munt; après avoir suivi la rive du Llobregat et touché à Manresa, elle traverse la sierra de Pinos, prolongement de celle du Cadi, et entre par Calaf dans la province de Lérida, où elle passe par Cervera et les plaines d'Urgel; elle franchit enfin le Sègre à Lérida et pénètre en Aragon pour gagner Saragosse et de là Madrid, Miranda ou Pampelune.

La ligne de Barcelone à Valence contourne le pied de la montagne de Monjuich, dessert les bourgs du bas Llobregat jusqu'à Martorell, puis, tournant brusquement à l'ouest par Gélida et San Sadurni, passe dans le Panadès par Villafranca, et dans la province de Tarragone par Arbos, Vendrell, Altafulla et Tarragone; elle longe ensuite la côte par Cambrils et Col de Balaguer et traverse l'Èbre à Tortose pour arriver dans le royaume de Valence.

Tarragone est le point de départ d'un autre chemin de fer qui par Reus, Montblanch et Espluga vient aujourd'hui aboutir à Vinaixa, après avoir traversé la grande chaîne centrale de la Catalogne entre les sierras de la Segarra et de la Llena. Plus tard, la ligne sera prolongée de Vinaixa par les plaines d'Urgel jusqu'à Lérida.

Une infinité d'autres lignes ont été mises à l'étude, sans qu'aucun résultat ait été obtenu jusqu'ici; nous nous bornerons à citer l'embranchement de San Sadurni de Noya à Igualada, celui de Lérida aux mines de la Conca de Tremp et de là en France, le prolongement de celui de San Juan de las Abadesas jusqu'au même pays, et enfin la ligne de

Manresa à Puigcerda par Berga, comme si l'Espagne, voyant
à regret la barrière que les Pyrénées opposent aux invasions
de la Péninsule, avait grande hâte d'y ouvrir de nombreuses
portes, et si celles qui se trouvent aux deux extrémités ne
pouvaient suffire à son commerce.

Jusqu'à ces dernières années, la Catalogne était dans la
plus mauvaise situation au point de vue des chemins carrossables; ceux-ci se réduisaient presque exclusivement aux
trois grandes routes de Valence, de Saragosse et de France.
Aujourd'hui plusieurs autres sont ouvertes et on en étudie
encore un grand nombre de façon que le pays finira par être
délivré de l'obligation d'employer presque exclusivement les
transports à dos de mulet aussi coûteux qu'incommodes.

Quatre routes, celles de France, de Ripoll, de Saragosse
et de Valence, partent maintenant de Barcelone. Des em-
branchements conduisent aux villes importantes de l'intérieur ou relient ces grandes artères les unes avec les autres.

Ces diverses routes rendent les communications faciles
dans les régions peu accidentées; mais, comme on le verra
plus bas, on ne rencontre dans toute la haute montagne que
les routes de Manresa à Berga, Cardona et Vich; de Vich à
Ribas; de Gérone à Olot, et enfin de Lérida à Pons. Tout le
reste des communications s'y réduit à de mauvais chemins
muletiers, carrossables seulement dans le fond des vallées
pour des voitures peu chargées.

Pour éviter une longue description, le tableau suivant
résume l'état des principales routes actuellement livrées à
la circulation : les chemins de mulet de la haute montagne
les plus importants sont indiqués à leur suite en caractères
italiques :

1. — De Barcelone en France par Masnou, Mataro, Arenys-

sur-Mer, Calella, Malgrat, Pineda, Tordera, Gérone, Sarria, Bascara, Figueras et La Junquera. Faute de ponts, cette route est coupée par les pluies.

2. — De Gérone à Santa Coloma de Farnès, *puis à Vich par les Guillerias.*

3. — De Gérone à San Feliu de Guixols par Caxa de la Selva et Llagostera, et à Olot par Sarria, Bañolas, Besalu et Castellfullit de la Roca ; une autre route part d'Olot sur Las Presas pour rejoindre plus tard Vich par Roda, et *Gérone par Amer, Anglès et les Guillerias.*

4. — De Figueras à Rosas d'un côté par Castellon de Ampurias, et à Besalu de l'autre.

5. — D'Olot partent de nombreux chemins *sur Bañolas par Santa Pau, sur Camprodon, sur San Juan de las Abadesas et sur Ripoll.*

6. — De Barcelone à Ribas par Moncada, Mollet, Granollers, La Garriga, Ayguafreda, San Andrès de Tona, Vich, Manlleu, San Quirse de Besora et Ripoll : doit aller à Puigcerda. Divers chemins quittent la route le long de son parcours : *de Vich à Olot d'un côté, à Prats de Llusanès et Berga de l'autre ; de Ripoll à San Juan de las Abadesas et Camprodon et de Ribas à Puigcerda.*

7. — De Moncada à Tarrasa par Sabadell, *puis à Manresa.*

8. — De Mollet à Moya par Caldas de Mombuy, San Feliu de Codinas et San Fructuoso de Castelltersol : rejoint la suivante à Moya.

9. — De Vich à Manresa par San Andrès de Tona, Col-Suspina, Moya, Calders et San Fructuoso de Bagès, *puis à Calaf.*

10. — De Manresa à Berga par San Fructuoso de Bagès, Sellent, Valsareny et Gironella, *puis à Puigcerda.*

11. — De Barcelone à Saragosse par Sans, San Feliu de

Llobregat, Molins de Rey, Martorell, Esparraguerra, Bruch, Igualada, Jorba, La Panadella, Cervera, Fonollesa, Tarrega, Mollerusa, Lérida : passe de là en Aragon. *De Martorell un chemin conduit à Igualada par Piera et Masquefa.*

12. — Du Bruch à Manresa et Cardona par Casa-Massana, Manresa et Suria, *puis à Berga et à Solsona.*

13. — D'Igualada à Villafranca par Capellades, San Quintin de Mediona et La Granada : n'est pas terminée. Elle fait suite à la route actuelle de Villafranca à Villanueva y Geltru par Canyellas et *se prolonge elle-même jusqu'à Pons par Calaf et Sanahuja.*

14. — d'Igualada à Tous, *puis à Santa Coloma de Queralt et Montblanch.*

15. — De Tarrega à Agramunt, *se prolongeant par Camarasa et Tremp jusqu'à Sort.*

16. — De Lérida à Pons par Balaguer, Camarasa et Artesa-sur-Sègre ; *va ensuite à la Seo de Urgel et de là à Puigcerda et à Andorre.*

17. — De Barcelone à Valence par Hospitalet, Cornella, San Boy de Llobregat, Molins de Rey, Ordal, Villafranca del Panadès, Arbos, Vendrell, Altafulla, Tarragone, Cambrils, Col de Balaguer et Amposta, de là à Valence.

18. — De Cornella à Vendrell par Castell de Fels, Sitjes et Cubellas, puis à Valls par Albiñana, le col de Santa Cristina, Rodoña et Alio.

19. — De Tarragone à Lérida par Vallmoll, Valls, le col de Lilla, Montblanch, Espluga de Francoli, Vimbodi, Vinaixa et Las Borjas.

20. — De Montblanch à Fonollera par Solivella, Ciutadilla et Verdu : rejoint la route n° 11.

21. — De Tarragone à Mora-sur-Èbre par Reus, Riudecols et Falset.

22. — De Reus à Montblanch par La Selva del Campo, Alcover et la gorge de Lilla : *des deux extrémités de cette route des chemins mènent à Prades.* Un tronçon de route conduisant de Reus à Salou vient recouper la route n° 17.

Les régions peu accidentées sont en outre sillonnées en tous sens par des chemins vicinaux carrossables, et dans la montagne, on rencontre une infinité de sentiers qui, bien que difficiles sur la majeure partie de leur trajet, ont cependant tous été parcourus par des colonnes comprenant de la cavalerie et de l'artillerie de montagne.

Dans un pays aussi tourmenté, les défilés et les positions défensives se rencontrent en grand nombre. Plusieurs de ces points sont devenus célèbres par les affaires qui y ont eu lieu pendant cette guerre ou les précédentes. Les plus connus sont : Castellfullit de la Roca sur la route de Gérone à Olot ; le col de Capsacosta entre Olot et Camprodon ; les défilés du Grau sur le chemin de Vich à Olot, de San Quirse sur celui de Vich à Ripoll ; le Congost entre Granollers et Vich ; le col de Tossas entre Ribas et Puigcerda ; Puigreig entre Manresa et Berga ; Casa-Massana au-dessus du Bruch ; Martorell, Moncada et Ordal, portes de la plaine de Barcelone ; les défilés sans fin du haut Sègre, depuis Balaguer jusqu'à Seo de Urgel, celui de Sanahuja, ceux de la Conca de Tremp, et les débouchés sur la campagne de Tarragone, tels que les cols de Santa Cristina et de Cabra, celui de Lilla avec la gorge du même nom, ceux de la Teixeta et de Balaguer qui conduisent respectivement au Panadès, à la Conca de Barbera, au haut Francoli, au Priorato et au bas Èbre.

Pour compléter cette description de la Catalogne, il reste à dire quelques mots du caractère des habitants et des guerres dont ce pays peut être le théâtre.

Le catalan est d'un caractère rude et peu communicatif :
il a une antipathie marquée pour tout ce qui vient de ses
voisins, contre lesquels les premiers bruits de guerre le
trouvent toujours prêt à prendre les armes. Intéressé à
l'extrême, sans être avare, puisqu'il hasarde volontiers de
grosses sommes sur une chance de gain, entreprenant, actif
et plein d'honneur, il est à la fois franc, indépendant et in-
docile; tel est l'ensemble de bonnes et de mauvaises qualités qui distinguent le catalan. Arriver à se servir des premières et à neutraliser les secondes doit être le but de tout
gouvernement, et surtout de tout général commandant une
armée en Catalogne : l'expérience prouve que ce résultat
est plus facile à atteindre qu'il ne le paraît, puisqu'on peut
citer divers capitaines généraux qui ont su gagner toute la
sympathie du pays.

Les prétentions à l'indépendance sont communes à toute
la Catalogne, et les insurrections s'y développent facilement;
mais les montagnards et les habitants de la plaine sont loin
d'avoir les mêmes tendances politiques. Les idées conser-
vatrices sont très-enracinées chez les premiers, ce qu'explique le nombre considérable des paysans propriétaires et
riches ainsi que l'influence du clergé; les autres, au contraire, comme les habitants de l'Ampurdan, de la plaine de
Barcelone, du Vallès, du Panadès, de la campagne de Tarragone, des plaines d'Urgel, à cause de la nombreuse population ouvrière de ces contrées, ont déjà fortement subi l'influence de ce qu'on appelle les idées nouvelles, qui se
traduisent par des tendances politiques et sociales assez
avancées.

Il résulte de là que les guerres civiles en Catalogne
peuvent, suivant les cas, présenter trois caractères bien
distincts : ou bien tout le pays s'insurge contre le pouvoir

central, en proclamant son indépendance, pour défendre ses
antiques priviléges, comme sous Juan II et Philippe IV ou
dans la guerre de succession; ou bien ce sont, tantôt les montagnards qui revendiquent leurs principes favoris ou les
droits de la dynastie de leur choix, comme dans les insurrections de 1820 à 1823, de 1833 à 1840, de 1846 à 1848, dans
les tentatives de 1827, 1855, 1860 et dans la dernière guerre
de 1872 à 1875, tantôt enfin les habitants de la plaine qui
s'arment pour les nouvelles idées politiques, comme dans
les soulèvements révolutionnaires de 1835, 1836, 1837 et
1842, dans celui de la Jamancia en 1843, dans les révoltes
de 1848, 1854, 1856, 1867, 1869, 1870 et d'autres encore.

Dans le premier cas, les opérations de l'armée nationale
chargée de faire rentrer les catalans dans le devoir doivent
être conduites comme s'il s'agissait d'envahir un territoire
ennemi; à partir de la base de l'Èbre, adoptée par le marquis de Los Velez en 1640, ou de celle du Sègre, choisie par
Vendôme en 1710, on avancera dans l'intérieur du pays par
les lignes Lérida-Barcelone ou Tortose-Barcelone, ou mieux
encore par toutes les deux à la fois, si l'on dispose de forces
considérables. Le second cas est précisément celui de la
guerre qui nous occupe; le troisième, enfin, se réduit à une
guerre de rues dans les grandes villes et à l'attaque de villages retranchés, parce que les émeutiers se hasardent rarement en rase campagne et ne sont pas en général organisés
pour soutenir une guerre longue et pénible.

Ce serait une étude curieuse et instructive que de recher-
cher, dans chacune des trois hypothèses précédentes, quels
sont les points stratégiques les plus importants du pays et
les plans de campagne les mieux appropriés aux diverses
situations qui peuvent se présenter; sans entreprendre ce
travail purement spéculatif et plein de difficultés, il ne

Types de l'armée carliste.

Fantassin.   *Paysan catalan*
Partisan de ronde indépendante

semble pas inutile de tracer la marche générale des insurrections analogues à la dernière et de donner une première
dée de l'importance de certaines régions dans les guerres
civiles de cette espèce.

Les vieilles idées politiques ont, comme on l'a vu, pour
défenseurs les habitants de la haute montagne, aussi en sûreté que possible dans les retraites que leur offrent les sommets escarpés voisins des sources du Llobregat, du Ter et
de la Fluvia, le Llusanès, les Guillerias et la sierra de San
Llorens de Munt. Le centre naturel de ces positions est le
Llusanès d'où l'on peut déboucher sans aucune difficulté
dans toutes les directions, d'un côté vers le bas Llobregat et
la plaine de Barcelone par la sierra de San Llorens et le
Congost, de l'autre vers Gérone par les monts Gavarras.

Quand une insurrection éclate, elle ne tarde pas à s'étendre
par toute la montagne, depuis l'Ampurdan jusqu'aux vallées
des Nogueras, et à être maîtresse de toutes les chaînes à travers lesquelles les partis circulent en complète sécurité. La
sierra de Prades, qui communique avec celle du Cadi, leur
permet de gagner jusqu'à la partie montagneuse de la province de Tarragone. Les gens de la plaine, opposés d'idées et
d'intérêt avec ceux de la montagne, offrent généralement de
s'armer et de se défendre, et le pays se hérisse bientôt de
fortifications, si bien que les factieux sont aussi impuissants
à attaquer les retranchements de la plaine qu'ils sont eux-
mêmes inattaquables dans leurs positions de la montagne.
Cet état de choses se prolonge jusqu'à ce que le gouvernement puisse disposer de forces assez considérables pour
occuper militairement le pays et poursuivre en même temps
vigoureusement les rebelles, seul moyen d'arriver sûrement
à mettre fin à la guerre.

Mais pendant le *statu quo* qui précède, il est indispensable que l'armée conserve quelques points de la montagne pour empêcher que les bandes, devenues trop nombreuses, n'arrivent à prendre une organisation et à créer des établissements militaires sérieux. On aura l'occasion de voir, au cours de ce récit, les funestes conséquences qu'entraîna la perte d'Olot, de la Seo de Urgel et de quelques autres places.

D'autre part, la chaîne centrale de la Catalogne qui descend des Pyrénées jusqu'à l'Èbre sous les noms de sierra du Cadi, de Pinos et de Prades, forme un chemin parfaitement sûr par lequel les insurgés du Priorato communiquent avec ceux de la haute montagne; aussi tous les efforts doivent-ils tendre à couper ce chemin. La pacification de la province de Tarragone, incapable d'une longue résistance quand elle est abandonnée à ses propres forces, comme l'expérience l'a prouvé, s'en trouvera grandement facilitée.

La proximité du Maestrazgo, qui a également été le théâtre de presque toutes les guerres carlistes, donne enfin une grande importance au bas Èbre. Dans cette région, il importe, pour couper les communications entre les insurgés des deux rives, de s'emparer de tous les bacs, de défendre la navigation et de faire garder le fleuve, qu'aucun pont ne franchit, par des chaloupes canonnières d'un faible tirant d'eau, pouvant remonter en hiver jusqu'à Caspe.

II

Résumé historique de la guerre.

1872. — Dans la nuit du 7 au 8 avril 1872, l'autorité militaire de Barcelone dut prendre diverses mesures de précaution et fit occuper les points importants de la ville, où le bruit courait que l'ordre devait être troublé ; on apprit en effet dans la matinée qu'un rassemblement de 90 personnes, mi-partie carlistes et fédéraux, s'était formé à l'instigation de l'ancien chef carliste Castells, sur la promenade de Gracia.

La composition de cette bande se modifia au bout de deux jours par l'expulsion des éléments fédéraux, et, le 10, les insurgés faisaient leur apparition à Gélida au nombre de 60 hommes commandés par Castells et les deux Cadiraires, père et fils.

En même temps l'ex-député Vidal de Llobatera et l'ancien lieutenant de zouaves pontificaux Savalls se soulevaient dans la province de Gérone, à la tête de 200 hommes.

Sous la protection de ces bandes qui grandissaient peu à peu, d'autres plus petites se formèrent en différents points de la Catalogne.

On organisa, pour les poursuivre, quelques colonnes composées chacune de deux ou trois compagnies d'infanterie sous les ordres de chefs connus et estimés, comme le colonel Mola y Martinez, officier distingué, connaissant à fond le pays et ce genre de guerre.

La troupe, peu habituée aux marches et à la vie de campagne, souffrit beaucoup pendant la vive poursuite qui se fit alors et amena quelques rencontres.

L'ennemi toutefois n'opposait nulle part encore une résistance opiniâtre, pas même quand il occupait des positions avantageuses qu'il aurait pu défendre avec la certitude de faire beaucoup de mal à l'assaillant, sans s'exposer ni se compromettre sérieusement lui-même.

Certains commandants de colonne surent néanmoins ne pas se départir des vrais principes qu'on ne doit jamais oublier à la guerre; dans leurs rencontres avec les rebelles, ils préparaient méthodiquement l'action par leurs tirailleurs déployés en bon ordre, conservant le reste de leurs forces massé en réserve jusqu'au moment de l'assaut général, puis dirigeaient avec habileté la poursuite de l'ennemi vaincu, guidés par les renseignements recueillis grâce à la bonne entente qu'ils s'efforçaient d'entretenir entre leurs troupes et les habitants. D'autres malheureusement, moins prévoyants, se contentaient de bien vivre au jour le jour dans les villes et d'en tenir l'ennemi à portée de fusil : quelques-uns enfin, plus coupables encore, après avoir envoyé les troupes qu'on leur avait confiées se briser contre un escarpement inexpugnable ou se perdre dans quelque bas-fond où l'ennemi les fusillait impunément, présentaient dans un rapport pompeux leur échec comme une victoire.

Avec certains chefs, quand on apercevait les carlistes, ce n'était plus que cris et désordre, chacun marchant suivant sa propre inspiration. Une violente, mais inutile fusillade éclatait bien avant d'être à bonne portée, puis, au cri de « En avant! » on courait sus à l'ennemi qui fuyait à la débandade, presque toujours sans se défendre. Après l'affaire, on battait le rappel pour rallier les hommes, et quand on avait compté ses pertes et supputé celles de l'ennemi, on rédigeait un bulletin de victoire pour une rencontre qui ne pouvait amener les moindres résultats.

Ce mauvais système de guerre permit à l'insurrection de s'étendre, et l'on vit bientôt les rebelles réunis par bandes respectables de 300 à 600 hommes qui commençaient à avoir une certaine organisation. On peut admettre que, vers la fin de mai, l'insurrection disposait d'une force de 3,000 hommes répartis entre les bandes de Castells, Savalls, Vall, Quico, Tristany et quelques autres de moindre importance.

Dès le mois de juin, l'organisation des bandes par province s'accusait parfaitement : Castells commandait celles de Barcelone, Savalls celles de Gérone ; Vall opérait autour de Tarragone, Sanz autour de Lérida, et tous reconnaissaient pour chef D. Rafaël Tristany, nommé capitaine général de Catalogne par D. Carlos.

Le combat de Vallsèbre, le plus important de cette époque, fut livré, le 6 juin, par trois colonnes aux insurgés de la province de Barcelone commandés par Castells. La bande de Cadiraire se laissa déloger de la position qu'elle occupait, pour attirer, vers la coupure escarpée de Vallsèbre, les troupes qui furent repoussées à leur tour ; mais l'ennemi, menacé d'être tourné par le colonel Mola, jugea prudent de se retirer. La troupe perdit 6 tués et 22 blessés dans cette affaire.

Vers cette époque, les insurgés commencèrent à entrer par surprise dans les villes importantes, pour y désarmer les volontaires, dits *de la liberté,* qui ne faisaient pas en général grande résistance, et exiger des contributions.

La surprise de Reus, exécutée le 30 juin, en plein jour, par D. Juan Francesch, ancien officier du génie, à la tête de 600 hommes, fut le fait le plus marquant du début de la campagne. Cet officier, retraité après la guerre d'Afrique où il avait reçu un coup de feu qui l'avait rendu boiteux, venait de se décider à reprendre les armes en faveur du prétendant, pour le parti duquel il avait toujours témoigné de la sympathie. Actif, très-intelligent, instruit et brave jusqu'à la témérité, il eut bientôt réuni une troupe régulière dans ce pays où il était né lui-même ; à sa tête, il arrêta un train de chemin de fer, fit descendre les voyageurs, dont ses gens prirent la place, et donna au mécanicien l'ordre de continuer sa marche. Il alla ainsi jusque Salou, puis se dirigeant rapidement sur Reus, il surprit le poste d'infanterie de la prison et exigea 4,000 duros de la municipalité. Mais, à l'attaque du quartier de cavalerie, ce hardi cabecilla tomba grièvement blessé et il mourut le même jour pendant la retraite de sa troupe ; le parti carliste perdait en lui un de ses meilleurs chefs, sur lequel se fondaient de grandes espérances.

L'opinion publique désignait le général Baldrich pour le commandement de la Catalogne et comptait beaucoup sur lui pour en finir promptement avec l'insurrection, parce qu'il était du pays et y avait opéré lui-même en 1848 et en 1867. Nommé enfin à ce poste, il prit le commandement le 21 juin, et commença aussitôt, le 4 juillet, ses opérations dans la campagne de Tarragone avec plusieurs colonnes qui, dès cette époque, furent soutenues par de l'artillerie de montagne, ainsi que le rendait déjà nécessaire l'état des forces des rebelles.

Le 22 juillet, la tentative de Castells sur Tarrasa, où il s'était fait amener en chemin de fer, fut, il est vrai, repoussée par les volontaires de la ville ; mais déjà les affaires de la Sellera, le 8 juillet, de Sellent et de San Quirse, le 24, étaient restées indécises et le brigadier Hidalgo ne tardait pas à avoir deux engagements malheureux, à la Sellera, le 1er août, et à Vidra, le 18. Le capitaine général, à la tête des colonnes de la province de Gérone, livrait au contraire à Savalls, le 26 août, à Campdevanol un combat où l'avantage restait enfin aux troupes.

A cette époque, les bandes avaient grossi et s'étaient habituées au feu ; elles faisaient maintenant tête aux colonnes quand elles pouvaient les attendre dans de bonnes positions, et parvenaient même à les refouler lorsque les chefs de celles-ci s'écartaient des vrais principes de la guerre, bien qu'elles fussent parfois fortes de deux ou trois bataillons appuyés par de l'artillerie de montagne et de la cavalerie.

Cependant le général Gaminde prenait à son tour, le 27 octobre, le commandement de la Catalogne auquel il venait d'être nommé. Cet officier général distingué qui avait de grandes relations et une parfaite connaissance du pays, arrêta immédiatement un nouveau plan de campagne très-bien compris. Il organisa plusieurs colonnes de 700 à 800 hommes commandées par des chefs actifs et connus, comme Mola y Martinez, Macias, Arrando, Medeviela, Cabrinety, Gamir et Rokiski ; elles devaient pousser les rebelles l'épée dans les reins, tandis que des détachements plus faibles couvriraient certaines contrées, le Vallès, la côte, le Panadès, l'Ampurdan, etc... et que d'autres, celui du colonel du génie Unzaga par exemple, seraient employés à des travaux de défense. En même temps, on fortifia les points stratégiques de la montagne, Manresa, Vich, Berga, Igualada, Olot, Ripoll, Puigcerda, Solsona, Tremp, Valls, Falset et presque tous les centres importants de la plaine et de la côte, Mataro, Granollers, Sabadell, Tarrasa, Esparraguera, Martorell, San Sadurni de Noya, Villafranca, Villanueva y Geltru, Blanes, etc... Les stations de chemin de fer furent également retranchées, ainsi que la ligne du Ter dont on occupa tous les passages ; pour assurer les communications, on organisa les défenses de certains points intermédiaires, comme Baga entre Puigcerda et Berga, Besalu et Bañolas entre Olot et Gérone, et divers autres endroits. Le plan de poursuite et les instructions données aux commandants des colonnes étaient parfaitement entendus.

Le combat d'Ossor (6 novembre) livré par le général Andia, celui de Balaguer (10 novembre), la surprise de Manresa par Castells, le 8 décembre, l'attaque d'Olot par Savalls, le 5 du même mois, et la tentative audacieuse de la bande Frigola et Barrancot qui se présenta, le 30 novembre, aux portes mêmes de Gérone, furent les faits militaires saillants de cette période.

La poursuite active commença vers la fin de décembre. La déroute de Castells, culbuté à Caserras par la colonne Mola y Martinez le 23 de ce mois, en fut un des premiers résultats. L'affaire du Grau du col Tiños, le 6 janvier 1873, faillit ensuite amener la destruction complète de sa bande.

1873. — Les forces des insurgés en Catalogne se trouvaient alors bien affaiblies et l'heure de leur dissolution paraissait près de sonner. Savalls, Galceran et les autres cabecillas se voyaient si vivement poursuivis par les colonnes Macias, Mola y Martinez et Cabrinety, qu'ils étaient constamment obligés de dérober leurs marches pendant les nuits glaciales du mois de février, afin d'échapper au danger le plus pressant et de gagner une position moins compromise. Il est hors de doute que le général Gaminde, avec des dispositions si bien prises, avec son système de fortifications et de poursuite à outrance, ne fût vite venu à bout des bandes de la Principauté qui ne faisaient plus que fuir pour échapper, autant que possible, à la poursuite des colonnes. Celles-ci,

malgré leur faiblesse numérique, parcouraient sans obstacle
les régions les plus escarpées, les Guillerias, les forêts du
haut Ter, la haute montagne et toute la vallée du Llobregat.

Mais, le 7 février, un fait politique d'une importance capitale survenait à Madrid ; la république y était proclamée par
suite de l'abdication du roi Amédée. Le général Gaminde,
dans l'attente des événements, concentra à Barcelone la majeure partie de ses forces ; mais là, les menées des clubs républicains et des députés de la province au milieu des rangs
de l'armée produisirent bientôt la saturnale du 21 février
sur la place San Jaime ; nous renonçons à la décrire, pré-
férant laisser tomber dans l'oubli le souvenir de semblables
scènes.

Le 25, le général Contreras fut nommé par le nouveau
gouvernement au commandement militaire de la Catalogne.
La députation, par délibération du 9 mars, s'empressa de
dissoudre l'armée de la province, nomma des députés pour
commander les colonnes et organisa des bataillons de volontaires qui devaient terminer la guerre en « *huit jours* ».

Les insurgés profitèrent des circonstances pour reprendre
la campagne, et les premières conséquences de l'indiscipline
des troupes furent la prise de Pobla de Segur, le 17 mars,
celle de Ripoll, le 23, et enfin celle de Berga, le 27. Le général
Contreras se mit de son côté en mouvement le 28 ; le récit
suivant, emprunté à un témoin oculaire, peint l'état dans
lequel se trouvaient les troupes que le général commandait :

« Les bataillons marchaient pêle-mêle dans le désordre le
« plus complet, au milieu des chants et des cris séditieux. A
« droite et à gauche du chemin, aussi loin que s'étendait la
« vue, des groupes de soldats débandés étaient occupés à
« piller les maisons dans la campagne : poules, lapins, che-
« vreaux, porcs, vêtements, tout était enlevé, sans que per-

« sonne cherchât à cacher ce qu'il s'était ainsi approprié
« dans cette *razzia* permanente. La même chose se passait
« dans les villages, et les habitants dépouillés, effrayés des
« excès de cette soldatesque effrénée, ne se hasardaient pas
« à se plaindre, se tenant pour satisfaits d'avoir la vie sauve.
« Dans la journée, les soldats obligeaient le premier trom-
« pette qui leur tombait sous la main à sonner *halte!* Si
« l'avant-garde continuait à marcher, il s'élevait un cri infer-
« nal de *halte! halte!* tel que le général finissait par être
« obligé de s'arrêter : il se dirigeait alors vers les hommes
« qui s'étaient couchés à droite et à gauche du chemin et
« leur parlait des devoirs du soldat républicain ; ceux-ci
« l'écoutaient sans daigner se déranger de leur position et
« l'interrompaient souvent par de grossières saillies, faites
« pour révolter l'amour-propre du chef le moins chatouil-
« leux. La harangue terminée par un vivat en l'honneur
« de la République fédérale, le général se remettait en mar-
« che, laissant chacun le suivre à sa guise, et la colonne en-
« trait à la débandade dans le village où elle devait passer la
« nuit. S'il se fût trouvé un parti carliste qui nous eût suivis
« à la piste dans le seul but de s'emparer des traînards, il
« eût eu assez à faire que de ramasser des prisonniers. »

Au milieu de cette démoralisation et tant que dura l'indiscipline, les compagnies du génie de l'armée de Catalogne
continuèrent, comme en pleine paix, à remplir tous leurs
devoirs jusque dans les plus minutieux détails du service. On
peut citer, comme un modèle de subordination, ces troupes
qui surent conserver intacts l'honneur et le nom du corps,
malgré la funeste influence de l'exemple, malgré les sugges-
tions et les conseils de leurs compagnons d'armes dévoyés[1].

---

1. Les officiers du corps voulant témoigner leur reconnaissance à ces trois com-

Sur ces entrefaites, le frère du prétendant, D. Alphonse, et sa femme, Doña Maria de las Nieves, pénétraient en Catalogne et prenaient le commandement supérieur des rebelles.

En même temps, le gouvernement nommait capitaine général de Catalogne le général Velarde qui s'était fait une réputation de bon soldat pour avoir soumis les partis dans le Maestrazgo ; aussi sa nomination faisait-elle espérer une prompte pacification de la Catalogne, dès qu'il serait parvenu à rétablir la discipline dans l'armée de la Principauté ; c'était là, en effet, le plus pressant ; mais on ne lui donna ni les moyens, ni les pouvoirs nécessaires pour y réussir.

Entré en Catalogne avec quelques renforts de troupes disciplinées, le général avait maté sans coup férir, le 5 avril, à Reus, une tentative de rébellion ; mais il ne sut pas tirer profit de son avantage et relâcha plusieurs des soldats révoltés qu'il avait d'abord fait arrêter.

Cette faiblesse amena, le 10 avril, l'affaire de Manresa, où les soldats de la colonne qui y était cantonnée se mutinèrent au cri de : *A bas le général Velarde!* Cette mutinerie fut réprimée, mais le gouvernement improuva les mesures proposées par le général pour châtier les coupables, et, à partir de ce moment, l'autorité de ce dernier fut compromise.

Il établit son quartier général à Martorell, sans aller jusqu'à Barcelone, et réunit en ce point les forces et les moyens nécessaires pour entrer en campagne ; après avoir soumis son plan à l'approbation de la députation provinciale, il entreprit les opérations avec une grande activité.

---

pagnies, offrirent, en 1875, une épée d'honneur aux capitaines qui les commandaient et les personnifiaient en quelque sorte ; ils donnèrent en outre trois tableaux commémoratifs, destinés à être placés dans les chambres de la troupe, pour lui rappeler toujours que l'abnégation et la discipline, dont elle avait fait preuve dans les circonstances les plus difficiles, étaient des qualités plus précieuses encore que la bravoure qu'elle avait montrée dans les combats.

A la tête de 2,500 à 3,000 hommes de troupes disciplinées venues avec lui de Valence, il poursuivit l'ennemi dans toute la haute montagne en combinant ses mouvements avec ceux des colonnes qui s'y trouvaient déjà.

Dès cette époque, le brigadier Martinez Campos, commandant en chef dans la province de Gérone, commençait déjà à se distinguer; il avait su maintenir la discipline parmi ses troupes et faisait aux carlistes une chasse des plus actives, se transportant parfois seul d'un bout à l'autre de la province pour prendre lui-même le commandement d'une colonne, diriger une opération importante ou étouffer un germe d'indiscipline.

Le 10 avril, Savalls attaqua Puigcerda; mais les hommes du régiment de Bailen et les volontaires se défendirent héroïquement, et, après 30 heures de feu, l'ennemi se retira à la nouvelle que la colonne Cabrinety arrivait au secours de la ville.

Une décision du capitaine général, datée de Prats de Llusanès le 21 avril, vint alors ordonner de fermer, dans le délai rigoureux de six jours, toutes les maisons des campagnes des districts de Berga, Manresa, Vich (excepté la plaine) et Villafranca du Panadès dans la province de Barcelone, et de ceux de Figueras, Olot, Ribas (excepté la Cerdagne) et Santa Coloma de Farnès dans la partie montagneuse de la province de Gérone; les habitants devaient abandonner les maisons après en avoir muré les portes et les fenêtres et se retirer dans les villes voisines en emportant tous les vivres avec eux. Le capitaine général motivait sa décision sur ce fait que c'étaient surtout les populations des campagnes qui étaient disposées à écouter les ordres des carlistes et à leur prêter aide et protection; mais il s'éleva tant de réclamations qu'on ne put mettre aucune partie du programme à exécution. Un parti carliste n'en entra pas moins à Mataro par surprise, le 13 mai, et enleva des otages pour lesquels il exigea de la ville une rançon de 30,000 duros que lui reprit, à la vérité, le brigadier Martinez Campos, en le battant dans les environs de San Celoni.

Le 17 du même mois, les volontaires d'Almatret et Mayals avec 60 chevaux du régiment de Calatrava, surpris par Tristany à Sanahuja, furent obligés de se rendre après une énergique résistance.

Le général Velarde fit paraître à ce moment une nouvelle décision, datée de Montblanch le 18 mai, dans laquelle il annonça que, un grand nombre d'habitants demandant à s'armer pour résister aux bandes carlistes plutôt que de fermer les maisons dans la campagne, on allait organiser dans toute la Catalogne le *Somaten* ou levée en masse de tous les hommes de 14 à 60 ans, auxquels se joindraient les volontaires et les mobilisés. Les alcaldes des communes devaient avoir un approvisionnement de cinq rations de pain par habitant et fournir à leurs *somatènes* [1] un secours journalier de six réaux pour huit jours. La marche de la levée devait être déterminée par celle des colonnes dont on ferait connaître la position et les mouvements, de façon à progresser de concert avec elles ou dans leurs intervalles.

Ces dispositions furent plusieurs fois ajournées, sans doute à cause des difficultés insurmontables que rencontra leur application, et restèrent sans effet, bien qu'elles n'aient jamais été formellement rapportées.

Le 8 juin, la colonne du général Velarde se trouvait à Igualada : pendant la revue d'une compagnie de chasseurs de

---

1. « Somatènes est le nom que, de temps immémorial, on donne en Catalogne à la population armée. » (Général Foy, *Histoire de la guerre de la Péninsule*.)

(*N. du Tr.*)

las Navas, un coup de fusil, aussitôt suivi de plusieurs autres, partit au milieu des cris : *A bas les galons ! mort aux chefs !* qui retentirent bientôt dans toute la ville dont les mutins s'emparèrent. Le général Velarde fit battre le rappel, mais ne parvint à réunir autour de lui que la compagnie du génie attachée à la colonne, avec environ 200 gendarmes et quelques soldats de Mérida et de Madrid. Quand il voulut néanmoins charger les séditieux, les chefs de ces divers détachements lui représentèrent qu'ils ne pouvaient compter sur leurs hommes ; le capitaine du génie seul promit au général que sa compagnie le suivrait partout et lui obéirait en tout. La colonne du brigadier Padial, qui se trouvait à la Pobla de Claramunt, ayant également refusé de prêter main-forte au général Velarde, celui-ci, découragé, se retira à Martorell et envoya sa démission au gouvernement dont il alla attendre les ordres à Tortose.

Vers le même temps, la colonne Alvarez, forte du régiment de Savoie, d'une compagnie du génie, d'une compagnie de volontaires et de deux pièces de canon, rencontra, le 12 juin, à la sortie de San Feliu Saserra, les carlistes qui, au nombre de 1,600 hommes, occupaient les hauteurs d'Orista. Les soldats attaquèrent en désordre, comme c'était alors l'habitude ; mais se heurtant à une vigoureuse résistance et même à des retours offensifs auxquels ils n'étaient pas accoutumés, ils prirent bientôt honteusement la fuite en abandonnant les canons. Seule, la compagnie du génie commandée par le capitaine Lorente, demeurée en bon ordre, continua à se défendre avec sang-froid sans se laisser entamer par des forces dix fois supérieures ; elle perdit le quart de son effectif, mais cette énergique résistance donna au général Martinez Campos le temps d'accourir de Moya avec 500 hommes qui purent rétablir le combat et reprendre l'un des canons. Le général destitua sur place le colonel et un commandant du régiment de Savoie ; mais quelques jours après, voyant les actes d'Igualada et quelques autres du même genre rester impunis, il se démit de son commandement.

Le brigadier D. José Cabrinety recueillit les restes des forces qu'avait commandées le général Velarde et crut pouvoir organiser une colonne avec ces éléments hétérogènes. Grâce à sa réputation de brave soldat et à l'appui que lui prêtait la presse fédéraliste, il entraîna ces débris et fit en quelques jours une longue course à travers la Principauté, à la poursuite de la bande de Savalls. Cependant malgré le prestige du général, le soldat se plaisait encore à l'humilier, en l'obligeant, selon sa fantaisie, à descendre de cheval ou à se plier à quelque autre caprice. Les officiers nommés pour remplir les nombreuses vacances qui existaient dans les corps refusèrent de rejoindre la colonne ; mais Cabrinety n'en continua pas moins les opérations, en disant, sans doute par dépit, qu'il n'avait pas besoin d'officiers.

En suivant la piste de Savalls, il finit par l'atteindre à Prats de Llusanès. Dans la crainte de perdre le fruit de tant de jours de fatigues, et bien que sa colonne marchât par fractions sur une grande profondeur, il attaqua sans prendre seulement le temps de mettre ses gens en bon ordre. L'ennemi s'aperçut de cette faute, et comme les troupes manquaient de cohésion, elles furent facilement repoussées malgré l'impétuosité de leur première attaque : dans cette journée, le sang-froid du général sauva seul la colonne d'un désastre complet. Le péril dans lequel Cabrinety avait ainsi failli perdre à la fois la réputation et la vie, n'abattit pas plus son courage qu'il ne le rendit plus prévoyant. Savalls, avec ses marches et ses contremarches, l'attira dans l'embuscade d'Alpens, sur un terrain où il pouvait lutter avec avantage

et espérer infliger des pertes sérieuses à l'armée sans courir
aucun risque pour sa part. Avec son imprévoyance habituelle, Cabrinety entra dans le village en même temps que
son avant-garde, à une heure mal choisie, sans aucune précaution militaire, sans la moindre reconnaissance, sans prendre un point d'appui pour se rallier en cas d'échec; tombé
dans l'embuscade tendue par son ennemi, il y succomba
avec sa colonne, bien que les forces fussent presque égales.
La mort du général fut le signal de la déroute de ses soldats,
dont un certain nombre cependant se défendit dans les maisons. Les carlistes firent 800 prisonniers, enlevèrent 50 chevaux, 2 pièces de canon, 42 mulets, le trésor, l'ambulance,
un grand nombre d'armes et d'équipements, etc... Ce fut
une terrible date pour l'armée de Catalogne que celle du
9 juillet 1873 !

Par un hasard providentiel, la compagnie du génie qui
faisait partie de cette colonne, avait reçu l'ordre de la quitter
quelques jours auparavant et échappa ainsi au désastre.

Un nouveau capitaine général, D. Juan Acosta, arriva à
Barcelone le 14 juillet avec quelques brigadiers; mais il
repartit au bout de peu de jours, laissant la charge de la
capitainerie au brigadier D. Alejo Cañas, tandis que les carlistes, au nombre de 4,000 hommes commandés par Savalls,
D. Alphonse et Doña Maria de las Nieves, venaient, le 18 juillet, attaquer Igualada. La défense manqua d'ensemble et d'organisation, tant à cause de l'état d'indiscipline du régiment
de Navarre et de l'incapacité du commandant d'armes que
par suite du peu d'aptitudes militaires des volontaires de la
république et de ceux du pays; elle fut cependant assez énergique et dura un jour et demi, au bout duquel les défenseurs,
réfugiés dans l'hôtel de ville et dans l'église, furent obligés de
capituler. La conduite des colonnes qui auraient pu venir

au secours de la ville, fut au moins douteuse : on n'a pu démêler si la faute devait en retomber sur les chefs, sur l'indiscipline des soldats ou sur toute autre cause. Le Xich de la Barraqueta, avec ses bataillons de francs-tireurs, engagea seul contre les bandes une fusillade à laquelle, suivant son habitude, il attribua beaucoup plus d'importance qu'elle n'en avait eu.

L'effet produit en Catalogne par la mort de Cabrinety et la perte d'Igualada fut immense. Tous les petits détachements abandonnèrent leurs postes ; Manresa s'apprêta à se défendre, des barricades s'élevèrent dans l'intérieur de la ville que l'enceinte ne semblait plus protéger suffisamment ; à Vich, on concentra les détachements voisins et on renforça les ouvrages ; Berga, bloquée, subit plusieurs attaques et on alla jusqu'à parler de capitulation ; un étroit blocus s'établit autour d'Olot ; Solsona fut abandonnée par les troupes et par les volontaires ; tandis que Mataro, Villanueva, Villafranca et les autres points de la plaine augmentaient et armaient leurs ouvrages, les colonnes se bornaient, lors encore que les soldats le voulaient bien, à parcourir les régions les moins montagneuses et les mieux défendues par des postes fortifiés ; l'esprit public s'effondrait de toutes parts. Les forces de la république étaient obligées de passer à la défensive ; c'était là non-seulement une nécessité, mais un fait accompli. Tristes conséquences du 21 février, auxquelles devaient naturellement amener les cris de : *Quel bal! A bas les galons!* qu'on avait entendu pousser aux soldats séduits par les meneurs.

L'escorte d'un convoi à Berga, au mois d'août, faillit amener un désastre pour les troupes chargées de protéger l'opération, au cours de laquelle l'affaire de Gironella vint, le 16, montrer jusqu'à l'évidence l'état dans lequel se trouvait l'armée minée par l'indiscipline; aussi le gouvernement finit-il par se décider à rétablir l'ordre et le respect de la loi et à nommer un capitaine général capable de mener cette œuvre à bonne fin; le choix du vieux et sévère général D. José Turon y Prats suffit pour relever presque instantanément la discipline si fortement ébranlée, et pourtant si indispensable.

La conduite du peuple ou plutôt de la populace de Barcelone pendant cette période de la guerre civile (11 février-20 septembre) avait été souverainement blâmable. Après avoir fomenté la révolte du 21 février, les gens des clubs, en apprenant les affaires malheureuses de Ripoll, de Berga, d'Alpens, s'étaient mis à inquiéter les citoyens paisibles et à envahir les églises pour les convertir en casernes de volontaires ou en salles de danse; ils allaient jusqu'à proposer d'y mettre le feu et tenaient ainsi toute la population dans des alarmes continuelles. Sous le prétexte de demander des armes pour combattre les carlistes, ils se livraient aux plus bruyantes manifestations, accompagnées de discours où l'on prêchait les doctrines les plus démagogiques, socialistes et incendiaires. On peut, sans crainte d'exagération, affirmer que les excès des républicains de Barcelone ont plus contribué à grossir les bandes des rebelles que le zèle des carlistes les plus exaltés.

La députation avait organisé des bataillons de volontaires de la république, mais le général Martinez Campos, commandant général de Gérone, dans une lettre adressée au capitaine général et datée de Moya, le 12 juin, s'exprimait en ces termes sur leur compte: « Je dois informer Votre Excel-« lence que je n'ai pas les 200 volontaires du 4ᵉ bataillon, « parce qu'aucun n'a tenu ses engagements; ils se sont offerts « d'abord; mais depuis, la réflexion est venue et pour joindre

« les carlistes qui sont au nord, les volontaires de la dépu-
« tation sont descendus vers le sud : en faisant le tour du
« monde, ils finiront par les rencontrer. Les 2ᵉ et 3ᵉ batail-
« lons, qui sont allés à Granollers, ont fait de même. »

Dans une dépêche au même général, le commandant supérieur de Vich disait de son côté : « En réponse à sa der-
« nière note, je dois dire à Votre Excellence que, le 10, deux
« bataillons de volontaires se trouvaient ici avec la colonne
« du régiment de San Fernando ; les députés qui comman-
« daient ces bataillons furent informés que les carlistes
« étaient à Moya au moment même où on les prévenait ;
« mais ils ne tinrent aucun compte de cet avis. »

Il serait difficile de cataloguer l'infinité de bataillons de
francs-tireurs, de volontaires des différents districts de Barcelone ou d'autres villes importantes qui, sous les noms de
guides de la députation, de guides du général ou du Xich de
la Barraqueta, de sapeurs de la république, d'artillerie de
la république, s'organisèrent...... ou ne s'organisèrent pas
au milieu de cette époque de désarroi. Tel individu figurait
à l'effectif de deux ou même de plusieurs bataillons ; tels
bataillons ne comptaient que les officiers.

Les volontaires de Barcelone se mirent *en campagne* à la
mort de Cabrinety et allèrent..... jusqu'à Granollers, d'où
ces *ardents patriotes* ne tardèrent pas à revenir un à un.

Heureusement l'arrivée du général Turon mit fin à tout
ce désordre ; il désarma la majeure partie des bataillons, ne
conservant que les francs-tireurs comme un mal nécessaire,
et put dès lors mettre tous ses soins à rétablir la discipline ;
il y réussit en peu de temps, et la réorganisation du corps
spécial des officiers d'artillerie apporta en même temps à
l'armée un nouvel élément de supériorité.

La première opération qu'entreprit le général, après son

entrée en fonctions, fut le ravitaillement de Berga : le brigadier Cañas, chargé avec une division de 4,000 hommes d'assurer la marche du convoi, conduisit parfaitement cette opération importante, dont le succès eut un grand effet moral
sur l'armée et sauva Berga d'une situation des plus critiques.
(*Voir, pour plus de détails, chapitre VI.*)

Les forces qui se trouvaient alors en Catalogne consistaient en 17 bataillons de ligne, 9 de chasseurs, un tercio de
gendarmerie, environ 1,800 douaniers, 4 régiments de cavalerie, 5 batteries de montagne, 3 batteries montées, 3 compagnies du génie, 1 régiment d'artillerie à pied et 8 ou
10 bataillons de francs-tireurs. Les bataillons et escadrons
n'avaient que des effectifs très-réduits; les francs-tireurs arrivaient à peine à 200 ou 300 hommes par bataillon. En
somme, on peut admettre que les forces mises sur pied par
l'État s'élevaient à 18,000 hommes, 1,200 chevaux, 20 pièces
de montagne et 12 de campagne. Ces troupes fournissaient
de grosses garnisons : 2 bataillons à Berga, 2 à Vich, 2 bataillons de francs-tireurs à Manresa, 1 bataillon à Olot; beaucoup d'autres .points étaient également occupés. Le reste
disponible pour les opérations offensives fut organisé en brigades et réparti de la manière suivante :

Dans la province de Gérone : brigade Reyes : 5 bataillons,
140 chevaux, 4 pièces de montagne; 2,200 hommes.

Dans la montagne : brigade Macias : 7 bataillons, 100 chevaux, 4 pièces ; 3,000 hommes.

Dans la plaine : 2 bataillons, 80 chevaux, 4 pièces; 1,000
hommes.

Dans la province de Lérida : brigade Franch : 3 bataillons,
120 chevaux, 4 pièces ; 1,500 hommes.

Dans la province de Tarragone : brigade Salamanca : 3 bataillons, 120 chevaux, 4 pièces ; 1,800 hommes.

Soit en tout 8,000 à 9,000 hommes employés activement.

Les forces des carlistes étaient à peu près égales, de sorte que l'armée, trop faible pour prendre l'offensive dans la haute montagne, était obligée de se borner à protéger les points fortifiés en restant sur la défensive.

De leur côté, les carlistes ne se hasardaient encore qu'à attaquer les postes; ils se montrèrent ainsi successivement à Valls, à La Junquera et à Amposta, les 2, 6 et 9 octobre, à Cardedeu, à Bañolas, à Berga, et enfin à Sils, les 6, 13, 20 et 23 novembre.

Entre temps, le bataillon de chasseurs de Barcelone avait eu, le 20 octobre, une affaire malheureuse à Prades. En poursuivant une bande de 300 hommes, il se laissa cerner par Tristany à la tête de 2,500 hommes. La résistance fut acharnée; mais le lieutenant-colonel Maturana fut tué et le bataillon perdit 20 morts et 150 prisonniers.

Un peu plus tard, les carlistes, au nombre de 3,000 hommes avec deux canons, sous les ordres de Savalls et d'Auguet, recommencèrent leur attaque sur Bañolas dont ils s'emparèrent, le 28 novembre.

Profitant ensuite de l'absence du brigadier Macias qui était allé conduire à Berga un convoi au passage duquel ils n'avaient pas jugé prudent de s'opposer, ils se présentèrent, le 10 décembre, avec 2,500 hommes et deux canons, devant Olot qu'ils sommèrent de se rendre. Pendant quelques jours ils canonnèrent la place, qui répondit à leur feu et repoussa leurs attaques; la garnison parvint même à les déloger d'une rue dont ils s'étaient emparés. L'approche de la brigade Reyes délivra Olot; mais la ville fut attaquée de nouveau vers la fin du mois.

Le général Turon vint alors de Barcelone prendre à Granollers le commandement de la brigade Macias et se porta au secours d'Olot, de concert avec la brigade Reyes. Savalls et Auguet se retirèrent dans la direction de la côte avec 2,000 hommes et 200 chevaux, en incendiant les stations de Tordera, Pineda et Calella. Sur l'ordre du général Martinez Campos, nommé capitaine général de Catalogne tandis que le général Turon restait général en chef de l'armée, le brigadier Cañas partit de Barcelone avec une brigade formée en toute hâte et arriva à temps pour sauver les 35 volontaires de Calella qui se défendaient encore, barricadés dans la tour de l'église.

1874. — Dans les premiers jours de janvier, on concentra à Barcelone les troupes de la plaine et la brigade Macias, en prévision des événements politiques auxquels on s'attendait à Madrid pour la réouverture des Cortès fédérales.

Le coup d'état du 3 janvier fut en effet l'occasion de quelques troubles auxquels prirent part les volontaires républicains des districts de Barcelone ; le capitaine général Martinez Campos, après avoir ordonné, le 7, le désarmement et la réorganisation de la milice, dut faire tirer, le 8, sur les mutins de Sans et de la rue de Poniente, dont il eut du reste facilement raison. D'autre part, le colonel républicain Xich de la Barraqueta s'enferma, le 10, avec ses bataillons de francs-tireurs dans le bourg de Sarria, aux portes de Barcelone, et s'y mit en état de défense au cri de : *Vive la République fédérale !* Des gens de la plaine vinrent se joindre à lui et il parvint ainsi à réunir 2,000 à 3,000 hommes avec lesquels il résista jusqu'à une heure de l'après-midi du 11 aux troupes chargées de le déloger.

Pendant ce temps, les carlistes, plus libres de leurs mouvements par suite de la concentration de l'armée, vinrent au nombre de 3,000, sous les ordres de Tristany, attaquer Vich à l'improviste dans la nuit du 7 janvier. Ils occupèrent quelques rues et la journée du 8 se passa à tirailler des deux côtés; mais à minuit la seconde enceinte fut prise d'assaut, et tandis que les défenseurs battaient en retraite vers la cathédrale, quelques petits détachements qui ne purent être recueillis furent obligés de se rendre. Le reste, conduit par le commandant militaire Massuet, parvint, non sans pertes, à sortir de la ville, laissant entre les mains des carlistes deux canons Krupp, un grand nombre de fusils et environ 80 chevaux. Les vainqueurs frappèrent la ville d'une contribution de 50,000 duros, mirent le feu à la prison, au tribunal et au théâtre, et démolirent les fortifications.

Comme l'armée de Catalogne venait d'être renforcée par l'arrivée des hommes de la classe 1873, le général Martinez Campos résolut de prendre l'offensive. Le 19, il partit de Barcelone à la tête d'une forte division, en même temps que le colonel Mola y Martinez quittait Manresa avec sa colonne, et arriva à Vich sans résistance; mais, apprenant qu'il était remplacé par le général D. Rafaël Izquierdo, il revint en hâte à Barcelone, où le nouveau capitaine général et général en chef prit le commandement, le 24 janvier.

Les forces actives reçurent alors l'organisation suivante :

Dans la province de Barcelone : brigade Mola y Martinez (plus tard Medeviela): 5 bataillons, 4 pièces et 100 chevaux; — brigade Cirlot : 2 bataillons, 4 pièces et 140 chevaux.

Brigade de la province de Gérone, général Nouvilas : 5 bataillons, 4 pièces et 140 chevaux.

Brigade de la province de Lérida, colonel Tomasetti : 2 bataillons, 4 pièces et 50 chevaux.

Brigade de la province de Tarragone, brigadier Salamanca : 2 bataillons, 4 pièces et 120 chevaux.

Il y avait en outre, dans le Panadès, une petite colonne

composée de quelques compagnies et d'un peloton de cavalerie; enfin, des compagnies détachées parcouraient la
plaine et battaient le pays.

Le 4 février, 4,000 carlistes commandés par Tristany attaquèrent Manresa. La garnison se composait des 7ᵉ et 14ᵉ bataillons de francs-tireurs et de quatre compagnies du régiment d'Amérique; ces dernières, avec quelques volontaires,
formaient le vrai noyau de la défense, tandis que le reste des
deux bataillons ne savait que boire, piller et incendier : elles
se retirèrent en bon ordre jusqu'à la Seo, l'église principale
de la ville, et s'y retranchèrent. Les carlistes, pendant le temps
qu'ils occupèrent Manresa, en firent démolir les fortifications,
qu'on se mit d'ailleurs bientôt à reconstruire, quand la brigade Mola y Martinez les eut obligés à abandonner leur conquête passagère.

Vendrell, occupée seulement par de la milice, fut à son
tour attaquée, le 3 mars, et les défenseurs, renfermés dans
l'église, finirent par se rendre après une vigoureuse résistance, aucune troupe n'étant venue à temps au secours de
la place. Peu de jours après, Villanueva y Geltru, San Sadurni et Villafranca del Panadès ouvrirent aussi leurs portes.
Une fois le Panadès abandonné, Igualada au pouvoir des
carlistes, le défilé de Martorell non occupé et Vich également évacué, les bandes purent parcourir impunément la
plaine et jeter l'alarme jusque dans Barcelone; les brigades
Medeviela et Cirlot se multipliaient pour protéger Manresa,
Mataro, San Celoni, Granollers, Sabadell et Tarrasa qui
restaient encore au pouvoir de l'armée, mais étaient souvent
menacés; Berga se défendait comme par miracle.

Poursuivant le cours de leurs avantages, les carlistes
renouvelèrent, dans la province de Gérone, leurs attaques

contre Olot dont l'occupation était le rêve favori de Savalls. Après la prise des forts extérieurs, restes de l'autre guerre civile, la milice effrayée mit bas les armes, et le bataillon de chasseurs de Manille, ne se trouvant plus assez fort pour garder à lui seul toute l'étendue de l'enceinte, se retira dans l'hôpital, bâtiment solide et susceptible d'une bonne défense, où il se retrancha.

La brigade Nouvilas, en se portant au secours d'Olot, rencontra les carlistes retranchés dans le défilé de Castellfullit de la Roca, et considérant avec raison une attaque de front comme impossible contre ces formidables positions, elle essaya de les tourner par les hauteurs d'Oix; mais elle exécuta son mouvement avec une telle lenteur qu'elle fut elle-même cernée par les carlistes. Le général, la plupart des officiers et des soldats furent faits prisonniers; quatre canons rayés de montagne, le trésor, des armes, des munitions, l'ambulance et 140 chevaux tombèrent en outre aux mains de l'ennemi.

A la nouvelle de cet échec, le bataillon de Manille enfermé dans Olot, voyant qu'il ne pouvait plus espérer de secours, capitula avec les honneurs de la guerre et quitta, avec armes et bagages, la place où il laissa seulement les quatre pièces qui en composaient l'armement et 500 fusils de la milice. On lui imposa la condition de se rendre à Barcelone sans s'arrêter à Gérone.

La nouvelle de la défaite d'Oix jeta une grande panique dans toute la province de Gérone et particulièrement dans cette ville. On abandonna Santa Coloma de Farnès, Castellon, La Junquera et d'autres points pour ne conserver que Gérone, Figueras et Puigcerda; on fortifia en outre San Feliu de Guixols pour assurer les communications par mer avec Barcelone.

Le bataillon de chasseurs de Madrid et un bataillon de Cadiz servirent, avec quelque cavalerie et de l'artillerie, à organiser une petite brigade qui, sous les ordres du général Buceta, et plus tard du brigadier Cañas, eut pour mission de prêter appui aux postes fortifiés; mais les 1,500 hommes qui la composaient ne pouvaient suffire à empêcher de nombreuses incursions dans l'Ampurdan et jusqu'à la côte.

La situation, à la fin de mars 1874, n'était donc rien moins que satisfaisante. La province de Gérone était pour ainsi dire complétement abandonnée, et l'armée évitait de s'y mesurer avec les bandes qui, réunies à celles de la province de Barcelone, également solides et bien organisées, formaient la première division carliste aux ordres de Savalls, avec Auguet et Miret pour chefs de brigade. Les brigades Medeviela et Cirlot, après une tentative pour dégager Olot, avaient dû se retirer précipitamment de Vich à Granollers et se borner à couvrir les places de la plaine et Manresa; elles n'osaient se hasarder jusqu'à Berga dont la situation était de plus en plus compromise.

La seconde division carliste, recrutée dans les provinces de Lérida et de Tarragone, était commandée par Francisco Tristany, avec son frère Ramon et Moore pour chefs de brigade; là l'organisation des bandes était moins avancée, mais celles de Lérida faisaient de grands efforts pour compléter la leur et ne devaient pas tarder à se signaler à leur tour. Pourtant, dans ces deux provinces où l'esprit libéral était beaucoup moins abattu qu'ailleurs et où de nombreux postes fortifiés se trouvaient encore occupés, la mission du brigadier Salamanca et du colonel Tomasetti était moins difficile à remplir.

Le 3 avril, le commandement passa au général Ser-

rano Bedoya, qui organisa les troupes sur un nouveau
pied :

Dans la province de Barcelone : brigade Estéban : 5 bataillons, 4 pièces et 80 chevaux ; — brigade Cirlot : 5 bataillons, 4 pièces et 100 chevaux ; — brigade Saënz de
Tejada : 1 bataillon, 2 pièces et 50 chevaux.

Dans la province de Gérone : brigade Cañas : 2 bataillons,
4 pièces et 100 chevaux.

Dans la province de Lérida : brigade Arrando : 4 bataillons, 4 pièces et 100 chevaux.

Dans la province de Tarragone : brigade Salamanca :
3 bataillons, 4 pièces et 100 chevaux.

Les garnisons étaient fournies par 8 bataillons de ligne,
les douaniers et 2 bataillons de francs-tireurs, avec les milices locales de différents points.

Une des premières préoccupations du nouveau capitaine
général fut de rétablir les fortifications de la plaine, si nécessaires pour empêcher les incursions carlistes. On commença immédiatement celles de Villanueva et de Villafranca.

La situation de Berga appela aussi son attention ; les
brigades Estéban et Cirlot, qui avaient conduit dans cette
place une compagnie du génie chargée d'en augmenter et
d'en améliorer les moyens de défense, livrèrent à leur retour le combat de Prats de Llusanès qui, à défaut de résultats matériels, produisit du moins un important effet moral
en prouvant la supériorité de l'armée, même en pleine montagne.

A cette époque les bandes de Tarragone, qui montaient
déjà à 2,000 hommes, tentèrent quelques coups hardis sur
Las Borjas, San Vicente, Alforja et Bellmunt.

L'arrivée des nouvelles classes et l'organisation de batail-

lons de réserve permirent de renforcer un peu l'armée de
Catalogne et de porter les brigades aux effectifs suivants :

Brigade Estéban : 5 bataillons, 4 pièces et 100 chevaux;

Brigade Cirlot : 5 bataillons, 2 pièces et 100 chevaux;

Brigade Saënz de Tejada : 2 bataillons, 4 pièces et 50 chevaux;

Brigade Cañas : 4 bataillons, 4 pièces et 100 chevaux;

Brigade Arrando : 4 bataillons, 4 pièces et 100 chevaux;

Brigade Salamanca : 3 bataillons, 4 pièces et 80 chevaux.

Cependant Savalls s'était présenté, le 12 juillet, devant
Puigcerda et avait commencé à canonner la place. Les brigades Cañas et Cirlot se mirent en mouvement pour se porter au secours des assiégés : elles devaient faire leur jonction
à Olot; mais Cañas ayant été repoussé à Castellfullit, Cirlot
arriva seul à Olot, où il fut investi et bloqué par les carlistes
qui avaient levé en masse les habitants des environs et
étaient ainsi parvenus à réunir 14,000 hommes.

Le général Merelo, commandant en second de la capitainerie générale, voulut alors aller dégager Cirlot, à la tête
d'une division composée des brigades Cañas et Estéban, cette
dernière commandée provisoirement par le brigadier Mola y
Martinez; mais, pas plus qu'auparavant le brigadier Cañas,
il ne put forcer le passage de Castellfullit.

Un nouveau capitaine général, le général Lopez Dominguez venait d'être nommé sur ces entrefaites; il prit avec son
prédécesseur, le général Serrano Bedoya, la direction de
l'expédition qui se préparait pour délivrer Cirlot. La division
Merelo (8 bataillons) s'avança par Castellfullit, tandis que
les deux capitaines généraux avec les brigades Arrando,
Saënz de Tejada et Mola (12 bataillons) prirent par le Grau
d'Olot. Les bandes, devant ce déploiement de forces, éva-

cuèrent leurs positions après une courte résistance et se contentèrent d'assaillir l'arrière-garde à la descente du Grau. Les troupes arrivèrent ainsi à Olot, le 2 août, tandis que les carlistes lançaient une expédition ou plutôt une démonstration dans la plaine et poussaient des pointes jusqu'au Besos, manœuvre qu'ils ont d'ailleurs répétée chaque fois que les troupes se sont massées dans la montagne pour quelque opération.

Dans l'intervalle, Savalls s'était signalé par un acte de sauvage barbarie en faisant fusiller, le 17 juillet, aux environs de Vallfogona, 205 malheureux prisonniers faits à Oix et traités depuis lors avec une extrême rigueur.

Après l'expédition d'Olot, les brigades de Catalogne furent réorganisées de nouveau comme il suit :

Dans la province de Barcelone : brigade Saënz de Tejada : 3 bataillons, 4 pièces et 80 chevaux ; — brigade Araoz : 4 bataillons, 4 pièces et 80 chevaux ;

Dans la province de Gérone : brigade Estéban : 5 bataillons, 4 pièces et 80 chevaux ;

Dans la haute montagne de Barcelone : brigade Macias : 4 bataillons, 4 pièces et 50 chevaux ;

A Lérida : brigade Arrando : 5 bataillons, 4 pièces et 100 chevaux ;

A Tarragone : brigade Salamanca : 2 bataillons, 4 pièces et 80 chevaux.

Ici se place un fait important : dans la nuit du 15 au 16 août, 200 hommes choisis des bandes carlistes de la province de Lérida surprirent la citadelle de la Seo de Urgel. Le même jour, Francisco Tristany arrivait avec le reste de sa brigade et, après quelques coups de canon, obtenait la reddition du château et de la ville. Quelques-uns des volontaires et des soldats parvinrent à s'échapper et se réfugièrent à

Andorre; le reste fut fait prisonnier. Toute cette affaire n'a pu encore être tirée au clair et l'on ne sait au juste s'il y eut réellement surprise ou trahison.

Il était naturel que les carlistes, maîtres de la Seo de Urgel, place forte armée de 50 bouches à feu, cherchassent à prendre Puigcerda pour tenir toute la frontière en leur pouvoir et s'assurer ainsi d'incontestables avantages; ce fut en effet ce qui arriva. Dès le 21, ils en commencèrent le siége par la construction de diverses batteries pour le canon *Deu de Olot* (canon lisse de 13 centimètres à fermeture Krupp), pour deux obusiers de 16 centimètres et trois canons de montagne. Après avoir tiré plus de 900 projectiles, ils tentèrent trois fois l'assaut, mais ils échouèrent devant l'énergie des habitants et des soldats qui défendaient la place.

Il était pourtant urgent de porter secours aux assiégés; le général en chef Lopez Dominguez réunit d'abord à Vich les brigades Araoz et Macias sous les ordres du général Merelo; puis bientôt, pour triompher des difficultés qu'offrait le passage des défilés de San Quirse de Besora et de Ripoll, il leur adjoignit la brigade Estéban et quelques autres troupes, et prit en personne le commandement supérieur de l'expédition.

On trouvera plus loin le récit détaillé de cette opération importante qui fut habilement conduite; aussi l'armée arriva-t-elle victorieuse à Puigcerda, après avoir supporté de grandes privations et livré de rudes combats à Guardiola, Vallsèbre, Puig-Nès et Castellar de Nuch. Au retour, Berga fut ravitaillée par l'armée, et les brigades Araoz et Macias, détachées pour occuper Igualada et Vich, commencèrent à fortifier ces deux places qui jouaient un rôle si important dans cette guerre.

Pendant que l'armée opérait ainsi dans la haute montagne,

une partie des forces carlistes battues à Castellar de Nuch se jetèrent dans la plaine et exigèrent des contributions à Masnou, Tiana, Vilasar, Arenys, Calella, etc...

Mais le 15, la brigade Estéban, qui retournait dans sa province de Gérone, surprit les bataillons de Galceran et de Muxi à Caldas de Montbuy et les dispersa: en même temps le brigadier Salamanca occupait Amposta qu'il fit fortifier.

Dans les premiers jours d'octobre, les carlistes, sentant toute la gravité qu'avait pour eux la perte de Vich et d'Igualada, attaquèrent ces deux villes occupées chacune par une brigade et vinrent audacieusement livrer devant la première un combat acharné, tandis qu'ils se bornaient à une fausse attaque devant la seconde; mais ils furent repoussés des deux côtés.

Le général Lopez Dominguez donna alors à l'armée de Catalogne une nouvelle organisation en trois divisions:

La première, sous les ordres du général Estéban, composée des brigades Cirlot (1re), Macias (2e) et de la colonne de l'Ampurdan réorganisée, devait opérer dans la province de Gérone et autour de Vich.

La seconde, général Weyler, comprenait les brigades Arrando (1re) opérant à Lérida et Gamir (2e) à Tarragone.

La troisième, général Montenegro, formée des brigades Saënz de Tejada (1re) et Nicolau (2e), occupait la province de Barcelone.

Les brigades avaient la composition et la force suivante:

Brigade Cirlot: 5 bataillons, 4 pièces et 100 chevaux; 3,000 hommes.

Brigade Macias: 4 bataillons, 4 pièces et 100 chevaux; 2,600 hommes.

Colonne de l'Ampurdan: 1 bataillon, 2 pièces et 80 chevaux; 1,000 hommes.

Brigade Arrando : 4 bataillons, 4 pièces et 100 chevaux ; 2,500 hommes.

Brigade Gamir : 4 bataillons, 4 pièces et 100 chevaux ; 2,500 hommes.

Brigade Saënz de Tejada : 3 bataillons, 4 pièces et 80 chevaux ; 2,000 hommes.

Brigade Nicolau : 2 bataillons, 4 pièces et 60 chevaux ; 1,800 hommes.

Ce fut à cette époque qu'on organisa les patrouilles ou rondes volantes locales, compagnies franches de 50 à 60 volontaires au maximum : elles avaient pour résidence les points fortifiés et étaient destinées au service de surprises et de reconnaissances dans les environs de leur centre d'action. Plus tard, 10 à 12 rondes formèrent un tercio avec un commandant et un commandant en second, et les 6 tercios qu'on créa furent placés sous les ordres d'un brigadier de l'armée, qui prit le titre de sous-inspecteur.

Pendant les mois d'octobre et de novembre 1874, les opérations se réduisirent à l'escorte de convois destinés à approvisionner Igualada et Vich. De leur côté, les forces carlistes se concentrèrent à la fin d'octobre dans la province de Tarragone pour protéger le passage de l'Èbre par D. Alphonse et Doña Maria de las Nieves.

Quelques jours après, les 3 et 4 novembre, la colonne de l'Ampurdan eut une affaire malheureuse à Castellon de Ampurias. Elle était parvenue à envelopper la bande de Socas, lorsqu'elle fut à son tour surprise par Savalls au moment où la bande allait capituler : la colonne perdit 200 hommes, ses deux canons Krupp et environ 50 chevaux. Après cette affaire, on se mit à fortifier Castellon et on réorganisa une colonne pour continuer la mission de la première.

Le mois de décembre commença par la surprise du bourg

Types de l'armée carliste.

Cavalier.   Canonnier.   Off.r d'Infanterie.

Imp. Berger-Levrault & Cie, Nancy

d'Amer, exécutée par le commandant Camprubi avec les
rondes de Gérone et où 14 carlistes perdirent la vie. En
même temps, un ordre du 8 rendait la levée en armes obli-
gatoire dans tout le bas Llobregat, la plaine de Barcelone
et la côte du Levant, pour tous les propriétaires et les fer-
miers qui payaient une certaine somme de contributions.
L'ordre nommait le brigadier Mola y Martinez commandant
général des mobilisés requis et marquait la limite extérieure
de la zone astreinte à la levée ; cette limite partait de Mataro,
passait par Alella, Premia, Montmelo, Mollet, Sabadell, Tarrasa, Rubi, Molins de Rey et Prat de Llobregat ; elle devait s'é-
tendre à mesure que les circonstances le permettraient. Cette
disposition avait pour but de prévenir les coups de main
des carlistes et d'empêcher les exactions qu'ils commettaient
dans la plaine. Des milices locales s'organisèrent en outre
dans la plupart des villes ; Igualada, entre autres, compta
ainsi jusqu'à 1,200 hommes. La province de Tarragone suivit
aussi cet exemple.

Cependant les carlistes avaient, dès les premiers jours de
décembre, renouvelé leurs menaces contre Berga qu'ils tenaient bloquée. Le général Weyler accourut avec sa seconde
brigade et la première de la 3e division, et, à son approche, les
carlistes se retirèrent sans combat ; mais, tandis que le général s'en revenait par Cardona après avoir relevé la garnison,
son arrière-garde fut attaquée au col de la Mala-Mata et
perdit un canon Plasencia.

Le général Montenegro, qui conduisait en même temps un
convoi à Berga avec sa seconde brigade, avait été obligé de
s'arrêter à Valsareny devant 4,000 carlistes postés dans les
défilés de Puigreig et de Gironella ; un nouveau mouvement
du général Weyler lui ouvrit la route et, après de grandes
difficultés, le convoi put entrer à Berga.

L'armée de Catalogne accueillit avec le même enthousiasme que toute la population et toute l'armée espagnole, la nouvelle du pronunciamento de Sagonte (29 décembre) : la proclamation de D. Alphonse XII de Bourbon comme roi d'Espagne, en donnant satisfaction aux éléments conservateurs et relevant enfin un drapeau autour duquel on allait se grouper pour combattre le carlisme, rendait à tous l'espoir de voir bientôt finir cette lutte fratricide.

1875. — Ce fut le 9 janvier 1875 que D. Alphonse mit le pied sur la terre espagnole à Barcelone, où il passa en revue la division Montenegro et la plus grande partie de la division Weyler.

Dans la matinée du 10, les carlistes, furieux de la marche des événements, vinrent tenter un coup de force en attaquant Mataro. La garnison, les rondes et les milices se défendirent vigoureusement et repoussèrent les assaillants, qui se retirèrent avec des pertes sérieuses, sans attendre le général Montenegro accouru de Barcelone avec la brigade Saënz de Tejada.

Deux jours après, le 12, le général Estéban avec la brigade Cirlot rencontrait, sur les hauteurs voisines de Santa Coloma de Farnès, les bandes de Gérone réunies sous Savalls et les attaquait au cri enthousiaste de : *Vive Alphonse XII !*

Le nouveau général en chef Martinez Campos, en arrivant au pouvoir, prit les plus sages mesures; il neutralisa les voies ferrées et accorda l'*indulto* aux déserteurs ennemis; au lieu d'un système de représailles, il prescrivit le renvoi des blessés et l'échange périodique des prisonniers, recommandant en outre d'observer toujours les lois de l'humanité sur le champ de bataille. Ces dispositions firent le meilleur effet

dans le pays et ne tardèrent pas à amener d'excellents résultats.

Cependant les carlistes redoublaient d'efforts ; dans la
nuit du 18 janvier, 3,000 hommes commandés par Tristany
vinrent attaquer Granollers dont ils s'emparèrent et détruisirent l'enceinte. La garnison, réfugiée dans le réduit, ne put
empêcher les excès des vainqueurs, qui assassinèrent plusieurs habitants et enlevèrent des otages pour obliger la ville
à payer une forte contribution.

Cette attaque des carlistes coïncida avec l'opération dirigée
par le général Martinez Campos contre Olot, à la tête des
brigades Saënz de Tejada et Cirlot, de sorte que la brigade
Nicolau, renforcée à Molins de Rey par un bataillon de la
division Weyler, dut faire une marche de 85 kilomètres pour
accourir d'Igualada, où elle se trouvait, au secours de Granollers.

Le général Martinez Campos de son côté, après avoir passé
la nuit du 16 à Mieras, était arrivé le 17 à Santa Pau, où il
eut affaire à une partie des forces de Savalls qui évacuèrent
les positions qu'elles occupaient. Le général alla coucher à
Olot avec deux bataillons, laissant le reste de ses troupes échelonné par demi-bataillon sur les hauteurs voisines de la ville
pour protéger son retour qu'il effectua dans la matinée du 18.
Cette expédition menée rapidement, sans grand déploiement
de forces (3,500 hommes), donna aux carlistes de grandes
craintes pour la sécurité de *leur capitale* et les décida à
couvrir de tranchées les hauteurs et les passages qui pouvaient en défendre les approches.

Ces tranchées furent exécutées sur les conseils de Lizarraga, qui venait de prendre le commandement de la première division carliste en remplacement de Savalls, promu
au grade de lieutenant-général et chargé en cette qualité

du commandement en chef presque toujours exercé jusquelà par Tristany.

A la fin de janvier, Tristany, suivi de 5 bataillons, 200 chevaux et 2 canons (3,000 hommes), pénétra dans la province
de Tarragone avec l'intention de donner la main à quelques-
unes des bandes du Centre qui cherchaient à entrer dans la
Principauté par Miravet ou tout autre point de passage de
l'Èbre. Il rencontra à Prades la colonne Picazo, composée du
bataillon Fijo de Ceuta[1] avec 25 chevaux et 2 canons (900
hommes); dans l'affaire qui s'ensuivit, la petite colonne se
battit admirablement, repoussa toutes les charges de la cavalerie et fit une retraite honorable en bon ordre. Le général
Martinez Campos accourut avec la brigade Nicolau et mit en
même temps en mouvement les brigades Arrando, Mola y
Martinez (provisoire), Saënz de Tejada et une partie des
troupes de Weyler : il manœuvra trois ou quatre jours pour
envelopper les carlistes et leur livrer bataille; mais ceux-ci
se divisèrent et le groupe le plus nombreux (2 bataillons
avec les canons) faillit être pris au Bruch. Le général continua
la poursuite jusque dans l'intérieur du Llusanès, où il put
encore faire quelques prisonniers.

La division Montenegro fut alors réorganisée à Vich et
composée de 6 bataillons, 120 chevaux et 6 canons de montagne, le tout réparti en trois demi-brigades commandées
par les colonels Bonanza, Francès et Mendoza, avec le brigadier Nicolau pour commandant en second de la division.
La brigade Saënz de Tejada, forte de 2 bataillons, 60 chevaux et 4 pièces, eut pour mission de surveiller la plaine et
d'accompagner le général en chef dans ses opérations; la
brigade Cirlot occupa la province de Gérone avec 5 batail-

---

1. Le régiment Fijo (permanent) de Ceuta est un régiment de discipline. (*N. du Tr.*)

lons, 60 chevaux et 4 pièces, sans compter la colonne de l'Ampurdan; Arrando avec 4 bataillons, 100 chevaux et 4 pièces fut chargé de la province de Lérida, tandis qu'on ne laissait dans celle de Tarragone que les colonnes des bataillons de Reus et Fijo de Ceuta, renforcées chacune de 30 chevaux et de 2 pièces de montagne.

Toutefois de fréquentes rencontres continuaient à avoir lieu avec des chances diverses : ainsi, le 16 février, les carlistes attaquaient Cervera et parvenaient d'abord à occuper quelques maisons; mais, après une lutte acharnée contre les 500 hommes de la garnison, ils étaient obligés de se retirer en laissant 40 prisonniers entre leurs mains.

En revanche, le 5 mars, la brigade Cirlot, assaillie à Bañolas par 4,000 hommes aux ordres de Savalls, était rejetée dans Gérone.

Bientôt après eut lieu le premier échange officiel de prisonniers. On délimita pour cette opération, entre Manresa et Sampedor, une zone neutre sur laquelle la remise réciproque fut faite suivant les règles, le 17 mars, en présence du colonel d'état-major Ahumada et du brigadier carliste Arguëlles. L'échange comprit 500 prisonniers, au nombre desquels le général Nouvilas, le brigadier Anton et 70 officiers de l'armée.

La veille, le général en chef Martinez Campos, décidé à enlever à l'ennemi la place importante d'Olot, était parti de Gérone avec les brigades Cirlot et Saënz de Tejada renforcées du régiment de la Lealtad venu de l'armée du Centre avec un effectif de 1,800 hommes : en même temps la division Montenegro, commandée depuis quelques jours par le général Estéban par suite du passage de son ancien chef à l'armée du Centre, sortait de Vich pour le rejoindre. Après une série d'opérations remarquables, qui feront plus loin le sujet d'une étude spéciale, les troupes occupèrent, le 18, les villes d'Olot et de Castellfullit ainsi que les hauteurs environnantes.

L'importance qu'il attachait à l'occupation d'Olot, décida le général en chef à y rester jusqu'au 30 mars avec la majeure partie de ses forces : le général Arrando prit ensuite le commandement de la division d'occupation, composée de 9 bataillons, 150 chevaux et 10 pièces de montagne.

Savalls et Lizarraga, avec la première division carliste, restèrent devant Olot jusqu'au 5 avril et ne quittèrent leurs positions que pour faire face à de plus pressants dangers, comme on le verra plus loin.

A cette époque, les troupes étaient réparties comme il suit :

Le général Arrando commandait dans la province de Gérone ; il avait à Olot les brigades Cirlot et Saënz de Tejada, fortes de 6 bataillons, 8 pièces et 120 chevaux ; à Castellfullit, la brigade Francès de 3 bataillons, 2 pièces et 30 chevaux ; enfin dans l'Ampurdan, la colonne Camprubi, formée de deux demi-bataillons, 2 pièces et 100 chevaux.

Dans la province de Barcelone se trouvaient la brigade Nicolau de 3 bataillons, 4 pièces et 80 chevaux ; la brigade Mola y Martinez de 2 bataillons, 50 chevaux et 2 canons ; sur la côte, la colonne Martinez Lacussant, dite du Rayo, composée de 2 compagnies et de 3 ou 4 rondes volantes (340 hommes) ; la colonne Roda, forte de 3 compagnies et de 4 rondes volantes, en garnison à Granollers et parcourant le Vallès ; enfin, dans le Panadès, la colonne Escoda, plus tard Vallejo, également formée de quelques rondes et compagnies.

La brigade Cathalan de 4 bataillons, 4 pièces et 100 chevaux opérait dans la province de Lérida.

Dans la province de Tarragone, le brigadier Gamir disposait du régiment de San Fernando, des bataillons de Reus et Fijo de Ceuta, du 3ᵉ bataillon de francs-tireurs et de trois tercios de rondes volantes ; ces troupes formaient des colonnes de marche et fournissaient, avec l'aide des milices de Reus, de Valls et d'autres villes, des garnisons aux nombreux points fortifiés de la province. Les colonnes des bataillons de Reus et de Ceuta, soutenues chacune par 2 canons de montagne et un peloton de cavalerie, pouvaient seules s'aventurer dans les montagnes du Priorato ; le 1ᵉʳ avril, leur chef, le brigadier Gamir, avec 500 hommes et 50 chevaux, surprenait à Aleixar la bande de Moore, forte de 900 hommes, et lui faisait 250 prisonniers. La garnison de Manresa avait eu, le 29 mars, une affaire semblable avec la bande de Galceran (5ᵉ bataillon de Barcelone).

On a vu plus haut que le général Martinez Campos était revenu, le 30 mars, d'Olot à Barcelone ; il ne s'y arrêta point et, dès le 5 avril, on le retrouve plein d'une fiévreuse activité à San Quirse de Besora, à la tête de la brigade Nicolau ; le 6, il attaque les positions de Ripoll, où il entre le même jour ; de Ripoll il marche sur Prats de Llusanès, Borreda et Berga, traverse les hautes montagnes du Cadi couvertes de neige, pour se diriger sur Bellver, et pousse une reconnaissance jusqu'à la Seo de Urgel ; il revient ensuite par Puigcerda et Berga à Manresa, où il arrive le 15, toujours avec la brigade Nicolau, et rentre à Barcelone par le chemin de fer.

Sans prendre de repos, la brigade Nicolau, commandée par intérim par le colonel Bonanza, livrait, dès le 21 avril, un rude combat sur les hauteurs voisines de Breda ; le général Arrando, sorti d'Olot avec une partie de ses forces, avait de son côté affaire aux troupes de Savalls, le 23, à Santa Coloma de Farnès.

Dans ces deux rencontres, ainsi qu'elle l'avait déjà fait à Bañolas le 5 mars, la cavalerie carliste poussa des charges hardies où elle fit preuve pour la première fois d'une organisation régulière et de solides qualités militaires.

A la fin du mois, le général Martinez Campos, à la tête de la brigade Nicolau et des troupes du général Arrando, fit une nouvelle expédition d'Olot sur Ripoll et San Juan de las Abadesas ; le 4 mai, il était de retour à Barcelone, tandis que le général Arrando rentrait à Olot dont les fortifications étaient déjà très-avancées.

Dans le même mois de mai, les carlistes revinrent pourtant bloquer Berga et Puigcerda ; en outre, un convoi de jeunes chevaux qui se rendait, le 16 mai, d'Igualada à Barcelone, escorté par un bataillon et 300 hommes de la garnison d'Igualada, fut assailli au Bruch; l'escorte soutint une lutte acharnée où elle subit de grandes pertes, et ne fut dégagée que par l'intervention de la brigade Nicolau accourue à son secours.

Quelques jours plus tard, la brigade Araoz (ci-devant Mola), renforcée par la garnison de Vich, poussait une pointe sur Ripoll, où elle arrivait le 27.

Le brigadier Ortiz, chef d'état-major général, conduisant un convoi à Igualada avec les colonnes du Vallès et du Panadès, avait en même temps une affaire à Vallbona, le 29.

Les carlistes attaquaient encore à Blanes, le 2 juin, la petite colonne du Rayo et parvenaient à lui faire quelques prisonniers, puis, le 7, les bandes réunies de la province de Gérone dessinaient une attaque sur Olot en engageant un combat traîné soutenu par l'artillerie; mais devant l'attitude de la garnison, ils renonçaient bientôt à leurs projets.

Cette première partie de la campagne du général Martinez Campos peut se résumer en quelques mots. A son

arrivée, il commence par prescrire de sages mesures pour
régulariser la guerre et la rendre moins barbare, puis, mettant à profit une faute de Tristany, il disperse 5 bataillons
ennemis et bientôt après va prendre Olot, la capitale carliste, la cour de Savalls, la cité sainte, l'Estella du carlisme
catalan. Laissant alors des forces suffisantes pour assurer sa
conquête, il donne une meilleure organisation aux troupes
actives, chasse les carlistes de Ripoll et, avec une seule
brigade de 3 bataillons, parcourt la haute montagne par des
chemins que n'avait jamais foulés le pied d'un soldat ; il se
présente enfin, après des marches longues et pénibles, devant la Seo de Urgel, place forte et dernier boulevard des
carlistes, pour reconnaître l'état de ses défenses. A peine de
retour, il réunit de nouveau les troupes qui avaient, dans
l'intervalle, livré de sanglants combats et traverse, cette fois
sans résistance, les contrées les plus difficiles et les plus
abruptes du pays, où cependant l'esprit carliste avait son
foyer le plus actif.

Après de si hardies et si heureuses opérations, le général
se préparait à aller mettre le siége devant la Seo de Urgel,
lorsqu'il fut mandé à Madrid par le gouvernement pour
recevoir communication du plan général de campagne qu'on
venait d'arrêter.

On devait d'abord renforcer le plus possible l'armée du
Centre pour en finir, par une campagne vivement et vigoureusement conduite, avec les bandes de cette contrée ; l'armée viendrait ensuite grossir celle de la Catalogne, où l'on
commencerait par prendre la Seo de Urgel, puis, après une
campagne de pacification également active, on devait enfin
amener à l'armée du Nord les bataillons aguerris du Centre
et de la Catalogne. Le général Martinez Campos, pour sa
part, devait d'abord s'emparer des forts carlistes de l'Èbre

et passer ensuite le fleuve avec six bataillons, pour opérer
dans le Maestrazgo de concert avec l'armée du Centre.

Le général, de retour à Barcelone le 9 juin, appela à lui
le même jour la brigade Nicolau, qui se trouvait à Berga, et la
brigade de Tejada qui occupait Olot ; il se rendit lui-même à
Falset avec une batterie montée pour aller assiéger le château de Miravet, tandis que celui de Flix était attaqué par le
brigadier Gamir avec 3 bataillons de sa province ; ces deux
places tombèrent après une courte résistance, et, passant
alors l'Èbre avec les brigades Nicolau et Saënz de Tejada, le
général Martinez Campos prit position dans le Maestrazgo
devant Cantavieja. Après la reddition de cette place, la prise
de Chelva et celle des hauteurs d'Alpuente, Dorregaray battit
en retraite avec 15 bataillons et 10 escadrons, passa l'Èbre
près de Caspe et se dirigea vers la Catalogne, poursuivi par
l'armée du Centre, la division Martinez Campos et la brigade
Cathalan de la province de Lérida qui manœuvraient pour
l'empêcher de pénétrer en Catalogne et l'obliger à se jeter
en France ; mais Dorregaray se déroba par des marches rapi-
des et réussit à entrer dans la Principauté.

Pendant les opérations du Centre, les provinces de Barcelone et de Gérone étaient restées confiées à la garde de la
division Arrando, comptant 5,000 hommes (6 bataillons,
6 pièces et 120 chevaux), et de la brigade Villamil (Acellana)
d'environ 1,800 hommes (2 bataillons, 2 pièces et 60 chevaux). Mettant à profit l'éloignement de la division Arrando,
momentanément dans la province de Gérone, 4,000 carlistes
vinrent tomber, le 25 juin, sur Molins de Rey ; ils furent à
la vérité repoussés cette fois, mais ils recommencèrent leur
attaque le 28, forcèrent la garnison à capituler et jetèrent
l'alarme jusque dans Barcelone, où ils refoulèrent une petite
colonne sortie pour se porter à leur rencontre.

Quelques jours après, le 6 juillet, Savalls, avec les bandes réunies des provinces de Barcelone et de Gérone, attaqua le poste fortifié de La Junquera. La division Arrando, accourue à temps, trouva les carlistes dans les positions qui font face à Darnius et les força à lever le siége, en leur faisant payer cher leurs incursions dans l'Ampurdan, qui d'ailleurs ne se renouvelèrent plus.

Savalls comprit bientôt que l'armée de Catalogne, renforcée à la suite de la campagne victorieuse du Centre, ne tarderait pas à entreprendre le siége de la Seo de Urgel, pour lequel il lui était nécessaire de s'appuyer sur Puigcerda comme base d'opérations et d'approvisionnement; convaincu dès lors que la possession de cette place devenait d'une importance capitale pour lui, il résolut de s'en rendre maître à tout prix et arriva sous ses murs, le 15 juillet, amenant avec lui deux mortiers de la Seo et quatre canons. Le feu dura jusqu'au 19; mais les carlistes furent alors obligés de se retirer en abandonnant les mortiers, parce que le général Martinez Campos, arrivé de Monzon à Lérida, le 15, accourait avec toutes ses forces au secours de Puigcerda. Le général en chef, ainsi amené à portée de son objectif principal, fit sans retard occuper la ville de la Seo et les villages voisins et compléter l'investissement des forts par les brigades Nicolau, Saënz de Tejada et Cathalan (9 bataillons, 12 pièces de montagne et 250 chevaux).

Dès le 21, un convoi de munitions et de matériel pour le génie, l'artillerie et les autres services, partit de Barcelone escorté par trois bataillons sous les ordres du colonel d'état-major Ahumada. Grâce à la protection de la division Arrando, qui avait occupé les hauteurs à droite et à gauche du chemin de Ripoll, le convoi exécuta rapidement sa marche malgré les bandes de Catalogne et de Valence qui erraient dans ces parages, tandis que les canons de 12%ₘ et le matériel de siége passaient par la France.

Pendant que les opérations du siége des forts de la Seo de Urgel suivaient leur cours, comme on le verra plus bas dans un chapitre spécial, d'autres événements dignes d'attention s'accomplissaient dans le reste de la Catalogne.

On sait en effet que les bandes du Centre, sous le commandement de Dorregaray, avaient pénétré en Catalogne par la partie haute de la province de Lérida. L'appoint des 15 bataillons et des 10 escadrons (environ 9,000 hommes et 600 chevaux) qu'elles formaient n'était pas à dédaigner pour l'armée carliste de Catalogne. Heureusement le général Jovellar arrivait de son côté, le 28, à Lérida avec les trois divisions Montenegro, Weyler et Estéban de l'armée du Centre et la brigade de cavalerie Moreno del Villar, apportant ainsi à l'armée un renfort de 22 bataillons et 1,600 chevaux; pendant que le général Martinez Campos était occupé au siége de la Seo de Urgel, il prit la direction des opérations dans le reste de la Catalogne, où, le 31 juillet, 4,000 carlistes commandés par Adelantado venaient jusqu'en vue d'Arenys-sur-Mer. Le lendemain, la division Weyler et la brigade Acellana attaquaient dans la sierra de Garceral, entre Arbucias et Breda, les troupes réunies de Savalls, d'Alvarez et d'Adelantado qui montaient alors à plus de 7,000 hommes; cette affaire, bien qu'indécise, préserva les villes de la côte des incursions dont elles étaient menacées.

A la même époque, le général Estéban opérait avec sa division, dans la partie haute de la province de Lérida, contre les bandes de Valence commandées par Dorregaray et la deuxième division de l'armée carliste de Catalogne sous les ordres de Castells; son objectif était de les empêcher de se porter au secours de la Seo.

Le général Jovellar occupait la province de Lérida avec la division Montenegro, tandis que la plaine d'Urgel était battue par la brigade de cavalerie Moreno del Villar dont un détachement, la colonne Enrile, fut attaqué à Agramunt et enlevé, hommes et chevaux, malgré sa résistance.

Les six bataillons du général Arrando manœuvraient dans la partie droite de la Principauté, c'est-à-dire dans les provinces de Barcelone et de Gérone, en liaison avec la division Chacon (primitivement Weyler) forte de sept bataillons. L'Ampurdan était en outre gardé par la colonne Camprubi, de même que la plaine de Barcelone et le Panadès étaient confiés à la brigade Acellana et aux petites colonnes Martinez Lacussant et Vallejo.

Dans la province de Tarragone, le brigadier Gamir ne rencontrait plus devant ses colonnes que quelques patrouilles carlistes et deux bataillons qui ne comptaient guère que 500 hommes.

Pour garder l'Èbre, on avait fait venir la division Salamanca de l'armée du Centre et établi des postes de défense et de surveillance reliés par des télégraphes optiques et électriques de campagne, tout le long du cours du fleuve, aux points où les carlistes pouvaient chercher à le repasser.

Les corps les plus considérables de ceux-ci avaient pour chefs Savalls, Castells et Dorregaray; le premier commandait la plus grande partie de la première division de Catalogne et les troupes d'Adelantado, venu du Centre avec trois bataillons et deux escadrons, total 6,000 hommes et 250 chevaux. Castells et Gamundi, outre la brigade catalane de Lérida réduite à quatre bataillons (le reste formait la garnison de la Seo), avaient avec eux six bataillons et cinq escadrons aragonais, en tout 6,000 hommes et 350 chevaux. Dorregaray, qui opérait pour son compte sans le secours des carlistes du pays,

avait sous ses ordres six bataillons et trois escadrons de Valence, soit 4,000 hommes et 200 chevaux. Enfin dans la
partie basse de la province de Barcelone et dans la province
de Tarragone se trouvaient huit bataillons catalans, répartis
en petits détachements et comptant 3,000 hommes et 100
chevaux, de sorte que, avec la garnison de la Seo, on pouvait évaluer les forces des carlistes en Catalogne à 20,000
hommes et 1,000 chevaux.

Tous les efforts de Savalls et de Castells avaient pour but
d'arriver à secourir la Seo de Urgel; Dorregaray, plus indépendant, essayait tantôt de passer en Aragon pour gagner la
Navarre, tantôt au contraire manœuvrait comme les autres
pour venir en aide à son ami Lizarraga, enfermé dans la Seo.

Le 16 août, les carlistes parurent vouloir tenter quelque
chose de sérieux de ce côté. Castells attaqua les batteries de
siége de la sierra de Navinès, tandis que Savalls se dirigeait
vers la Cerdagne. Le général Arrando partit aussitôt d'Olot
par le val de Viaña, Capsacosta, les sources du Ter et du
Fraser; après trois jours de difficultés inouïes et de privations comme le soldat espagnol seul sait les supporter gaie-
ment sans se plaindre, il parvint à entrer en Cerdagne avant
Savalls et à déjouer tous ses plans. Le 26 août, Lizarraga ca-
pitulait, la Seo de Urgel était rendue à la nation, et cet échec
abattait l'orgueil des carlistes au point qu'on pouvait dès lors
entrevoir la fin prochaine de la guerre.

Dans le mois de septembre, les brigades n'eurent dans
leurs districts respectifs que quelques affaires parmi lesquelles
celles de la Nou, de Montesquiu et de la Sellera méritent
seules d'être citées : chaque jour les carlistes se présentaient
en grand nombre pour demander l'*indulto;* en même temps
Savalls, destitué par D. Carlos, était remplacé par Castells à la
tête des troupes.

Le général Jovellar étant parti pour Madrid au commencement de septembre, le général Martinez Campos resta seul
chargé du commandement des deux armées du Centre et de
Catalogne ; vers la fin du mois, il se rendit à Gérone, où il
organisa la division Arrando en demi-brigades, et, de là à
Vich, pour grouper de même la division Chacon. Il fit occuper et fortifier un grand nombre de points dont les garnisons eurent à fouiller le pays jusqu'à cinq et six lieues de
leur poste.

Divers voyages du général en chef à Tarragone, Lérida,
Manresa, Berga, Ripoll pendant le mois d'octobre, commu-
niquèrent son activité à toutes les troupes placées sous ses
ordres. La poursuite devint incessante ; de nombreuses colonnes de deux bataillons battaient le pays et obligeaient les
carlistes à se présenter pour faire leur soumission. Dès les
premiers jours de novembre, les provinces de Gérone et de
Tarragone étaient purgées ; dans celle de Lérida, on ne rencontrait plus que quelques petits groupes, et dans la haute
montagne de Barcelone, Castells, tournant autour de ce dernier refuge, ne cherchait qu'à éviter une rencontre avec les
cinq ou six colonnes qui le poursuivaient et le serraient de
plus en plus près depuis que, à la fin d'octobre, il s'était
encore signalé par les affaires d'Espinalbet et de la Pobla de
Lillet. A mesure que les bandes diminuaient, les colonnes se
subdivisaient ; elles finirent par ne plus comprendre que
deux compagnies.

Une très-faible partie des bandes du Centre parvint à passer en Navarre et le reste fit sa soumission : les bandes de
Catalogne, chefs et officiers compris, la firent également.

Enfin, une mesure bien plutôt politique que militaire, l'organisation de la levée en masse dans toute la Principauté, assura la pacification définitive et complète de la Catalogne. Le

général en chef, fort de sa popularité et du sentiment général des Catalans, voulut associer à ses projets tout le pays fatigué de cette longue et inutile guerre, au bout de laquelle les carlistes se trouvaient enfin réduits à une situation tellement désespérée que l'annonce seule du *Somaten* devait suffire pour dissiper les derniers restes des rassemblements.

La levée se fit, le 18 novembre, au jour dit; mais ce ne fut dans les campagnes de Catalogne qu'une joyeuse fête en l'honneur de la paix si longtemps désirée, car il ne restait plus un seul carliste en armes dans toute la Principauté.

Cette campagne de pacification conduite pendant les mois de septembre, d'octobre et de novembre est remarquable à plus d'un titre et mérite d'être étudiée en détail, comme un modèle de la guerre de montagne. On y reviendra, dans un chapitre à part, pour en faire connaître au moins les traits essentiels.

Qu'on nous permette ici quelques considérations générales sur les guerres civiles en Catalogne. Toute invasion en Espagne prendra forcément, pour ligne principale d'opérations, celle qui va de la frontière de Guipuzcoa au centre de la Péninsule, et, en raison de la situation éloignée de la Catalogne, enverra seulement un corps par les Pyrénées orientales pour faire une diversion destinée à diviser les forces de la défense. Pour les mêmes raisons, les insurrections du genre de la dernière ne peuvent, dans ce pays, avoir d'autre but et d'autre résultat que de distraire 20,000 à 30,000 hommes et d'affaiblir ainsi l'armée principale chargée d'opérer dans les provinces vascongades, véritable foyer et centre de la rébellion.

La configuration de la Catalogne, comme le caractère de ses habitants, se prêtent d'ailleurs merveilleusement à la guerre de surprises et de coups de main qu'entraînent ces sortes de soulèvements. Aussi, lorsque par suite d'une fatale

F. SAVALLS.

LIEUTENANT-GÉNÉRAL CARLISTE

Em. Gastebois. del.   Lith. Berger-Levrault & Cⁱᵉ à Nancy.

négligence ou encore faute de troupes suffisantes à lui opposer, on n'a pas étouffé dès son début une insurrection carliste en Catalogne, on la trouve bientôt forte, audacieuse et
maîtresse du pays ; si elle ne peut, à elle seule, assurer le
triomphe de sa cause, elle est du moins en état de soutenir
et de prolonger indéfiniment la guerre civile.

Il n'y a plus, pour en venir à bout, d'autre moyen que
d'occuper militairement le pays avec des forces imposantes,
en s'installant d'abord solidement dans les points où l'on a
pu se maintenir et en assurant progressivement sa domina-
tion par de nombreux postes retranchés, à mesure qu'elle
s'étend davantage.

Tous les centres importants, toutes les fortes positions
naturelles formées par les défilés des montagnes, les principaux points de passage des rivières doivent être occupés et
fortifiés de façon à pouvoir être défendus par de faibles détachements, tandis que des colonnes mobiles, vigoureusement conduites et lancées dans toutes les directions, ne
laissent aucun répit aux dernières bandes et achèvent de les
disperser ou d'obtenir leur soumission.

Pour ne parler que de la dernière guerre, on voit les carlistes catalans, méprisés au début, gagner du terrain et
perfectionner chaque jour leur organisation jusqu'à l'arrivée
du général Gaminde, qui, agissant enfin d'après un plan
bien étudié, eût sans doute terminé promptement la guerre,
si les erreurs des républicains n'étaient venues donner alors
une nouvelle vie au carlisme, en même temps qu'elles firent
perdre à l'armée sa force et sa vitalité Les choses allèrent
ainsi jusqu'à ce que les généraux Turon, Serrano Bedoya et
Lopez Dominguez parvinssent à remettre· la défense sur un
meilleur pied ; enfin le général Martinez Campos, en prenant
décidément l'offensive, imprima une excellente direction aux

opérations et sut les mener à bonne fin avec autant d'habileté que de constance : la pacification de la Catalogne entraîna bientôt celle du reste de l'Espagne.

III

Importance et organisation des forces carlistes.

Les carlistes de Catalogne, comme on l'a vu, ne formèrent
d'abord qu'un parti d'une poignée d'hommes dont le nombre alla bientôt en grossissant, grâce au peu de souci qu'on
en prit au début, et plus encore grâce aux affaires politiques.
Les bandes, désignées d'abord par le nom de leurs cabecillas,
prirent ensuite le nom de bataillons et ne furent organisées
que beaucoup plus tard en brigades et divisions.

Bien que les carlistes de Catalogne ne soient point parvenus à acquérir, comme armée régulière, une organisation
aussi complète que ceux du Nord, il s'en faut que leurs
troupes aient conservé le caractère de partisans qu'on est
tenté de leur attribuer et qui ne convient qu'aux vagabonds
et aux bandes de recruteurs, vrais coupables de tous les
méfaits et de tous les excès qui furent commis : on peut dire
au contraire que, pendant la dernière guerre, les chefs carlistes ont su obtenir toute la discipline qu'il est possible
d'exiger du catalan insurgé.

La période pendant laquelle la puissance des carlistes fut
à son apogée en Catalogne, s'étend du mois de mars 1874,
après la déroute de la division Nouvilas à Oix, jusqu'au
même mois de 1875 où Olot fut réoccupé par le général
Martinez Campos. Les détails suivants sur l'organisation de

leurs forces à cette époque sont tirés des journaux carlistes, des documents qu'ils ont publiés, des renseignements fournis par les prisonniers et les gens du pays, enfin de la situation des magasins et des approvisionnements, le tout contrôlé avec soin.

Le commandant en chef de toutes les troupes catalanes prenait le titre de *Capitaine général de Catalogne et général en chef de l'armée royale de la Principauté*. Cette armée se composait de quatre brigades, une par province, formant deux divisions ; ces forces se répartissaient ainsi :

Quartier général : 1 bataillon, 1 escadron et 1 $^1/_2$ batterie, soit 800 hommes, 80 chevaux et 6 canons.

Première division. — *Première brigade* (Barcelone) : 6 bataillons, 1 escadron et $^1/_2$ batterie ; 2,820 hommes, 80 chevaux et 2 canons. — *Seconde brigade* (Gérone) : 4 bataillons, 1 escadron et 1 batterie ; 2,160 hommes, 80 chevaux et 4 canons.

Deuxième division. — *Troisième brigade* (Lérida) : 5 bataillons et 1 escadron ; 2,830 hommes et 80 chevaux. — *Quatrième brigade* (Tarragone) : 5 bataillons et 1 escadron ; 1,580 hommes et 80 chevaux.

Corps spéciaux. — Artillerie de place : 2 compagnies ; 160 hommes et 10 pièces.

Génie : 2 compagnies ; 160 hommes.

Troupes de police *dites* Mozos de la Escuadra : 4 compagnies ; 500 hommes.

Douaniers : 6 compagnies ; 300 hommes.

Invalides : 1 compagnie ; 80 hommes.

Total : 21 bataillons, 5 escadrons, 3 batteries et 15 compagnies, soit : 11,390 hommes, 400 chevaux et 22 canons.

On peut donc évaluer à 11 ou 12,000 hommes environ le maximum des forces régulières que les carlistes de Catalogne mirent sur pied durant cette guerre qu'ils soutinrent dans leurs montagnes, pendant plus de 44 mois, contre des forces généralement supérieures.

Voici maintenant quelques détails sur l'organisation, l'équipement, l'armement et la valeur respective des troupes des différentes armes.

Infanterie. — L'unité tactique et administrative était le bataillon commandé par un lieutenant-colonel; 2 bataillons formaient une demi-brigade sous les ordres d'un colonel: quelquefois aussi un colonel ne commandait qu'un simple bataillon. L'état-major de cette unité comprenait le lieutenant-colonel, deux commandants, un capitaine-adjudant, un alférez porte-étendard, un médecin et un aumônier.

Le bataillon était à six compagnies, excepté les 1er et 2e de Gérone qui en avaient huit. Chaque compagnie devait avoir un capitaine, deux lieutenants, un alférez, un sergent-major, puis le nombre voulu de sergents, de caporaux et de soldats pour faire 100 hommes; mais cet effectif ne fut jamais atteint que par le bataillon des *Guides de Catalogne* affecté au quartier général et toujours tenu au complet; les autres bataillons étaient pauvres en officiers, qu'ils recrutaient avec peine dans les colléges de cadets de la Principauté ou recevaient même parfois du Nord; ils n'atteignaient pas non plus l'effectif indiqué. Les plus forts étaient ceux de la province de Lérida, puis ceux de Barcelone et de Gérone, enfin ceux de Tarragone qui furent toujours très-réduits. Pour évaluer les effectifs, on peut calculer en moyenne sur 400 hommes par bataillon de Barcelone et de Gérone, 500 à 600 hommes par bataillon de Lérida, et seulement 300 hommes par bataillon de Tarragone.

La valeur de l'infanterie carliste de Catalogne variait aussi beaucoup selon les provinces; celle de Gérone était sans

contredit la meilleure, parce qu'elle était la mieux discipli-
née, la mieux instruite et la mieux composée comme personnel : on connaît la réputation du 2ᵉ bataillon de cette
province, appelé bataillon d'Auguet. L'infanterie de Barcelone venait après celle de Gérone ; ses bataillons de montagnards, c'est-à-dire les 1ᵉʳ, 2ᵉ, 4ᵉ et 5ᵉ, étaient les plus solides.
Le personnel de la province de Lérida eût été excellent si
sa discipline et son instruction n'avaient laissé autant à désirer. Enfin, la province de Tarragone donnait au carlisme
des volontaires braves, mais indisciplinés et sans la moindre
instruction militaire.

La composition du corps d'officiers était des plus hétérogènes. Au début, les chefs de bande étaient nommés commandants, capitaines ou officiers subalternes, suivant l'importance de la troupe que chacun d'eux était parvenu à
réunir, puis chaque cabecilla nommait à son gré les officiers
et les cadres dont il avait besoin ; ces nominations furent,
il est vrai, révisées pour la plupart quand on donna une
organisation plus complète aux troupes. Les officiers de l'armée qui passèrent aux carlistes obtinrent en général un emploi supérieur de un ou deux échelons à celui qu'ils avaient ;
mais en 1874 et 1875 l'avancement était déjà suffisamment
réglementé et les nouveaux officiers sortaient tous des rangs
ou des colléges de cadets, à l'exception de quelques-uns
venus parfois, comme on l'a dit, de l'armée du Nord. La
hiérarchie était exactement la même que dans l'armée espagnole ; les carlistes paraissent pourtant avoir supprimé
les grades honoraires qui, dans celle-ci, servent pour ainsi
dire d'échelons intermédiaires entre un grade réel et le
suivant.

L'armement était loin d'être uniforme ; on trouvait des
fusils Remington en petit nombre, beaucoup de Berdan pris

sur l'armée à Berga, Alpens, Igualada et autres défaites, en même temps que des chassepots, des carabines Minié rayées et des fusils lisses à percussion.

Dans tout l'équipement, la seule partie commune aux troupes des quatre provinces était le béret rouge, avec plaque de laiton centrale portant les initiales C. 7. entourées de l'exergue *Ejercito Real de Cataluña*[1]. Pour le reste, les bataillons des provinces de Barcelone et de Lérida portaient la veste ou la vareuse bleue, le pantalon bleu à bande, les guêtres rouges, le havre-sac de toile blanche et une couverture semblable à celles dont se servent les gens du pays; ceux de la province de Gérone avaient la veste et les guêtres rouges, le pantalon bleu à bande, le havre-sac et la couverture; quant aux volontaires de Tarragone, ils ne parvinrent jamais à avoir une tenue uniforme. Même dans les troupes des autres provinces, l'uniforme n'était pas absolument de rigueur et l'on voyait encore beaucoup de costumes de paysans et de bonnets catalans, surtout dans les rondes irrégulières.

Les officiers d'infanterie portaient la tunique bleue à deux rangs de boutons timbrés aux initiales, les épaulettes, le pantalon bleu à bandes rouges, les guêtres de cette dernière couleur, le sabre et le revolver; le béret comme la troupe.

Leurs insignes consistaient en un, deux ou trois galons sur le parement de la manche, pour distinguer les emplois d'alférez, de lieutenant et de capitaine; les officiers supérieurs avaient les mêmes marques distinctives que dans l'armée régulière, moins toutefois les étoiles supprimées en même temps que les grades honoraires.

Le service de l'infanterie était de deux sortes : celui des

---

1. *Armée Royale de Catalogne.*

bataillons complets comprenant les opérations plus ou moins importantes, l'attaque des places, les réquisitions d'argent, d'armes et de chevaux, etc..., et celui de partisans ou de patrouilles, fait par des détachements d'une compagnie, d'une section ou d'un peloton, parfois même par des hommes empruntés à plusieurs compagnies et groupés sous les ordres d'un chef spécial; le rôle de ces patrouilles était de recouvrer les contributions, de menacer les flancs et les arrière-gardes des colonnes en marche, de servir d'escorte aux commandants d'armes, de reconnaître, d'inquiéter par des coups de fusil et même de bloquer les postes fortifiés, de réchauffer l'opinion du pays, de faire croire à l'existence de forces imaginaires, de recruter des hommes, etc. C'est ce service de guérillas, les unes permanentes et affectées à certaines localités, les autres temporaires et formées pour un but déterminé, qui a donné à cette guerre un caractère tout particulier.

Cavalerie. — Les carlistes de Catalogne parvinrent à organiser cinq escadrons d'environ 80 chevaux chacun. Un escadron était attaché à chacune des brigades, et le dernier au quartier général; les chevaux qui n'avaient pas été enlevés à l'armée aux affaires de Sanahuja, Alpens, Oïx, Castellon de Ampurias ou à la prise de Vich, provenaient de réquisitions faites dans le pays. Le harnachement avait été en grande partie pris avec les chevaux; le reste fut confectionné à Vich et dans d'autres villes.

L'uniforme se composait du dolman bleu, du pantalon rouge avec demi-botte, du béret blanc ou bleu suivant les escadrons, et d'une capote; toutefois l'escadron de Gérone avait le dolman rouge avec le pantalon bleu. Les cavaliers étaient armés du sabre et du mousqueton Remington; l'escadron de Lérida comprenait un peloton de lanciers.

Chaque escadron était commandé par un capitaine ayant sous ses ordres des lieutenants et des alférez. Un brigadier secondé par des lieutenants-colonels et des commandants exerçait le commandement en chef de toute la cavalerie.

Artillerie. — Sans parler du matériel qu'ils trouvèrent dans la place de la Seo de Urgel, les carlistes étaient parvenus à réunir les bouches à feu suivantes conquises dans diverses affaires ou remises entre leurs mains par suite des capitulations de certains postes fortifiés :

Orista	1	canon	de	8‰	court rayé.
Alpens	2	—		8	courts rayés.
San Quirse de Besora.	1	—		8	court lisse.
Gironella	2	—		8	courts rayés.
Vich	2	—		8	Krupp.
Manresa	1	—		10	long lisse.
Oix	4	—		8	courts rayés.
Olot	2	—		8	courts lisses.
	1	—		13	Krupp lisse.
	2	obusiers	de	16	courts.
Vendrell	2	canons	de	10	longs lisses.
Castellon de Ampurias.	2	—		8	Krupp.
Cardona	1	—		8	Plasencia.
Divers	1	—		8	court lisse.
Total	24	bouches à feu.			

soit 10 canons rayés et 4 canons lisses de montagne, 4 canons Krupp de campagne, 1 canon Krupp lisse de 13 ‰ fabriqué à Olot par l'alcalde Deu, 3 canons lisses de 10 ‰ de place et 2 obusiers de 16 ‰.

Les canons de montagne en bon état servirent à constituer 3 batteries de 4 pièces : les chevaux, comme ceux de la cavalerie, provenaient, ainsi que les mulets, de l'armée ou des réquisitions.

Le matériel susceptible d'être regardé comme matériel de siége, comprenait les 10 bouches à feu autres que les ca-

nons de montagne; pour servir ces pièces ainsi que celles
de la Seo de Urgel, les carlistes formèrent deux compagnies
d'artillerie de place.

Le corps d'officiers se composait d'anciens caporaux et sergents déserteurs de l'armée, de quelques officiers de troupe
du temps de la dissolution du corps spécial, et enfin d'un
certain nombre d'autres sortant de l'académie de Vergara.

L'uniforme était celui de l'armée régulière avec le béret.

Génie. — Les carlistes avaient aussi créé deux compagnies
d'*ouvriers militaires* qui rendirent de bons services pour l'organisation des retranchements d'Olot et pendant la défense de
la Seo de Urgel. Elles étaient commandées par des archi-
tectes, des maîtres appareilleurs et des conducteurs de travaux publics.

Il y avait en outre un personnel d'ingénieurs militaires
ayant sa direction propre et recruté parmi les gens appartenant aux carrières scientifiques les plus diverses.

État-major. — Pour former les états-majors du quartier
général, des divisions et des brigades, les carlistes choisis-
saient les officiers les plus instruits et les plus capables;
les fonctions de chef d'état-major général ont presque toujours été remplies par un brigadier.

L'uniforme ressemblait beaucoup à celui de l'armée :
tunique bleue à deux rangs de boutons, pantalon, ceinture
et béret de même couleur.

Les aides de camp et officiers d'ordonnance étaient assez
nombreux et la plupart portaient des uniformes de fantaisie.

Mozos de la Escuadra. — Cette institution armée, connue
déjà depuis longtemps en Catalogne, avait été dissoute en
1868 après avoir rendu de très-bons services [1]. Les carlistes

---

1. Les mozos étaient entretenus par le budget provincial. (*N. du Tr.*)

la réorganisèrent avec mission de recouvrer les contributions, de poursuivre les malfaiteurs et les déserteurs, de prêter main-forte aux commandants d'armes des villes et de marcher au besoin avec les colonnes, quand on le jugeait nécessaire. Chacune des quatre provinces avait une compagnie dont le chef était commandant : les officiers placés à la tête des escouades et demi-escouades conservaient les anciens noms de caporaux et sous-caporaux, enfin les quatre compagnies étaient sous les ordres d'un colonel.

L'uniforme était entièrement semblable à celui des anciens mozos, qui d'ailleurs ne se trouvaient qu'en très-petit nombre dans les nouvelles compagnies.

Douaniers. — Ce corps formait six compagnies réparties sur la frontière pour empêcher la contrebande ; elles avaient pour centre Camprodon et obligeaient les commerçants, sous les peines les plus sévères, à faire passer par cette ville toutes les denrées importées en Espagne, sur lesquelles on ne percevait du reste que des droits très-modiques. Aussi la plus grande partie des marchandises prenait cette voie plutôt que celle des douanes du gouvernement.

Invalides. — Une compagnie d'invalides d'environ 80 hommes, établie à Alpens, était chargée de la garde des ateliers de confection d'habillement. Elle se composait des estropiés et était commandée par un colonel.

Services auxiliaires. — Enfin, les carlistes avaient organisé le service de santé, l'administration, l'aumônerie et la justice militaire, en imitant autant que possible les institutions de l'armée nationale.

Députation de la guerre. — Cette corporation, dont les fonctions étaient analogues à celles de la junte si funeste au carlisme de Catalogne en 1840, gouvernait le pays en vertu des pouvoirs discrétionnaires que lui avait donnés le Prétendant par décret du 26 juillet 1874. Elle se composait de huit membres, deux par province; l'un d'entre eux était vice-président, un autre secrétaire. Le président de droit était le titulaire de la capitainerie générale de Catalogne.

La députation étendait son autorité sur le pays occupé par les carlistes, c'est-à-dire sur la haute montagne des provinces de Gérone, Barcelone et Lérida et sur une faible partie de celle de Tarragone. Elle frappait des contributions et les levait par anticipation, négociait les emprunts, installait les conseils municipaux et les tribunaux; elle avait son centre, ses employés et ses bureaux à San Juan de las Abadesas.

Commandements d'armes. — Pour tirer parti de l'espionnage qu'ils avaient parfaitement organisé, pour faciliter l'incorporation des traînards dans leurs bataillons, transmettre les renseignements et maîtriser plus complétement le pays, les carlistes avaient partagé celui-ci en districts placés sous les ordres de commandants militaires. Chaque district se composait d'un certain nombre de commandements d'armes formés d'une ou de plusieurs villes, suivant leur importance. Grâce à cette organisation, les bandes connaissaient heure par heure la situation et les mouvements des troupes de l'armée, les suites désastreuses d'une déroute étaient en partie conjurées et l'on parvenait en deux ou trois jours à réincorporer les traînards et les isolés.

Colléges militaires. — Le collége d'infanterie était à Ripoll, celui de cavalerie à Olot. L'instruction donnée aux cadets ne comprenait que les règlements et la tactique de l'arme à laquelle ils étaient destinés. Ils étaient casernés au collége et en sortaient officiers au bout de quelques mois.

Établissements militaires. — Les hôpitaux étaient établis dans des maisons à la campagne ou dans les abbayes et les hospices des villes; ils étaient administrés par la députation.

Il y eut pendant longtemps à Alpens un atelier de confection d'habillement et les magasins d'effets.

Les cartoucheries étaient installées en divers points, comme Alpens, Amer, Torello, Camprodon et Olot, toujours dans des maisons isolées à la campagne. Plusieurs d'entre elles ne fabriquaient pas de cartouches neuves et se bornaient à fondre les balles et à recharger les cartouches vides recueillies après les affaires par les paysans qui les revendaient à vil prix. Il y eut pourtant à Olot une usine où l'on coula des obus.

Les dépôts de munitions étaient aussi disséminés et cachés de façon à échapper aux troupes, lors même qu'elles passaient dans leur voisinage. Les plus considérables étaient vraisemblablement à la Seo de Urgel, Solsona, Suria, Prats de Llusanès, Ripoll, Olot, Amer ou aux environs de ces villes.

La remonte, établie à Olot, s'entretenait par des réquisitions et tirait le harnachement de l'industrie privée de différentes villes, en particulier de Vich; elle était en outre chargée de l'infirmerie des chevaux. Le commandant qui la dirigeait avait un certain nombre d'officiers pour le seconder.

Journaux. — Quand la guerre commença en 1873 à prendre un certain développement, le premier journal qui parut fut *El Estandarte Catolico-Monarquico,* journal officiel daté du *champ d'honneur,* mais imprimé probablement à Prats de Llusanès; plus tard vinrent *El Batallador legitimista* à Igualada et Suria, *El Iris* à Olot, *El Cuartel general* à la Seo de Urgel et enfin *El Boletin oficial del Principado de Cataluña* à San Juan de las Abadesas; ce dernier était l'organe officiel de la députation de la guerre.

Levée en masse dite Somaten. — La députation n'eut heureusement pas le temps de compléter l'organisation de cette institution, car, si elle eût fonctionné régulièrement, la guerre aurait pris un développement considérable.

Dès le commencement, les carlistes avaient à diverses reprises tenté d'instituer le *Somaten,* mais toujours sans règles précises, sans chefs propres ni véritable organisation. Pour en régulariser l'application, la députation rendit, en mars 1875, un décret dont voici les principales dispositions :

La levée en masse, tout en gardant un caractère mixte de troupe militaire et de milice civile, devait servir de réserve aux forces régulières, les aider dans les opérations et défendre le pays *conquis.*

D'après le décret, devaient en faire partie tous les hommes valides de 18 à 60 ans, à l'exception seulement de ceux qui avaient reçu les ordres *in sacris* et de ceux qui étaient affligés d'incapacité physique ou appartenaient déjà aux bataillons carlistes. La levée se partageait en mobilisable et sédentaire : la première, formée des garçons et des veufs sans enfants de 18 à 35 ans; la seconde, comprenant tout le reste. Ceux qui, faute d'armes ou pour toute autre cause, ne pouvaient compter dans la levée, payaient une contribution annuelle; cette condition était appliquée même aux habitants que l'éloignement de leurs résidences mettait dans le même cas.

La réunion de plusieurs villages pouvant fournir ensemble 100 hommes prenait le nom de district territorial et formait une compagnie. Le canton comprenait le nombre de districts nécessaire pour fournir 600 hommes et l'ensemble de ces compagnies s'appelait tercio. Deux ou plusieurs cantons formaient une sous-viguerie, dont le contingent composait une division. Deux ou plusieurs sous-vigueries constituaient une viguerie; celles-ci étaient au nombre de quatre, une par province. Le commandement, tel que le proposait la députation, était organisé de la manière suivante : la compagnie se divisait en quatre sections, commandées chacune par un sous-caporal assimilé à l'alférez ; elle obéissait à un caporal commandant de district qui en était le capitaine et avait pour l'aider un commandant en second du grade de lieutenant. Le tercio avait pour chef un commandant de tercio secondé par un officier de même grade. A la tête de la division se trouvait un commandant de division, du grade de colonel, avec un lieutenant-colonel commandant en second. La viguerie était conduite par un brigadier commandant de viguerie et un colonel commandant en second. Pour instruire ces troupes, on détachait des officiers de l'*armée royale*, mais ceux-ci n'exerçaient aucun commandement.

Cette organisation ne parvint jamais à être effective, si ce n'est dans une partie de la province de Gérone où se réunirent environ 1,000 hommes.

Haut personnel carliste. — Malgré les fréquents changements subis par le haut personnel de l'armée carliste, les tableaux suivants suffisent pour en faire connaître la composition à diverses époques. Quant aux chefs de bataillons, dont quelques-uns comme Galceran, Ramonet, Vila de Prat, Clemens, Xich de Cellent, Nasratat, Muxi, etc., surent acquérir une grande réputation, il est impossible de donner sur eux des renseignements exacts et complets.

Tableau 1. — Mai 1874.

Général en chef des armées de Catalogne et du Centre : D. Alphonse de Bourbon et d'Este.

Commandement général de la Principauté de Catalogne. — Lieutenant-général D. Rafael Tristany, comte d'Aviño, commandant; chef d'état-major général, colonel D. Jacinto Vives; sous-chef d'état-major, lieutenant-colonel D. Santiago Fernandez.

Première division. — Maréchal de camp D. Francisco Savalls, marquis d'Alpens, commandant. — 1re brigade, brigadier D. Martin Miret; 2e brigade, brigadier D. Francisco Auguet.

Deuxième division. — Brigadier D. Francisco Tristany, commandant par intérim. — 3e brigade, colonel D. Ramon Tristany; 4e brigade, colonel D. José Moore.

Cavalerie. — Brigadier D. Manuel Vilageliu, commandant supérieur.

Artillerie. — Colonel D. Francisco Segarra, commandant supérieur.

Génie. — Lieutenant-colonel d'infanterie D. Luis de Mas, chargé d'organiser le corps.

TABLEAU 2. — JANVIER 1875.

Quartier général. — Lieutenant-général D. Rafael Tristany, comte d'Aviño, capitaine général; chef d'état-major général, brigadier D. Alejandro Arguëlles; sous-chef d'état-major, colonel D. Jacinto Vives; adjoint au chef d'état-major, lieutenant-colonel D. Santiago Fernandez; directeur supérieur des opérations, maréchal de camp D. Antonio Lizarraga.

Première division. — Maréchal de camp D. Francisco Savalls, marquis d'Alpens, commandant; chef d'état-major, colonel D. Alberto Morera. — 1re brigade, brigadier D. Martin Miret; 2e brigade, brigadier D. Francisco Auguet.

Deuxième division. — Maréchal de camp D. Francisco Tristany, commandant; chef d'état-major, colonel D. Mariano Orteu. — 3ᵉ brigade, colonel D. Ramon Tristany; 4ᵉ brigade, colonel D. José Moore.

Cavalerie. — Colonel D. N. Espolet, commandant supérieur.

Artillerie. — Colonel D. N. Dorda, commandant supérieur.

Génie. — Colonel D. Luis de Mas, commandant supérieur.

Invalides. — Colonel D. Ramon Rosal, commandant la compagnie.

Mozos de la Escuadra. — Colonel D. N. Abadal.

Administration. — D. Francisco Sola, intendant général.

Service de Santé. — D. Juan Adzerol y Estrada, directeur.

Sous-délégation militaire. — Dʳ D. Antonio Maria Llado, prêtre, sous-délégué général.

Députation de Catalogne. — D. Juan Mestre y Tudela, vice-président; D. José Sola Morales, D. Francisco-Javier de Subira Iglesias, D. Francisco-Javier Sitjar, D. José de Macia, D. Joaquin de Rocafiguera et D. José Coronas y Campas, membres; D. Luis R. de Cuenca, secrétaire général.

TABLEAU 3. — MAI 1875.

Quartier général. — Lieutenant-général D. Francisco Savalls, marquis d'Alpens, général en chef et capitaine général; chef d'état-major général, brigadier D. Alberto Morera; sous-chef d'état-major, colonel D. José Moore.

Première division. — Maréchal de camp D. Antonio Lizarraga, commandant. — 1ʳᵉ brigade, brigadier D. Martin Miret; 2ᵉ brigade, brigadier D. Francisco Auguet.

Deuxième division. — Maréchal de camp D. Juan Castells, commandant. — 3ᵉ brigade, brigadier D. N. Farré *dit* Capredo; 4ᵉ brigade, colonel D. N. Baro.

TABLEAU 4. — SEPTEMBRE 1875.

Quartier général. — Maréchal de camp D. Juan Castells, commandant en chef.

Première division. — Brigadier D. Francisco Auguet, commandant. — 1ʳᵉ brigade, brigadier D. Martin Miret; 2ᵉ brigade, colonel D. Francisco Vila de Prat.

Deuxième division. — Brigadier D. N. Farré, commandant. — 3ᵉ brigade, colonel D. N. Baro; 4ᵉ brigade, colonel D. José Moore.

IV

Olot, capitale du carlisme catalan.

La ville d'Olot, située par 42°9'47" de latitude-nord et 6°13'14" de longitude-est du méridien de Madrid, se trouve sur la rive gauche de la Fluvia, dans une petite plaine au pied de la montagne volcanique de Montsacopa, sur laquelle s'élève, au bord du cratère, l'ermitage de San Francesch. Les hauteurs de Montolivet, Pujon, Batet, Bisarocas et la Garrinada, également volcaniques, forment autour de la ville comme un cercle dont elle occupe la partie la plus septentrionale.

Le climat y est tempéré, malgré le voisinage immédial des Pyrénées; ainsi le thermomètre n'y dépasse jamais 35° centigrades et n'y descend pas à plus de 7° au-dessous de zéro. En été, les pluies sont abondantes et les orages fréquents; pendant l'hiver, bien qu'il tombe souvent de la neige, le sol en est rarement couvert pendant longtemps.

La ville, assez irrégulièrement bâtie, se compose d'à peu près 1,500 maisons formant 61 rues et 11 places dont les principales sont la Grande Place et celle du Marché, plutôt vaste que bien tracée : la population est d'environ 11,000 âmes.

BASSIN SUPÉRIEUR DE LA FLUVIÁ. N° 1.

E. Gastebois, del.

Echelle $\frac{1}{200,000}$.

Outre un bâtiment considérable construit pour servir d'hôpital et connu sous ce nom, bien qu'il n'ait jamais reçu cette destination, les édifices publics d'Olot comprennent un hôpital pour 120 malades, susceptible d'en recevoir 400 au besoin, l'hôtel de ville, la prison, le théâtre, le cirque des taureaux à demi-détruit, la caserne du Carmen, l'église paroissiale de San Estéban et sept autres églises ou chapelles; les nombreuses sources des environs fournissent en abondance à la ville des eaux excellentes. (*Croquis n° 6, page 142.*)

Pour passer la Fluvia, on trouve le pont de San Roque au pied de Montolivet, le pont de bois de la route de Vich un peu plus bas, celui de Batet ou de Santa Magdalena tout près de la ville et celui de San Cosme sur la route de Gérone.

La terre donne des céréales, des légumes, des fruits et un vin particulier au pays, où on l'appelle *vi vert*.

L'industrie, assez développée, produit des cuirs corroyés, des lainages et des tissus de laine, entre autres les longs bonnets catalans ou *barretinas* dont elle a la fabrication exclusive; on rencontre aussi des filatures et des papeteries. Les environs nourrissent de nombreux troupeaux de bêtes à cornes, de moutons et de porcs.

Olot communique avec les villes voisines par divers chemins dont les principaux sont: la route de Besalu par Castellfullit, qui se bifurque à Besalu sur Figueras et Gérone; le chemin de mulets de Gérone par Santa Pau et Cellent, praticable aussi pour les voitures légères; la route de San Estéban de Bas embranchée plus loin sur celle qui, de l'autre côté de la chaîne du Grau, va de Vich à Roda; le chemin de mulets de Ripoll par Ridaura et le col de Canas; celui de San Juan de las Abadesas par le col de Santigosa et le chemin carrossable du val de Viaña prolongé seulement par un chemin muletier jusqu'à Camprodon par le col de Capsacosta.

La contrée qui entoure Olot et qu'on peut appeler le bassin supérieur de la Fluvia, est la clef de la haute montagne de la province de Gérone; elle est formée par diverses vallées séparées les unes des autres par les ramifications des Pyrénées, d'où descendent la Fluvia et ses affluents.

Un long rameau projeté par les Pyrénées et appelé sierra de la Magdalena s'étend dans la direction nord-sud depuis Capsacosta jusqu'au col de Barcons; il forme ensuite, en tournant à l'est, la chaîne du Grau de Olot jusqu'à Notre-Dame de la Salud, puis la sierra de Santa Cecilia qui remonte au nord et se prolonge enfin à l'est jusque vers Gérone en changeant plusieurs fois de nom et servant de ligne de partage entre le Ter et la Fluvia.

De cette arête se détachent de nombreux chaînons qui séparent de profondes et fertiles vallées. Le premier part de Capsacosta, forme les montagnes de San Pons et du Val de Bach, puis se partage en deux, la branche du nord prenant les noms de Torallas, d'Oix et du Cos, et la branche sud ceux de Capsech, de sierra de Castellar et de côte de Canadell. Le second chaînon, qui comprend les hauteurs du Puig de Santa Lucia, de San Miguel del Mont, de San Andrès del Coll et de San Valentin, limite avec le précédent le val de Viaña.

Plus bas se rencontrent la sierra de la Pinya qui se termine au Montolivet et d'autres contreforts moins importants, comme celui de Puigpardines et les pentes du Grau le long du val de Bas.

Enfin, les prolongements de la sierra de Santa Cecilia forment d'un côté les monts Marboleny et Murria au-dessus de San Estéban, et de l'autre les monts Croscat et Santa Margarita; ceux-ci se rattachent normalement à la chaîne qui s'étend de l'est à l'ouest depuis Batet jusqu'à la haute montagne de San Julian et donne naissance aux contreforts secondaires de la côte d'Aygua Negra, de Puig-den-Serra, de

Monros et de Ladebesa. Ces deux dernières montagnes se dressent en face de celles de Canadell et du Cos, et forment avec elles le formidable défilé de Castellfullit par lequel la Fluvia franchit la ceinture de montagnes qui entoure tout ce pays.

Les vallées de Bas, de Ridaura, le val de Viaña, les plaines de San Juan de las Fonts, de Beguda, la vallée de la Cot, la plaine d'Olot et celle de Malatosquer ou de Boratosca qui s'étendent entre ces montagnes, renferment 24 villages ou hameaux et environ 1,100 fermes ou métairies. Les centres les plus importants après Olot sont : San Estéban de Bas, San Pedro de las Presas, Ridaura, San Juan de las Fonts et Castellfullit. Le val de Viaña en particulier est riche et ne compte pas moins de six paroisses, bien qu'on n'y trouve nulle part un village et que la population, entièrement composée de cultivateurs, soit disséminée sur toute son étendue.

Les affluents les plus importants de la Fluvia dans cette région sont : le ruisseau de Gurt qui prend sa source au pied de l'ermitage de la Magdalena, les torrents de la Pinya, de Ridaura, du val de Viaña et de Castellar sur la rive gauche et le ruisseau du Turnell sur la rive droite.

Pour passer les montagnes qui entourent Olot, on rencontre le col de Capsacosta traversé par le chemin du val de Viaña à Camprodon ; les cols de Santigosa et de Canas qui conduisent respectivement à San Juan de las Abadesas et à Ripoll ; le col Fret et celui de Barcons avec de très-mauvais sentiers venant de Vidra et de San Quirse de Besora ; le col de Falgas, le col Sa-Cabra et le col Sas-Vilas que franchissent le chemin muletier et les sentiers latéraux d'Olot à Vich ; le pas de San Miguel de Pineda par où l'on entre de la sierra de Santa Cecilia dans la vallée d'Amer; enfin, le col de Caixelles et le chemin carrossable de Santa Pau et Mieras.

On comprend aisément que, dans les guerres civiles de Catalogne, un tel pays se prête mieux qu'aucun autre à servir de foyer, de centre et de dernier retranchement à une insurrection. Les hautes montagnes qui l'entourent de toutes parts n'en permettent l'accès qu'à travers de formidables défilés susceptibles d'une énergique défense et offrent partout des positions avantageuses, dont la ligne de retraite est assurée jusqu'à la frontière française par la configuration même du pays abrupt qui s'étend de ce côté; les vallées, à cause de leur fertilité et de la quantité de bétail qu'on y élève, présentent d'autre part d'abondantes ressources pour faire vivre des troupes nombreuses cantonnées, tant dans les villages que dans les grandes métairies dont certaines peuvent abriter jusqu'à 200 et 300 hommes.

Autant il est difficile de pénétrer dans ce pays si bien organisé par la nature au point de vue purement défensif, autant au contraire il est facile à l'armée insurrectionnelle d'en sortir pour faire les incursions nécessaires à son ravitaillement en objets de toute nature. En débouchant par l'un quelconque des cols de la sierra de la Magdalena, on tombe dans la vallée du Ter, où les villes de Ripoll, de San Juan de las Abadesas, de Camprodon et de Ribas renferment de grandes ressources, sans compter que la vallée haute du Ter, accessible seulement par le difficile défilé de San Quirse de Besora, peut devenir à son tour un centre de résistance. Si l'on prend les passages du Grau, on trouve les villes du Ter, Manlleu et Roda qui sont assez riches et plus bas la plaine de Vich. De la chaîne de Notre-Dame de la Salud, en passant aussi le Ter, on pénètre par les villages de San Roman de Sau, de San Martin de Caros et de Susqueda dans les Guillerias, contreforts inextricables du Monseny qui abritaient les arsenaux, les dépôts et les hôpitaux des carlistes. Par le pas de San Miguel de Pineda, on entre dans la fertile vallée d'Amer qui s'ouvre dans celle du Ter et, en passant cette rivière par le bac de la Sellera de Anglès, on gagne les monts Gavarras à l'abri desquels on arrive jusqu'à la côte. Enfin, par le défilé de Castellfullit et par Santa Pau on débouche dans la vallée basse de la Fluvia, d'où l'on peut menacer l'Ampurdan, l'envahir et aller jusque sous les murs de Gérone.

On voit donc aisément que l'occupation du bassin supérieur de la Fluvia et de son centre Olot était d'une haute importance pour les carlistes et devait les rendre pour ainsi dire maîtres de toute la province de Gérone.

Savalls, qui avait le sentiment des choses militaires, l'avait bien compris ainsi et, dès qu'il fut parvenu à prendre Olot, il y établit son quartier général, ses ateliers, et installa ses magasins dans les environs. Quand Lizarraga prit le commandement de la première division carliste de Catalogne, il se rendit également compte de l'importance d'Olot et proposa de s'en assurer la possession en défendant par des retranchements les passages obligés qui y conduisent. L'idée fut approuvée par le général en chef Savalls ainsi que par la députation de la guerre, et les travaux commencèrent en janvier 1875. L'ensemble du projet était de préparer trois grandes positions retranchées, Castellfullit, le Grau et la vallée d'Amer et de fermer en outre l'entrée du haut Ter à San Quirse de Besora pour empêcher un mouvement tournant par ce côté.

On commença par les travaux de Castellfullit et du Grau considérés comme les plus urgents et l'on fit les reconnaissances de la vallée d'Amer.

Les retranchements de la position de Castellfullit consistaient en tranchées multipliées sur la côte de Canadell couronnée, en son point culminant, par une batterie dite du *marquis d'Alpens;* d'autres tranchées sur la hauteur de Ladebesa se prolongeaient par le Puig-den-Serra jusqu'à l'ermitage de San Julian mis en état de défense pour former l'extrême droite dominant la vallée de Santa Pau. L'ermitage de Notre-Dame du Cos, sur la hauteur de ce nom, servait de poste avancé et deux ou trois batteries défendaient les points importants de Ladebesa et du Puig-den-Serra.

Les défenses de la position du Grau se réduisaient à plusieurs lignes de tranchées sur les hauteurs qui commandent les défilés, soutenues par trois batteries et la vieille tour du télégraphe de las Planas de Bach qu'on avait reconstruite et entourée d'un fossé.

Si les carlistes avaient eu le temps d'organiser également la défense de la vallée d'Amer, il fût devenu presque impossible d'arriver jusqu'à Olot, qu'ils se fussent sans aucun doute décidés à fortifier à son tour pour former le réduit et le dernier obstacle du grand camp retranché, dans le cas où il eût été nécessaire de protéger la retraite dans la vallée du Ter ou vers la France.

L'organisation de la levée en masse, dont il a été question dans le chapitre précédent, aurait encore accru les moyens de résistance de la capitale carliste, si, comme on le verra plus loin, le général Martinez Campos n'était arrivé au moment opportun pour réoccuper Olot et renverser ainsi les projets des rebelles. Entre ses mains, Olot et Castellfullit se transformèrent bientôt en un établissement militaire important qui devint la base des opérations offensives de l'armée dans la province de Gérone.

V

Seo de Urgel, place forte des carlistes.

La ville de la Seo de Urgel est située dans la partie la plus septentrionale de la province de Lérida, par 42°19′34″ de latitude-nord et 5°32′11″ de longitude-est du méridien de Madrid. Tout auprès s'élèvent les forts qui constituent la position militaire à laquelle la ville donne son nom; comme place frontière, elle intercepte la route qui mène de France dans l'intérieur de la Catalogne et a joué autrefois un rôle important. Ses communications avec le reste du pays sont rares et pour ainsi dire impraticables; aussi les opérations nécessaires pour la secourir si elle est attaquée, ou pour la reprendre si elle vient à tomber aux mains de l'ennemi, ont-elles toujours été très-difficiles; si bien qu'on a déjà, à diverses reprises, proposé d'en démolir les fortifications.

Mais on ne saurait mettre en doute que, si l'Espagne n'a pas grand intérêt à conserver une forteresse qui n'a d'autre rôle que de fermer un passage déjà si difficile par lui-même, la conquête de ce point n'assure au contraire de grands avantages à une insurrection en armes; celle-ci peut en faire sa base d'opérations et son dernier réduit en même temps qu'une place de dépôt parfaitement sûre, protégée par la configuration même du pays abrupt que traversent tous les chemins d'accès qui y conduisent.

La ville se compose de 400 maisons qui forment un certain nombre de rues et quatre grandes places; elle est entourée des restes d'un vieux mur dont les brèches sont fermées par de simples palissades et dans lequel s'ouvrent quatre portes dites de la Princesse, de la Paix, de Cerdagne et d'Andorre. Les principaux édifices sont : la caserne, ancien couvent de jésuites, l'hôpital militaire, l'hôtel de ville, la prison, le palais épiscopal, l'hôpital civil, le séminaire, la cathédrale, cinq autres églises et deux chapelles.

Seo de Urgel se trouve dans une petite plaine arrosée par le Sègre et par son affluent la Balira, le premier venant de France et de Cerdagne, la seconde descendant de la vallée d'Andorre, tous deux encaissés depuis les Pyrénées entre des sierras qui forment, à deux kilomètres à l'ouest de la ville, la montagne de Castell-Ciutat couronnée par les forts et, plus loin, les monts de Navinès, de la Bastida, de las Forcas, d'Anserall et d'autres encore.

Les chemins qui font communiquer la Seo de Urgel avec le reste du pays sont : au nord, celui qui traverse la Balira par Anserall et conduit à Andorre; à l'ouest, celui qui va à Tres-Ponts par Castell-Ciutat et de là à Organa; au sud, celui qui, franchissant le Sègre au pont resté célèbre depuis l'assassinat du comte d'Espagne, passe par Arfa et conduit également à Organa où il se confond avec le précédent pour se prolonger sur Pons et Balaguer. Un autre chemin du côté du sud mène à Solsona et Berga, tandis qu'un dernier à l'est, le seul qui soit praticable aux voitures, se dirige sur Puigcerda, distante de 45 kilomètres.

Les forts occupent à deux kilomètres de la ville, comme on l'a dit, une montagne dont le faîte forme deux mamelons entre lesquels est bâti le village de Castell-Ciutat; le fort situé sur le mamelon nord s'appelle le château, celui du mamelon sud a reçu le nom de citadelle.

Le château est un quadrilatère avec trois bastions irréguliers et un demi-bastion, appelés respectivement San Ar-

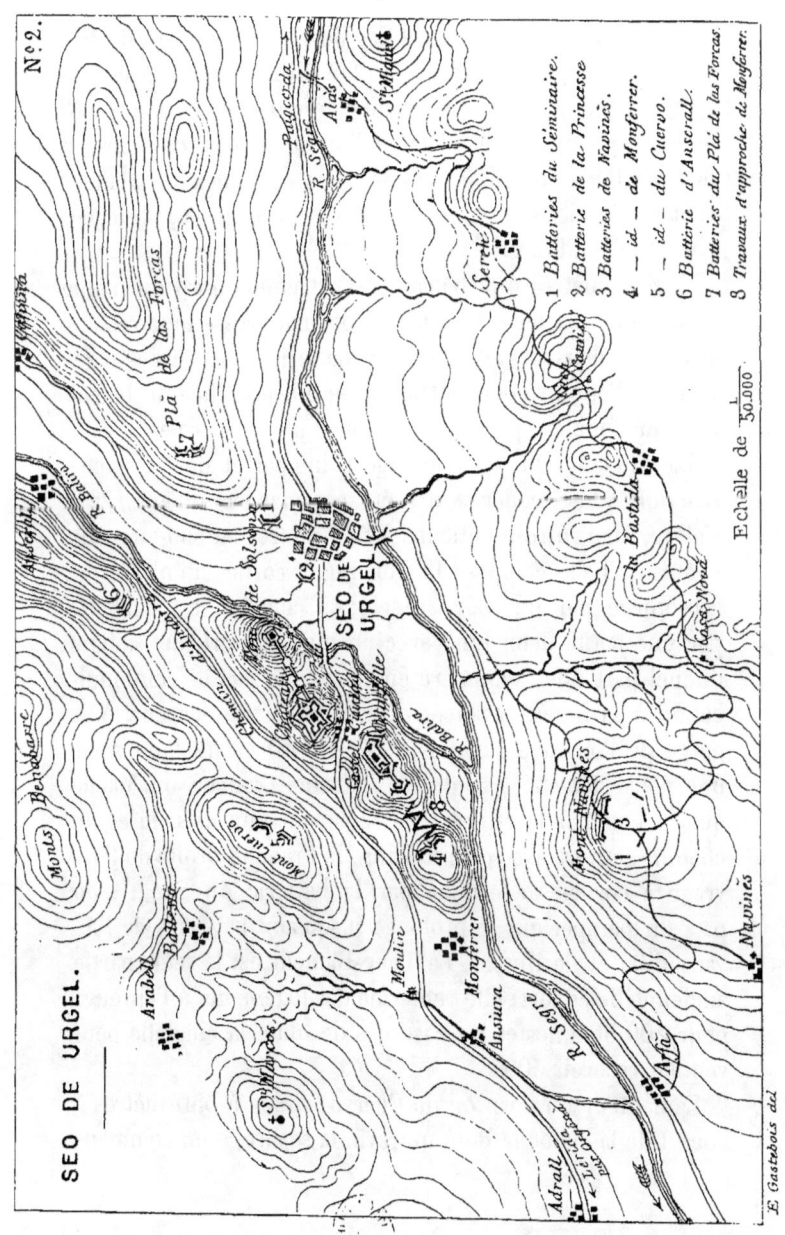

SEO DE URGEL.

N.º 2.

1 Batteries du Séminaire.
2 Batterie de la Princesse.
3 Batteries de Navinés.
4 — id — de Monferrer.
5 — id — du Cuervo.
6 Batterie d'Anserall.
7 Batteries du Plá de las Forcas.
8 Travaux d'approche de Monferrer.

Echelle de $\frac{1}{50.000}$.

E. Gastebois del.

mengòl, Andorre, Guzman et San Juan; les ouvrages, de date
très-ancienne, ont été reconstruits à diverses époques et renferment à l'intérieur un cavalier connu sous le nom d'*El
Macho,* quelques logements à l'épreuve, des casernes et
des pavillons pour 400 hommes. Les courtines qui réunis-
sent les bastions sont, sur les fronts nord et est, protégées
par des demi-lunes.

A 400 mètres du château, à l'extrémité nord du même
mamelon, se trouve la tour de Solsona, grosse tour rectangulaire à deux étages avec une batterie haute et des logements à l'épreuve pour 40 hommes; elle est reliée au château
par une double caponnière avec deux places d'armes.

La citadelle, qui est l'ouvrage principal et dont la construction plus moderne n'a été commencée qu'en 1721,
s'élève, sur l'autre monticule, à 580 mètres au sud-ouest du
château. Elle se compose d'un ouvrage à cornes simple, fermé
à la gorge par un mur crénelé; la courtine est couverte
par une petite demi-lune avec chemin couvert, du saillant
duquel part une caponnière en glacis qui sert de communication à la lunette avancée de la Langue de Serpent. A la
gorge de l'ouvrage à cornes, dont elle est en quelque sorte
une pièce détachée, se dresse la Tour-Blanche ou Macho
qui le commande et y est reliée par un mur crénelé et un
chemin couvert avec glacis. Enfin, la branche droite de l'ouvrage à cornes se termine par la batterie du Sang, d'où
part un parapet qui se prolonge jusqu'aux batteries de l'A-
vanzadilla et de Horcas. La Tour-Blanche est la seule partie
ancienne de ce fort; elle renferme des logements à l'épreuve
pour 100 hommes et les casernes de toute la citadelle peuvent en recevoir 500.

La hauteur du Corp ou du Cuervo, située à 550 mètres à
l'ouest de la citadelle dont un ravin la sépare, a un comman-

dement de 37 mètres sur les forts; aussi avait-on songé en
1794 à occuper ce point dangereux par un ouvrage. Les collines plus basses de Monferrer et d'Ansiura s'étendent au
sud à 700 mètres environ de distance.

On a voulu faire remonter les fortifications de la Seo de
Urgel à une haute antiquité; on est même allé jusqu'à pré-
tendre que le château était celui que Tite-Live décrit sous le
nom de Bergio; mais cette assertion ne paraît pas fondée et
il semble plus probable que les premières fortifications élevées
en ce point, le furent en 764 par les guerriers qui, sous les
ordres de Dampier de Moncada, se retirèrent dans cette contrée après la mort d'Otger, leur premier chef, au siége d'Ampurias. Une fois établis à Seo de Urgel, ils se fortifièrent dans
cette position inabordable et purent ainsi non-seulement résister aux arabes, mais bientôt même étendre leurs domaines
qui finirent par former le comté d'Urgel appelé à jouer un si
grand rôle dans l'histoire de la Catalogne. Depuis cette époque
et tant que le pays ne fut pas définitivement reconquis, les
forts d'Urgel passèrent plusieurs fois tantôt au pouvoir des
arabes, tantôt à celui des francs jusqu'à l'expulsion des
premiers. Les rois catholiques Charles V et Philippe II en
améliorèrent à différentes époques les fortifications qui, vers
la fin du XVIᵉ siècle, comprenaient le château à peu près tel
qu'il est aujourd'hui et la Tour-Blanche, actuellement en-
globée dans la citadelle.

Pendant les guerres du XVIIᵉ siècle, les français prirent
possession des forts que les espagnols, sous les ordres du
général Caballero, ne parvinrent à réoccuper qu'en 1657,
après un long siége. Lorsque la France déclara la guerre à
l'Espagne en 1719, les français commandés par le duc de
Berwick envahirent de nouveau la principauté de Catalogne
et vinrent mettre le siége devant la Seo. Le blocus commença

le 23 août et la Tour-Blanche, attaquée par Monferrer, fut prise le 5 octobre; le château résista jusqu'au 12 du même mois et finit par capituler à son tour.

Le 1ᵉʳ janvier 1720, le marquis de Castel-Rodrigo, capitaine général de Catalogne, se présenta avec son armée devant la place pour la reprendre. Les préparatifs nécessaires retardèrent jusqu'au 22 le commencement des travaux, qui furent dirigés d'abord contre la Tour-Blanche; celle-ci se rendit le 24 et le château tomba de même le 29. Pendant ce siége conduit par D. Jorge Prospero de Verboom, premier ingénieur général, les espagnols perdirent 196 hommes, dont 14 officiers, tués ou blessés.

Ces siéges firent sentir la nécessité d'augmenter les ouvrages de la Tour-Blanche, puisque, celle-ci prise, la résistance du château commandé par cette position ne pouvait plus être que de courte durée; on se décida donc à construire la citadelle, la tour de Solsona et la redoute de la Balira, poste avancé du château, qui n'existe plus aujourd'hui.

Ces forts ne furent pas attaqués pendant l'invasion française de 1795; les français ne parvinrent pas non plus à les occuper pendant la guerre de l'Indépendance et ils rendirent à cette époque de grands services à la cause espagnole. En 1822, la place subit un siége de neuf jours pendant lequel les milices, soutenues seulement par un faible détachement, résistèrent aux bandes de Romagosa, du Trapense, de Ramoncillo et de Miralles. Celles-ci finirent par s'en emparer et s'y défendirent à leur tour contre les troupes de Mina accourues pour la reprendre. Après 53 jours de siége, les royalistes, plutôt que de capituler, tentèrent de s'ouvrir le chemin d'Andorre; cette entreprise leur coûta de grandes pertes et les constitutionnels occupèrent les forts.

Les troupes françaises du baron Hurel et les royalistes espagnols de Romagosa vinrent de nouveau assiéger la place, le 21 juin 1823. La garnison se composait de deux bataillons, avec 100 canonniers et une section du génie, soit en tout 1,500 hommes. Les assiégeants, de leur côté, n'ayant pas au début les éléments nécessaires pour entreprendre un siége en règle, se contentèrent de bloquer incomplètement la place jusqu'à ce qu'ils eussent reçu, vers le milieu de septembre, des renforts considérables; ils commencèrent alors les travaux de siége par l'occupation de la hauteur du Cuervo, d'où leurs batteries ouvrirent le feu, le 8 octobre, sans grands résultats; mais lorsque, le 19 du même mois, les assiégés eurent reçu communication du décret de Ferdinand VII, ils comprirent l'inutilité d'une plus longue résistance et conclurent une capitulation honorable en vertu de laquelle ils gagnèrent la frontière de France avec armes et bagages.

Pendant la guerre civile de sept ans, la Seo resta fidèle à la cause de la reine Isabelle; mais dans la dernière insurrection, les carlistes s'emparèrent des forts par suprise, le 16 août 1874. Le commandant carliste Garcia, ancien alférez au régiment de Burgos, qui avait tenu garnison dans la citadelle, réunit 300 volontaires choisis des bataillons de la brigade de Lérida et des guides de Tristany : connaissant les habitudes de la garnison et la négligence avec laquelle se faisait le service, il s'approcha sans bruit et parvint, dans la nuit du 15, à cacher ses hommes dans un coin du fossé où il attendit jusqu'au lendemain dimanche à midi; comme il ne restait alors dans la citadelle qu'une faible garde, il escalada l'escarpe et surprit le poste. Le même jour, D. Francisco Tristany accourait avec la brigade de Lérida et, après une courte canonnade, occupait le château et la ville. La garnison resta presque tout entière prisonnière, à l'exception de quelques volontaires du pays qui parvinrent à s'échapper et à gagner Andorre.

Telle est du moins la version du rapport officiel adressé par D. Francisco Tristany à son frère, alors général en chef de l'armée carliste; mais d'autres témoignages accusent, non sans une certaine vraisemblance, le gouverneur de la citadelle de trahison et de connivence avec l'ennemi.

Les carlistes trouvèrent dans les forts d'Urgel 48 bouches à feu avec 34 affûts[1], 22,000 projectiles, 33,000 kilogr. de poudre, environ 460,000 cartouches, dont 150,000 métalliques pour fusil Berdan et des artifices de toute espèce.

Ils conquirent donc avec la Seo de Urgel, non-seulement une place d'une force respectable, mais encore un matériel d'artillerie plus important que celui dont ils avaient jamais pu espérer la possession.

Plus tard, ils amenèrent à la Seo de Urgel les deux canons Krupp de 8%ₘ qu'ils avaient pris à Vich, construisirent les affûts qui manquaient pour mettre toutes les pièces en batterie et augmentèrent la dotation de la place en munitions.

Sous la direction de D. Alejandro Arguëlles, ancien lieutenant du génie de l'armée, ils entreprirent de réparer les fortifications sur tous les points, et ils étaient nombreux, où elles se trouvaient en mauvais état; ils agrandirent les

---

1.   *Bouches à feu :*

			Affûts :	
Canons de 15%ₘ lisses.	6		De canon de 15%ₘ	4
Canons de 8, 10, 12 et 13%ₘ lisses.	30		De canons de 10, 12 et 13%ₘ	3
Obusiers courts de 16%ₘ.	6		De canon de montagne	2
Mortiers . . . de 27%ₘ	2		De place, modèle anglais	1
de 24	3		Du système Gribeauval.	3
de 21	1		D'obusier de 16%ₘ.	1
Total. . .	48		De mortier de 27%ₘ	2
			De modèles divers.	18

casernements, aménagèrent la tour de Solsona qu'on avait abandonnée et creusèrent sur les glacis des tranchées étroites et profondes pour les tirailleurs; toutes les embrasures, les parapets, les terre-pleins, etc., furent aussi disposés pour la défense.

La nécessité de rester maîtres des hauteurs du Cuervo préoccupait vivement les ingénieurs carlistes; aussi avaient-ils fait les études nécessaires pour y construire un fort; mais le siége les surprit avant qu'ils aient pu terminer autre chose que quelques tranchées et un fortin en maçonnerie ou, pour mieux dire, un corps de garde défensif.

VI

Les ravitaillements de Berga.

Berga, clef du haut Llobregat et point statégique le plus important de la haute montagne de la province de Barcelone, est une ville de 6,000 âmes environ, entourée de tous les côtés, mais particulièrement au nord, par une ceinture de hauteurs; elle a servi de place de refuge aux rebelles pendant la guerre civile de sept ans (1833-1840) et a été l'objet de toute leur convoitise pendant la dernière guerre.

Occupée dès le début des hostilités par les troupes du gouvernement, mais trop faiblement retranchée, elle subit, le 21 mars 1873, une attaque des carlistes qui se termina par la capitulation de la garnison.

Réoccupée bientôt par l'armée, Berga fut solidement fortifiée en mai 1873 et ses défenses furent encore renforcées en 1874; mais comme les carlistes, obligés de renoncer à

s'en rendre maîtres de force malgré leurs attaques répétées
contre le château, la bloquaient étroitement et coupaient ses
communications avec le reste du pays, il fallut absolument
la ravitailler périodiquement; la conduite des convois, au
passage desquels l'ennemi tenta presque toujours de s'opposer, donna lieu à des opérations qui méritent d'être racontées
en détail.

Trois chemins peuvent être suivis par les convois; d'abord
un chemin muletier de Vich à Berga par Prats de Llusanès
et Olban; ensuite une route bien tracée et en bon état, quoique ses ouvrages d'art ne soient pas entièrement terminés,
de Manresa à Berga par Sellent, Valsareny et Gironella;
enfin une autre route plus ancienne de Manresa à Suria et
Cardona, d'où un mauvais chemin muletier conduit à Berga
par Monclar et Avia. Le premier de ces trois chemins peut,
dans certains cas, présenter de sérieux avantages au point de
vue militaire; mais les convois, pour le parcourir, devraient
être entièrement portés à dos de mulet, ce qui nécessiterait
un nombre excessif d'animaux; aussi cette difficulté fit-elle
toujours opter pour le chemin direct de Manresa à Berga.

Cette route, au sortir de Manresa, passe sous les feux du
fort de Puig-Terra et traverse pendant 3 kilomètres un
terrain assez découvert appelé plaine de Bagès; elle se bifurque ensuite vers le village de San Fructuoso de Bagès, le
chemin de droite allant à Moya et Vich, tandis que celui de
gauche conduit à Berga en suivant, au milieu d'un pays
encore peu accidenté, la rive droite du Llobregat jusqu'à
Sellent, ville de 5,000 habitants située sur la rive gauche
à 14 kilomètres de Manresa et au pied de la sierra de
Cabriana. A 6 kilomètres de Sellent on arrive à Valsareny,
bourg d'un millier d'habitants, sur la rive droite du Llobregat. Entre ces deux points, le terrain déjà plus montueux

présente, au sortir de Valsareny, une gorge resserrée entre deux hauteurs et traversée par la route qui laisse à droite, sur un monticule, le château féodal du même nom.

Après avoir marché 6 kilomètres encore au delà de Valsareny, on trouve l'auberge et le pont de la Granota, sur le torrent de Merola qui se jette en ce point dans le Llobregat ; le terrain à droite et à gauche, déjà très-mouvementé par les ramifications des sierras de Pinos et de Merola, se prête bien à la défense.

La route entre alors dans la plaine de Casa-Riera dominée à gauche par la sierra de Casa-Riera et à droite par les contreforts de la sierra de Pinos et de Marlès, puis, à 6 kilomètres du pont de la Granota, elle passe au pied du petit village de Puigreig bâti sur une colline.

Un chemin de 8 kilomètres de longueur part de la ferme de la Garza, à 2 kilomètres de la Granota, et gravit les pentes qui dominent la route à gauche pour gagner Caserras par les hauteurs du Roseret del Puigreig et par l'ermitage de Notre-Dame del Rosario.

A sa sortie de la plaine de Casa-Riera par la Garza, la route pénètre dans un long défilé commandé à droite par les sierras de la Guardia et de Viure et à gauche par celles de Cap de Costa et de Hostal-Nou jusqu'à Gironella, village de 800 habitants à 6 kilomètres de Puigreig sur le Llobregat ; Caserras, à 3 kilomètres à gauche de la route, en compte à peu près le même nombre et la distance des deux villages est de 4 kilomètres en ligne droite.

La route, à Gironella, passe par un pont sur la rive gauche du Llobregat et revient de nouveau sur la rive droite par le pont de la Fabrique, à 4 kilomètres plus loin et à 4 kilomètres aussi de Berga. Dans cet intervalle, la route est dominée à droite par diverses hauteurs qui prolongent la sierra d'Olban

et à gauche par la sierra du Collet. A 2 ou 3 kilomètres de
Berga s'élève la sierra de Nuet sur la gauche · et celle de
Can Pons sur la droite.

Les positions les plus favorables à la défense pour intercepter la route sont celles qui commandent le défilé depuis
la Garza jusqu'à Gironella.

En janvier 1873, Berga se trouvait déjà bloquée depuis un
mois par Castells. Les colonels Mola y Martinez et Medeviela
furent alors chargés d'y escorter avec leurs colonnes un
convoi de 60 voitures. Les bandes réunies de Castells et de
Tristany cherchèrent à leur disputer le passage en prenant
position dans le défilé de Puigreig à Gironella; mais menacées
d'être enveloppées, elles se retirèrent sur Olban et Sagas,
après une vigoureuse résistance à Gironella qui fut enlevée
d'assaut.

Dans la prévision que les carlistes prendraient cette route
le lendemain, le colonel Mola y Martinez envoya au commandant militaire de Berga l'ordre de faire embusquer au
Grau du col Tiños toutes les troupes disponibles de sa
garnison; le 5, à 7 heures du matin, il mit le convoi en
marche sur Berga avec une escorte de 4 compagnies, puis,
avec sa colonne et celle du colonel Medeviela, il suivit la piste
de Castells et de Tristany qu'il atteignit à Sagas. Malheureusement les troupes de la garnison de Berga embusquées au
col Tiños ouvrirent trop précipitamment le feu tandis que
les carlistes gravissaient la côte, ce qui empêcha ceux-ci
d'être entièrement détruits ou faits prisonniers. Se voyant
pris entre deux feux, ils se débandèrent et s'enfuirent jusqu'à
Alpens, non sans laisser des morts sur le terrain et des
prisonniers entre les mains des troupes. Ce succès mit pour
quelque temps Berga à l'abri du blocus et de nouvelles
attaques.

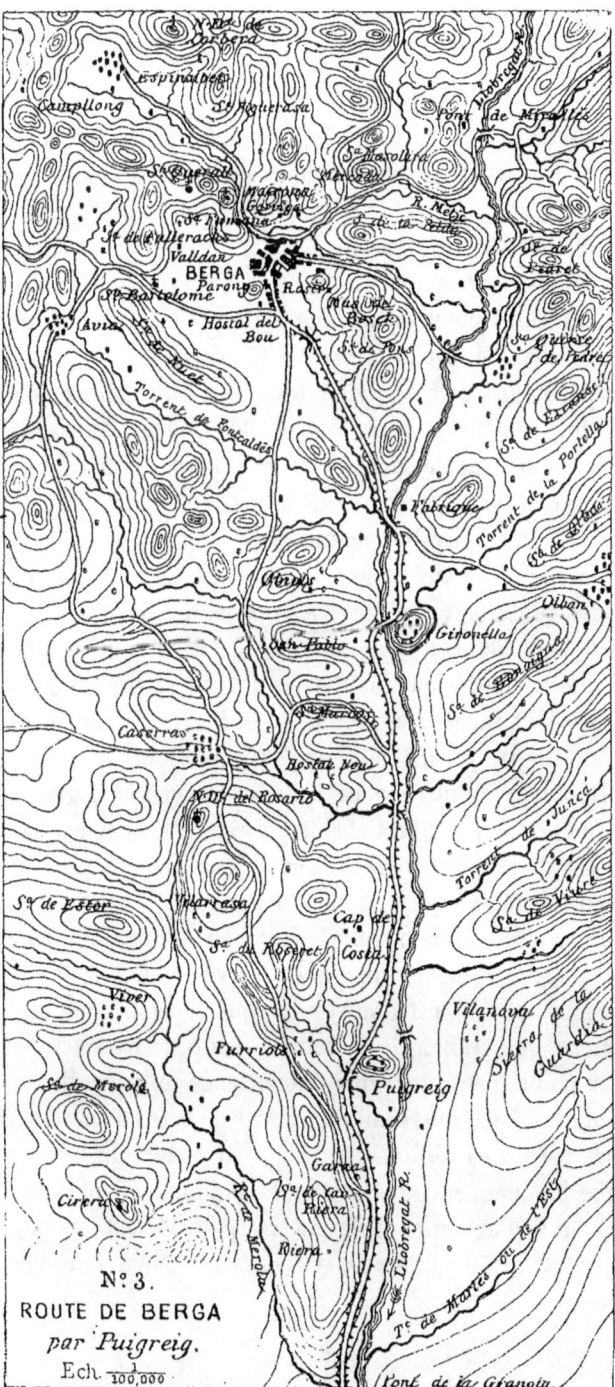

Nº 3.
ROUTE DE BERGA
par Puigreig.
Ech. 1/100,000

Cependant, le 27 mars 1873, la ville fut prise par les carlistes et la garnison refugiée dans la caserne de San Francisco finit par capituler, ce qui n'empêcha pas Savalls de faire fusiller 73 prisonniers à la sortie des gorges de la Consolation; le lendemain même de leur entrée, les carlistes battaient subitement en retraite à l'approche des colonnes des brigadiers Martinez Campos et Cabrinety.

Pour empêcher de nouvelles surprises, une compagnie du génie fut, pendant le mois d'avril 1873, occupée à fortifier Berga, tandis que le général Velarde et d'autres colonnes parcouraient le pays et permettaient ainsi à la place de s'approvisionner régulièrement.

A peine les travaux étaient-ils achevés que la colonne du brigadier Cabrinety subissait à Alpens, le 9 juillet, une déroute complète où son chef perdait la vie ; un officier distingué en appréciait, comme il suit, les désastreuses conséquences dans un article publié par le *Diario de Barcelone:*
« A la suite de ce malheureux événement, les troupes de
« la République ont renoncé à l'offensive en Catalogne. La
« déroute de la colonne Cabrinety a rendu les bandes maî-
« tresses de la haute montagne et, le jour où nous perdrons
« Berga, il ne nous restera que la ligne de Vich par Moya,
« Manresa et Igualada comme points avancés vers l'intérieur :
« en supposant même que nous parvenions à conserver
« Solsona, ce qui est douteux, et que nous occupions le
« château de Cardona, inexpugnable pour les carlistes, ces
« deux points perdraient toute importance militaire du mo-
« ment où ils ne pourraient plus servir de bases d'opération;
« leurs garnisons resteraient isolées au centre de la mon-
« tagne, bloquées et coupées de toute communication, comme
« cela eut lieu au temps de la guerre civile de sept ans. »

En effet, le 18 juillet, les carlistes prenaient Igualada ;

Manresa effrayée se préparait à la défense en construisant une seconde enceinte de barricades ; Vich, pour concentrer ses détachements, sacrifiait le point important de Moya et la remonte de Conanglell; Solsona était évacuée par sa garnison qui se réfugiait dans le château de Cardona ; les petits détachements abandonnaient leurs postes ou rendaient leurs armes aux carlistes ; Olot ainsi que Berga étaient étroitement bloquées : toutefois, les attaques dirigées contre cette dernière place, le 25 juillet et le 11 août, quoique soutenues par de l'artillerie, restèrent toutes deux sans résultat grâce à l'énergie du colonel Pavia, commandant militaire de la place, et au courage des soldats du régiment d'Estramadure qui la défendaient.

Comme on sentait toute l'importance militaire de Berga, on se mit en devoir de la secourir, de la ravitailler et d'en renforcer la garnison. Bien que l'état dans lequel se trouvait l'armée rendît alors cette opération difficile, on organisa un convoi d'environ 20 voitures que le colonel Casanova fut chargé d'escorter avec sa brigade de 2,500 hommes dont les mouvements devaient être appuyés par le brigadier Reyes, également à la tête de 2,500 hommes. Le convoi partit de Manresa le 15 août, coucha à Sellent et continua sa marche le lendemain. Pendant une halte à Gironella, la colonne fut surprise tout à coup par la fusillade des carlistes et, dans le combat qui s'engagea aussitôt, bien que tout le monde ne se fût pas rendu à son poste, l'ennemi fut repoussé jusqu'à Caserras; mais les troupes, qui s'étaient lancées en désordre à l'attaque du village, ne purent l'enlever et battirent précipitamment en retraite à la tombée de la nuit, en abandonnant deux canons. La 2ᵉ compagnie de sapeurs du 2ᵉ régiment du génie, en soutenant de son mieux le mouvement, perdit son lieutenant qu'elle dut abandonner blessé et prisonnier entre les mains de l'ennemi. Le convoi put se sauver grâce à son peu d'importance et entra, le 17, à Berga dont il n'améliora guère la situation ; la place, qui avait alors pour commandant militaire le lieutenant-colonel Figueroa, resta occupée par un bataillon du régiment d'Estramadure et un autre du régiment de Cadiz, avec une section du 4ᵉ régiment d'artillerie monté dont les deux canons Krupp armaient le château.

Ce premier convoi n'avait eu pour but, paraît-il, que de calmer l'opinion publique ; aussi s'occupa-t-on à Manresa d'en organiser un autre qui se trouva prêt à partir le 29 août ; mais la colonne chargée de l'escorter refusa de se mettre en route, sous le prétexte qu'elle se trouvait trop faible pour tenter l'aventure. Le brigadier D. Alejo Cañas, capitaine général par intérim, se décida alors à prendre en personne le commandement de l'opération et organisa, en conséquence, une division avec les troupes des provinces de Barcelone et de Gérone ; il parvint ainsi à réunir 12 bataillons d'infanterie, 80 chevaux, 5 canons de montagne et une compagnie du génie, soit en tout 4,000 hommes environ.

Deux bataillons, avec la cavalerie et l'artillerie de la division, allèrent coucher le 20 septembre à Manresa ; le reste passa la nuit à Tarrasa d'où, le lendemain 21, il gagna Manresa avec le quartier général. Le convoi se composait de 50 voitures chargées de 30,000 rations de campagne et les troupes de l'escorte formaient deux brigades, la première de 7 bataillons avec 60 chevaux et 4 pièces, la seconde de 5 bataillons avec 20 chevaux et 1 pièce seulement.

Le 22 à midi, la seconde brigade se rendit de Manresa à Valsareny par Sampedor, tandis que la première avec le convoi gagnait Sellent, où elle était bientôt suivie par le quartier général et la compagnie du génie.

Sur l'avis que les carlistes avaient fait sauter quelques-uns des ponts de la route, et en particulier celui de la Granota qui a 15 mètres de long, la compagnie du génie dut se pourvoir dans cette ville du matériel nécessaire pour rétablir le passage.

Le 23, la première brigade partie de Sellent avec le convoi, doubla à Valsareny la seconde brigade qui resta en arrière-garde et la marche se poursuivit sans incident jusqu'à 10 heures, moment auquel l'avant-garde reçut les premiers coups de fusil partis des hauteurs en avant de la Granota. Le bataillon de Cadiz attaqua les positions et les enleva toutes jusqu'à Casa-Riera, pendant que la colonne, poursuivant sa marche par la route, arrivait elle-même à hauteur de ce point, où elle se trouvait tout à coup arrêtée par le feu des carlistes postés dans des positions choisies au milieu des contreforts de la sierra de Pinos sur la rive gauche du Llobregat. L'ennemi en fut chassé par une vigoureuse attaque des bataillons de Cuba et de Catalogne qui avaient passé la rivière à gué, et les troupes, maîtresses de toutes les hauteurs à droite et à gauche, y firent halte pour protéger le passage du convoi.

Le pont de la Granota avait sauté si complétement qu'on jugea impossible de le réparer dans le peu de temps dont on disposait; mais il restait un chemin qui descendait au fond du ravin et remontait par l'auberge; ce chemin, à la vérité, était détestable et de plus obstrué par de grosses pierres de 3 à 6 mètres cubes détachées de l'escarpement voisin, que les carlistes avaient accumulées pour arrêter les voitures. On se mit en devoir de les détourner ou de les relever au moyen de crics et d'aplanir le chemin le mieux possible, si bien qu'à trois heures du soir le convoi avait passé sans encombre; le feu cessait sur toute la ligne à peu près vers la même heure.

Le brigadier, décidé à bivouaquer sur les positions conquises, fit occuper les hauteurs à droite, à gauche, en avant et en arrière par les bataillons, tandis que le quartier général, avec la compagnie du génie et l'artillerie, s'installait dans la plaine de Casa-Riera et que le convoi restait sur la route même. On organisa le service d'avant-postes pour la nuit et, afin de protéger son front contre toute surprise de la cavalerie ennemie, le brigadier fit barrer la route en avant par des abatis; il défendit en outre d'allumer des feux pour ne pas trahir ses dispositions pendant cette nuit qui, du reste, se passa sans incident.

Les renseignements recueillis montraient que l'ennemi, en position à Puigreig et dans les environs, gardait le défilé que traverse la route jusqu'à Gironella et avait, sur ce parcours, fait sauter deux petits ponts, l'un devant Puigreig, l'autre près de Gironella. Il paraissait presque impossible d'attaquer de front cette position et, pour l'envelopper, il eût fallu pour ainsi dire abandonner le convoi seul sur la route. Ceux qui connaissaient le pays assurèrent alors qu'on pourrait rendre le vieux chemin de Caserras praticable aux voitures de façon à y faire passer le convoi, et que la marche des troupes serait plus facile par ces crêtes où l'on n'aurait à enlever que les positions du Roseret del Puigreig au-dessus de la vallée du Clot den Furriols.

Le lendemain, on battit donc la diane à cinq heures du matin dans le bivouac et, quand les différents corps eurent été concentrés, on se mit en route par le chemin de Caserras. L'avant-garde n'avait pas encore marché dix minutes qu'elle fut accueillie à coups de fusil par un petit détachement posté sur une hauteur voisine du chemin. L'ennemi, comprenant alors le but de la manœuvre, se porta aussitôt rapidement sur sa droite pour occuper les retranchements crénelés en pierres sèches préparés sur le Roseret del Puig-reig, tandis que les troupes se déployaient pour engager l'action, les bataillons de Béjar, des Arapiles, de San Fernando et de Cadiz en première ligne, ceux de Cuba et de Catalogne en réserve.

Le brigadier Cañas plaça en seconde réserve, sur une hauteur à 1 kilomètre de la Garza, la deuxième brigade formée des régiments de Tolède et de Navarre avec le bataillon de Manille ; ces troupes devaient en même temps garder le convoi arrêté pour attendre l'issue du combat.

Le régiment de San Fernando fut d'abord repoussé à la gauche ; mais les deux bataillons de réserve s'étant portés en ligne, les positions ennemies ne tardèrent pas à être enlevées, si bien que le feu avait déjà cessé quand arriva le bataillon de Manille demandé comme renfort à la deuxième brigade.

A midi, l'affaire était terminée et, après avoir reconnu que Caserras était abandonné par l'ennemi, on entra dans le village d'où quatre bataillons allèrent occuper Gironella pour protéger la marche du lendemain.

Pendant ce temps, sous la garde de la deuxième brigade, le convoi gravissait le mauvais chemin en question que la compagnie du génie réparait le mieux possible au moyen de terre et de fascines ; en certains points on dut faire passer les voitures à bras, ailleurs il fallut doubler les attelages ; aussi le convoi n'arriva à Caserras qu'à six heures du soir. Le total des pertes pour ces deux jours s'élevait à 21 morts et 101 blessés.

Le 25, le convoi suivit un mauvais chemin pour rejoindre la route par un long détour à travers bois et arriva à destination vers trois heures de l'après-midi, sous la protection des troupes qui occupaient les hauteurs à droite et à gauche

de la route de Gironella à Berga. La division passa la nuit à
Gironella et Caserras et effectua son retour, le 26, en trois
colonnes, celle du centre escortant les voitures du convoi
chargées des hommes légèrement blessés; le 27, elle rentrait
tout entière à Manresa.

Berga ravitaillée n'en continua pas moins à être étroitement bloquée et à subir de continuelles attaques toujours
déjouées grâce à la vigilance de la garnison. Celle-ci faisait
de fréquentes sorties pour se procurer du bois et des vivres;
mais les carlistes avaient obligé les habitants des villages et
des hameaux voisins à n'avoir jamais plus de deux jours
de vivres et à mettre hors des atteintes de la garnison les
troupeaux et les provisions de grain que celle-ci aurait pu
utiliser.

Aussi, dès le mois de décembre 1873, comme il était de
nouveau devenu nécessaire de secourir Berga, on forma à
Barcelone un convoi de 200 voitures portant 90,000 rations
de campagne; tout étant prêt pour le départ, on dut le retarder de quelques jours, parce que la présence des troupes
d'escorte était nécessaire pour surveiller les tentatives in-
surrectionnelles de certains bataillons communeux de volontaires républicains; mais ces bataillons ne tardèrent pas
à être dissous et on put alors songer à faire partir le convoi
de Barcelone.

Le général Turon avait appelé d'avance à Igualada la brigade Salamanca de la province de Tarragone et la colonne
Tomasetti de celle de Lérida; cette dernière, appuyée au
besoin par le brigadier Salamanca, devait prendre position
au Bruch et y attendre le passage du convoi pour se joindre
à l'escorte sous les ordres du brigadier Macias chargé de
conduire, avec sa brigade, la difficile opération du ravitaillement de la malheureuse place de Berga.

Le convoi parti de Barcelone, le 7 décembre, avec trois
petits bataillons et 200 douaniers, mit deux jours pour atteindre Esparraguerra; le brigadier Macias se mettait également
en mouvement de Granollers sur Tarrasa avec ses neuf bataillons, trois pièces et 100 chevaux et arrivait en même temps
que le convoi à Esparraguerra pour prendre le commandement de l'expédition.

La brigade Reyes vint s'installer à Hostalrich pour la durée de l'opération, afin de pouvoir se porter rapidement dans
la province de Gérone, si cela était nécessaire, tout en protégeant le Vallès et la côte, dans le cas où les carlistes vou-
draient profiter de la concentration des troupes dans la haute
montagne pour y tenter un coup de main. De son côté, le
brigadier Salamanca renforcé par un bataillon de francs-
tireurs devait, d'Igualada, veiller à tout événement dans sa
province et dans celle de Lérida.

Les 2,500 carlistes réunis sous les ordres de Miret dans
les environs de Manresa ne cherchèrent pas à s'opposer à la
marche du convoi qui arriva, le 9, dans cette ville où l'on
passa une dernière visite des voitures et de leurs attelages,
pour corriger toutes les défectuosités que les premières
marches avaient fait reconnaître. L'escorte comprenait 14
bataillons, 120 chevaux, 5 canons, 200 douaniers et une
compagnie du génie, soit un total de 5,000 à 6,000 hommes
pour lesquels on prépara 15,000 rations de pain. Toutes ces
troupes partirent avec le convoi, le 11 à 5 heures et demie
du matin, pour Sellent où l'on arriva à 9 heures. A partir de
ce point, le brigadier Macias prit la tête avec 12 bataillons,
100 chevaux et les 5 pièces, laissant à l'arrière-garde le colonel Tomasetti avec deux bataillons, les douaniers, la compagnie du génie et 20 chevaux, pour escorter le convoi qui
alla coucher à Valsareny.

Le brigadier avança en disposition de combat sur trois colonnes de 4 bataillons chacune, celle de droite par les hauteurs de la rive gauche du Llobregat, celle de gauche par les pentes de la sierra de Merola et enfin celle du centre par la route; après s'être ainsi assuré des points les plus dangereux, il résolut de coucher sur ces positions pour protéger le lendemain la marche en avant du convoi et cantonna ses bataillons dans les nombreuses métairies qui couvrent le pays, sa gauche occupant les auberges d'Obiols, son centre à Puigreig et dans les environs, et sa droite au val de Viola. L'occupation des hauteurs permit au convoi d'arriver, le 12, sans difficultés jusqu'à Gironella; la colonne de gauche passa la nuit suivante à Caserras, celle du centre avec le convoi et son escorte à Gironella et celle de droite à Olban. Le 13, le convoi couchait à Berga sans qu'on eût eu à tirer un coup de fusil et le colonel Tomasetti rentrait, le 14, à Manresa avec les voitures vides.

Les troupes restèrent le 15 dans leurs cantonnements et occupèrent les hauteurs pendant le jour pour permettre aux habitants de Berga de faire rentrer des vivres, du bois et du charbon; le 16 enfin, le brigadier Macias regagnait Manresa avec ses 12 bataillons.

Dans l'intervalle, les carlistes de la province de Gérone avaient profité de l'occasion pour tenter sur Olot une attaque dans laquelle ils avaient été refoulés avec de grandes pertes; mais, en même temps, un parti de 600 hommes poussait une pointe dans l'Ampurdan où il faisait une razzia de chevaux et d'argent ou d'otages.

Après le ravitaillement de Berga, le blocus reprit et les tentatives de surprise furent renouvelées, mais sans plus de succès, contre la place dont la garnison fut en partie relevée, au mois de février 1874, par le colonel Mola y Martinez qui vint avec sa brigade changer les canons du château et amener une certaine quantité de munitions. Le colonel, qui disposait de très-peu de monde pour cette opération, fit d'abord avec grand bruit plusieurs fausses sorties de Manresa, puis il exécuta la véritable brusquement et avec une telle promptitude qu'une seule journée le conduisit à Berga.

Un peu plus tard, à l'époque du commandement du général Izquierdo, la situation de la garnison, composée de neuf compagnies d'Estramadure avec 20 canonniers, ne laissait pas que d'être assez précaire ; elle voyait autour d'elle des places comme Vich et Olot tomber l'une après l'autre, et Manresa elle-même sur le point d'être prise ; la brigade Nouvilas, une des plus fortes de Catalogne, avait disparu et les carlistes, bloquant la place plus étroitement que jamais, commençaient à ouvrir des tranchées et à construire des ouvrages qu'ils décoraient du nom de batteries. Les fortifications, à peine suffisantes et presque partout mal flanquées, étaient battues de revers par les feux des hauteurs voisines ; aussi était-il indispensable d'améliorer les défenses et de relever la garnison découragée et abattue, dont la majeure partie venait de supporter treize mois de blocus et d'alertes continuelles. Le général Serrano Bedoya chargea de cette mission les brigades Estéban et Cirlot, fortes chacune de 5 bataillons, 80 chevaux et 4 pièces et formant ensemble un total de 6,000 hommes environ. La compagnie du génie qui venait d'achever les nouvelles fortifications de Manresa, fut en outre mise sous les ordres du brigadier Estéban pour se rendre à Berga.

Après avoir passé la nuit du 3 mai 1874 respectivement à Valsareny et à Sellent, les brigades Estéban et Cirlot se mirent en marche, le 4, la première par la route, sa droite flanquée par deux bataillons qui allèrent coucher à Olban, et la seconde par le chemin de Caserras où elle s'arrêta en poussant deux bataillons en avant jusqu'à Avia.

Le lendemain, les deux brigades occupèrent la chapelle de Queralt, les sierras de Nuet, de la Petita et de Fumanya où elles détruisirent les tranchées et les batteries carlistes ; après avoir relevé la garnison, elles revinrent à leurs cantonnements de la nuit précédente et se portèrent, le 6, à Prats de Llusanès où elles eurent la sanglante affaire de ce nom.

La garnison laissée à Berga se composait d'un bataillon du régiment de Bailen, de quatre compagnies de celui de Tolède, d'une compagnie du génie et de 20 canonniers, avec le colonel D. Juan Monsonis pour commandant militaire, et le capitaine D. César Saënz y Torres, commandant la compagnie chargée d'améliorer les défenses de Berga, pour chef du génie. Les travaux de fortification ne furent terminés que le 11 août, parce qu'ils furent constamment entravés par de nombreuses difficultés dues principalement au manque de matériaux, au mauvais vouloir des gens du pays et au feu de l'ennemi.

Bien que, grâce aux négociations des habitants avec les carlistes, le blocus fût levé pour les marchandises depuis le 17 mai 1874, la situation de la place restait, sinon désespérée, au moins assez compromise ; l'armement de la garnison n'était pas uniforme et se composait de fusils des deux systèmes Berdan et Remington, ces derniers approvisionnés au nombre réglementaire de cartouches, tandis que pour les autres les ressources en munitions étaient très-limitées. Heureusement le général Lopez Dominguez passa avec 8,000 hommes, le 2 septembre, en se portant au secours de Puigcerda et, à son retour, s'arrêta à Berga, du 8 au 13, pour y faire venir un convoi qui y parvint le 12. Ce convoi amena

2 canons pour renforcer le château, 800 obus, 200,000 cartouches métalliques Berdan, 30,000 cartouches pour fusil rayé à percussion[1] et 30,000 rations de morue sèche. Les brigades Estéban et Macias avaient occupé les positions du défilé de Puigreig pour protéger la marche du convoi qui voyagea sous l'escorte du bataillon de réserve de Tortose ; ce dernier resta comme garnison avec deux compagnies de Bailen, 20 canonniers et la ronde volante de Berga forte de 30 hommes ; à l'extérieur, la chapelle de Queralt, solidement occupée, fut attaquée le 21 septembre sans succès.

A la fin de novembre, les carlistes reprirent le blocus de Berga, avec 4 bataillons cette fois, et repoussèrent une sortie dirigée par la garnison sur la sierra de Nuet ; mais l'arrivée du général Weyler à la tête de deux brigades suffit pour les éloigner : il releva la garnison avec le 17e bataillon de réserve et ajouta un canon de montagne, ancien modèle, à l'armement de la place.

Un dernier convoi de 60 voitures de munitions et d'objets divers fut amené à Berga par le général Montenegro avec la deuxième brigade de sa division ; parti de Manresa le 17 décembre, il arriva le même jour à Valsareny où il apprit que les carlistes, au nombre de 4,000 hommes commandés par Tristany, occupaient Gironella et Puigreig ; il s'arrêta donc, avec ses 1,500 hommes et le convoi, à Valsareny et prit ses dispositions de défense ; la nuit même l'ennemi tentait une surprise, mais il était repoussé et laissait en cette affaire deux prisonniers, beaucoup d'armes et d'effets entre les mains des troupes.

Le général Weyler, avec deux brigades des 2e et 3e divisions, arriva dès le lendemain de Sellent où il avait couché et occupa

---

1. La ronde volante de volontaires était armée de ces fusils.

sans résistance les hauteurs du Roseret del Puigreig, Caserras et Gironella. Le convoi se remit alors en marche sous l'escorte de la 3ᵉ division, aux ordres du général Montenegro, par le vieux chemin de Caserras où il arriva seulement le 20, à 3 heures du matin, à travers les plus grandes difficultés qu'on ne surmonta qu'à force de volonté. Après s'être reposé à Caserras jusqu'à 10 heures, le convoi gagna Berga sans encombre tandis que la 3ᵉ division s'établissait pour la nuit à Caserras, et la 2ᵉ à Gironella.

Tels furent les incidents qui marquèrent la conduite des différents convois amenés à Berga, seules opérations de guerre dignes d'attention pendant une certaine période, et dont les plus remarquables sont celles de septembre et de décembre 1873. Dans ce dernier cas on put donner au convoi une escorte indépendante des troupes combattantes; celles-ci occupèrent sans peine toutes les hauteurs importantes et le convoi passa librement sous leur protection. Dans le premier au contraire, la faiblesse numérique des troupes ne permettait pas de les diviser ainsi; l'opération fut alors habilement dirigée de façon à éviter le défilé de Puigreig.

VII

Levée du siége de Puigcerda.

On sait que le général Lopez Dominguez arriva en Catalogne juste à temps pour accompagner son prédécesseur, le général Serrano Bedoya, dans l'expédition entreprise pour délivrer la brigade Cirlot enveloppée dans Olot par le gros des forces ennemies. De retour à Barcelone, le général s'occupait de réorganiser les brigades mobiles, lorsqu'il reçut la funeste nouvelle de la prise de la Seo de Urgel par les carlistes.

La perte de cette place, outre son importance même, entraînait cette grave conséquence de laisser dans la situation la plus précaire Puigcerda, ville forte frontière et chef-lieu de la Cerdagne. La faiblesse de sa garnison et de ses moyens de défense, comme aussi sa position isolée au milieu même du pays ennemi, sans chemins commodes pour y amener des secours, faisaient concevoir de sérieuses inquiétudes pour sa sécurité.

En effet, le 21 août 1874, les carlistes commencèrent le siége de Puigcerda, en ouvrant le feu contre la place avec trois canons de montagne. Ils les rapprochèrent les jours suivants et construisirent, pour les couvrir, des batteries en pierres sèches qu'ils armèrent en outre de deux obusiers de 16‰, du canon de 13‰ qu'ils appelaient *Deu de Olot,* et enfin d'un mortier de la Seo de Urgel ; ce dernier ne tira qu'un seul coup. Quelques-unes des batteries étaient blindées ou pour mieux dire couvertes.

Les carlistes tentèrent inutilement trois assauts ; leurs fusées incendiaires ne réussirent pas davantage.

Les fortifications de Puigcerda n'offraient pourtant pas une résistance sérieuse et ne comprenaient guère qu'une enceinte en pisé avec banquette en charpente ; les sinuosités du mur ne donnaient d'ailleurs qu'un flanquement insuffisant. La place était armée de deux canons rayés de 8‰ longs, de 2 canons du même calibre courts, d'un canon lisse de 8‰ long et d'un obusier de 16‰ ; quelques-uns des épaulements, derrière lesquels ces pièces se trouvaient en batterie, étaient en bonne maçonnerie. Le bâtiment appelé *Casa Fabra,* avec ses deux grosses tours, jouait le rôle d'ouvrage avancé; le mur en pisé du jardin était crénelé et les communications avec la place étaient assurées par une double caponnière également en pisé. L'attaque principale était dirigée sur cet ouvrage, dont une des tours fut complétement démolie par le canon, bien que le capitaine d'artillerie Correa fût parvenu à démonter quelques-unes des pièces des carlistes, entre autres le canon Deu.

Justement inquiet de la situation de Puigcerda, le général en chef décida que le général Merelo, son commandant en second, prendrait lui-même, pour aller au secours de la place assiégée, le commandement d'une division composée des brigades Macias et Araoz qui reçurent l'ordre de se réunir à Vich.

Le général Merelo eut beaucoup de peine à rassembler dans cette ville les moyens de transport nécessaires; il y reçut en outre avis que l'ennemi avait échelonné ses forces depuis Vich jusqu'à Ripoll et se retranchait dans San Quirse et ses défilés; le général en chef, auquel il avait rendu compte de cette situation, lui prescrivit alors de retarder son départ, de se renseigner aussi exactement que possible sur la marche du siége de Puigcerda, la force et la position de l'ennemi et d'attendre les renforts qu'il allait lui amener.

En conséquence, le brigadier Estéban reçut l'ordre de quitter la province de Gérone et de se rendre à Vich avec sa brigade, en ne laissant derrière lui que les forces indispensables pour assurer la défense des places et des postes fortifiés. Le général Lopez Dominguez arrivait en même temps de Barcelone avec deux bataillons ainsi que des troupes de cavalerie et du génie, et prenait en personne, le 30 août, le commandement du corps expéditionnaire ainsi réuni à Vich, dont le tableau ci-dessous fait connaître la composition et l'organisation :

	Bataillons.	Pelotons de cavalerie.	Compagnies du génie.	Compⁱᵉ d'artⁱᵉ de place.	Sections d'artillerie.	Hommes.	Chevaux.	Mulets.	Canons.	OBSERVATIONS.
Quartier général . .	1	4	2	1	»	600	100	210*	»	* Y compris les 144 mu- lets du convoi de munitions.
Avant-garde	5	3	»	»	2	2,680	80	80	4	
Division { 1ʳᵉ brigade.	4	3	»	»	2	2,480	80	80	4	
{ 2ᵉ —	5	4	»	»	2	2,100	100	80	4	
Totaux. . .	15	14	2	1	6	7,860	360	450	12	

La brigade Estéban marchait à l'avant-garde tandis que les brigades Macias et Araoz formaient la division placée sous les ordres du général Merelo ; le brigadier Martin Lopez commandait le quartier général et le convoi de munitions. Les fonctions de chef d'état-major général étaient confiées au brigadier Cavada et le général en chef s'était en outre adjoint le brigadier Mola y Martinez, qui pouvait rendre de grands services par sa connaissance parfaite du pays qu'on devait traverser et de la guerre de montagnes spéciale à laquelle il se prête.

Comme on ne pouvait laisser les malades dans Vich qui n'était pas fortifié, le général résolut de se porter d'abord à Berga, d'autant plus que son projet n'était pas d'attaquer par la vallée du Ter où les carlistes avaient accumulé leurs forces et leurs moyens de défense.

L'armée partit de Vich le 31, et, après de légères escar- mouches, atteignit Prats de Llusanès d'où elle se rendit le lendemain à Berga, sans autre affaire qu'un combat d'arrière-

garde soutenu par un bataillon carliste contre la brigade
Estéban. La traversée du Llusanès n'offrit donc pas de difficultés sérieuses, grâce à la concentration des forces ennemies
qui se portèrent de San Quirse aux environs de Berga parallèlement à l'armée, dans l'intention de lui disputer l'accès
du haut Llobregat.

A Berga, on laissa les malades, on distribua des vivres à
l'armée dans laquelle on incorpora encore la compagnie du
génie de la place, puis toutes les troupes se mirent en marche dans la matinée du 2 septembre. La brigade Estéban,
laissant sa cavalerie, alla jusqu'à Vallsèbre par les hautes
crêtes du versant droit de la vallée du Llobregat, qui limi-
taient sur la gauche le terrain utile à la marche de la colonne.
Le reste des troupes, avec le général en chef, se porta à Pont
de Reventi.

Le général Lopez Dominguez, dans son rapport officiel,
s'exprime ainsi au sujet de cette marche : « Comme le sait
« Votre Excellence, la marche d'une troupe nombreuse, avec
« des approvisionnements de munitions et par suite un long
« convoi de bêtes de somme, à travers les sentiers qu'on
« qualifie de chemins dans les montagnes escarpées de ce
« pays, est extrêmement lente, à cause de la nécessité de
« marcher un à un à la file et des arrêts continuels des mu-
« lets et des chevaux ; comme en outre il est pour ainsi dire
« impossible de flanquer la colonne, chaque hauteur, chaque
« défilé, chaque détour du chemin se prête à une défense
« opiniâtre, n'y eût-il qu'une poignée d'hommes postés dans
« le seul but d'infliger des pertes aux troupes engagées dans
« de semblables sentiers. »

La colonne principale arriva sans incidents et sans résistance à Pont de Reventi. Il n'en fut pas tout à fait de même
sur la gauche, où le premier bataillon carliste de Barcelone

N° 4.

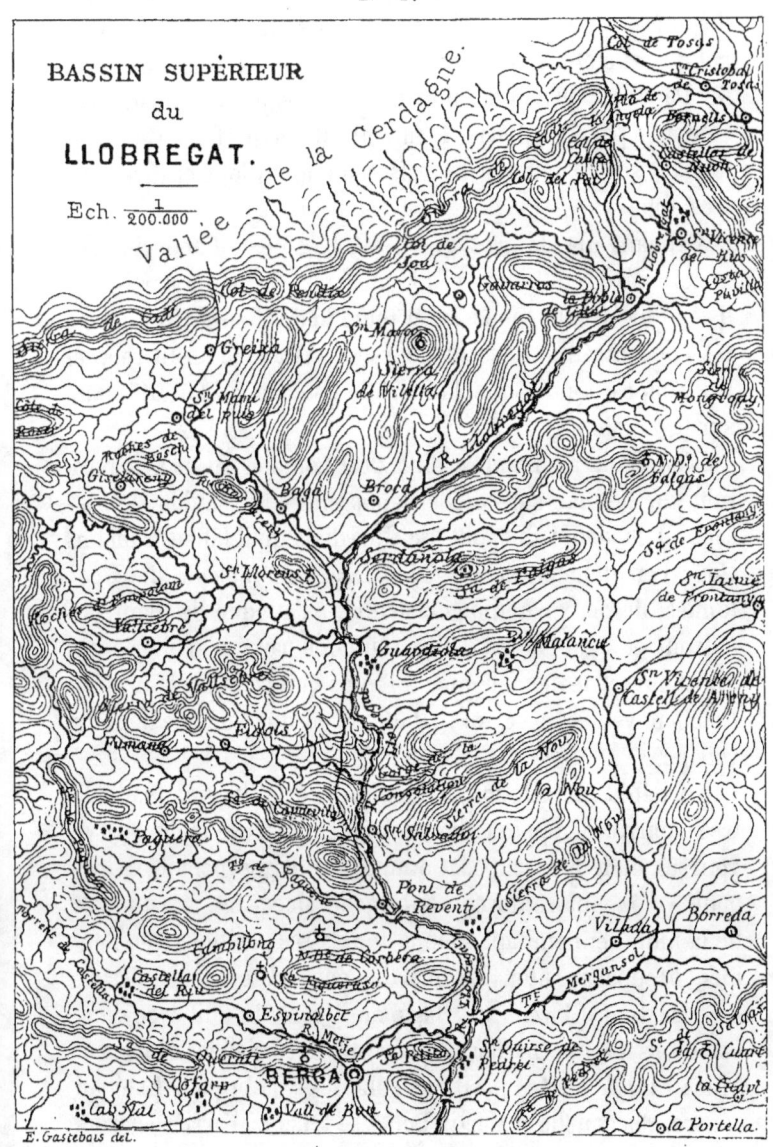

BASSIN SUPÉRIEUR
du
LLOBREGAT.

Ech. $\frac{1}{200.000}$

E. Gastebois del.

et quelques autres compagnies, sous les ordres de Ramonet, disputèrent aux troupes du général Estéban le passage du col d'Orelle et les hauteurs de Corbera, puis plus loin celles de Paguera; mais, résolûment attaqué par deux bataillons soutenus par l'artillerie, l'ennemi fut obligé de se retirer en laissant sur le terrain des caisses de munitions et divers autres objets.

Pendant que le gros gravissait la côte de Capdevila, son arrière-garde fut encore attaquée par de petits partis carlistes qui furent repoussés, et toute la division se trouva bientôt concentrée sur les hauteurs de Visa où l'on fit reposer les troupes, tandis que la brigade Estéban en faisait autant sur la gauche.

L'ennemi, au nombre de 2,000 hommes, avait pris position sur les hauteurs de Serdañola qui commandent le passage et le défilé du pont de Guardiola qu'il fallait franchir. Pour l'en déloger, la brigade Macias marcha en deux colonnes, de deux bataillons chacune, à l'attaque des hauteurs à droite et à gauche du défilé, soutenue par son artillerie qui avait ouvert le feu en même temps que celle de la brigade Estéban venue, avec un bataillon, jusque sur une hauteur voisine.

Au début de l'action, l'ennemi riposta par une fusillade très-nourrie et opposa une résistance sérieuse malgré le vigoureux élan des troupes. Comme la nuit approchait, la brigade Araoz vint renforcer la brigade Macias et, à la tombée de la nuit, l'ennemi abandonna toutes ses positions que l'armée occupa aussitôt. Le quartier général se porta à l'ermitage de San Llorens de Baga, où il passa la nuit avec deux bataillons et une batterie. Le reste des brigades Macias et Araoz campa sur les positions conquises, la brigade Estéban couvrant la gauche et Martin Lopez se tenant à l'arrière-garde.

Les forces carlistes qui avaient défendu les positions de
Guardiola étaient commandées par Auguet et se composaient
des quatre bataillons de la province de Gérone. On sait d'ailleurs combien est formidable cette position, où quelques
hommes résolus suffiraient pour arrêter toute une armée.

Les troupes se concentrèrent, le 3, dans la plaine en face
de Baga entre le Llobregat et la sierra de Bascareny, la
brigade Macias restant sur la croupe de Serdañola, tandis
qu'un cordon de tirailleurs était poussé jusque sur les hauteurs de l'ermitage de San Llorens.

La brigade carliste de Tarragone, forte de cinq bataillons
et commandée par Moore, occupait les hauteurs et les défilés depuis Baga jusqu'au col de Pendix, qui est le chemin
le plus court pour pénétrer en Cerdagne et par suite pour
arriver à Puigcerda; engager un combat au milieu de ces
défilés, c'eût été s'exposer à un désastre parce que la première division carliste, qui se trouvait avec Savalls dans les
environs pour surveiller les mouvements, pouvait accourir
d'un instant à l'autre. Aussi le général Lopez Dominguez
prit le parti de se diriger sur la Pobla de Lillet, pour forcer
de là le passage des Pyrénées par Castellar de Nuch; on
espérait en outre pouvoir se procurer à la Pobla des vivres
et des bêtes de somme qui faisaient grandement défaut.

Le mouvement commença à 1 heure de l'après-midi, la
brigade Macias, sans sa cavalerie, s'avançant à droite par la
sierra de Falgas, et la brigade Araoz, dans les mêmes conditions, par les hauteurs de gauche. Le quartier général, la
cavalerie, la brigade Estéban, le convoi et les troupes affectées au quartier général suivaient le chemin muletier sur la
rive du Llobregat.

On arriva dans cet ordre de marche, vers 5 heures du soir,
à la Pobla de Lillet, village d'environ 550 feux que l'ennemi

avait abandonné après l'avoir épuisé aussi complétement que possible. Les troupes s'installèrent néanmoins dans le village en se faisant garder, pour éviter toute surprise, par trois bataillons des brigades Estéban et Macias qui allèrent bivouaquer sur les hauteurs.

Un sentier conduit directement de la Pobla de Lillet au col *dit* Pla de la Anyella : c'était là que les carlistes attendaient le général Lopez Dominguez; mais celui-ci résolut de poursuivre sa marche par la vallée du Llobregat, pour se jeter brusquement sur Castellar de Nuch d'où il pouvait ensuite facilement franchir les Pyrénées, ce qui était la plus grosse difficulté.

On se remit donc en marche, le 4 septembre, en quittant la Pobla de Lillet dans l'ordre suivant : deux bataillons de la brigade Estéban, qui avaient campé sur les hauteurs de gauche, flanquaient la marche en suivant les crêtes de ce côté; la brigade Araoz formait l'avant-garde, puis venaient le quartier général, la brigade Estéban et le convoi avec les troupes du quartier général; la brigade Macias restait en arrière-garde.

Arrivées au col de Cabra, les troupes changèrent de route pour s'engager dans la vallée de Puig-Nès. La marche était très-lente parce que le chemin était étroit et accidenté; et, quand toute la colonne principale eut défilé, l'arrière-garde fut assaillie sur son flanc droit par deux bataillons carlistes qui, postés en éclaireurs, accouraient à la hâte en voyant que, au lieu de continuer jusqu'au Pla de la Anyella, l'armée prenait par le col de Cabra la direction de Castellar de Nuch.

Le brigadier Macias fit attaquer les positions de l'ennemi par le bataillon de Cadiz et le bataillon de réserve d'Albacète soutenus par le feu de l'artillerie et, à une heure et demie, les carlistes battaient en retraite devant une démonstration de la cavalerie qui s'apprêtait à charger ; la brigade, restée maîtresse des hauteurs, put alors franchir le col de Cabra.

Pendant ce temps, à l'avant-garde, la pointe de la brigade Araoz était accueillie par un feu nourri en débouchant du défilé devant le Puig de Castellar. Le brigadier fit aussitôt occuper la sierra de Puig-Nès, en face du village et des hauteurs de Castellar de Nuch, par trois bataillons qui s'y établirent sans grande peine ; l'artillerie vint aussi se mettre en batterie et ouvrit, en même temps que l'infanterie, le feu contre les positions carlistes qu'elle prenait de front et dont le général en chef reconnut toute la force aussitôt qu'il fut arrivé lui-même sur le Puig-Nès ; il donna alors l'ordre de compléter l'occupation des hauteurs en prolongeant la ligne sur sa droite et sur sa gauche pour empêcher toute attaque de flanc. Par suite, six bataillons occupèrent les crêtes de la sierra de Puig-Nès et ses pentes du côté de l'ennemi, pendant que la brigade Macias avec ses quatre bataillons était au col de Cabra et sur les hauteurs en arrière de la vallée de Puig-Nès, où cinq bataillons, la cavalerie, les mulets, l'ambulance, le quartier général et les compagnies du génie étaient campés près de quelques champs de pommes de terre. Afin de battre plus efficacement le village, les sapeurs construisirent dans la soirée une batterie en pierres sèches pour deux canons de montagne sur un contrefort de la sierra qui s'étendait jusque vers Castellar. Les dix autres pièces furent mises en batterie aux points les plus favorables de la position déjà très-forte par elle-même.

Ces combats d'avant-garde et d'arrière-garde avaient retardé la concentration de l'armée qui, ce jour-là, n'eut pour se nourrir que quelques pommes de terre grillées. Pendant la nuit qui fut froide et humide, un fort brouillard mêlé à une pluie fine fit beaucoup souffrir la troupe qui voyageait en tenue d'été, avec la veste et sans manteau ; jusqu'au matin, on ne cessa pas d'échanger des coups de fusil entre les deux camps.

L'ennemi avait réuni toutes les forces dont il disposait en Catalogne, à l'exception seulement de la brigade de Lérida restée avec Tristany autour de la Seo de Urgel ; il avait sur sa position de Castellar de Nuch et les hauteurs voisines 6,700 hommes avec 3 canons de montagne et 140 chevaux, sous les ordres de Savalls qui avait quitté le siége de Puigcerda pour venir prendre part à cette bataille décisive. Les carlistes occupaient avec ces forces deux lignes de défense dont la première appuyait sa droite au village de Castellar de Nuch retranché et barricadé.

La situation de l'armée ne laissait pas que d'être inquiétante. Il fallait vaincre à tout prix et s'ouvrir le passage jusqu'à Puigcerda, non-seulement pour délivrer cette brave cité, mais aussi pour échapper à un désastre et à une complète destruction. Pour les troupes enfoncées dans la montagne, au milieu de populations hostiles et dans un pays si tourmenté, une retraite se serait bientôt changée en déroute ; tous les villages se seraient levés en masse et on n'aurait pu repasser les défilés de la Pobla, de Guardiola et de Vallsèbre avec une armée débandée ; il était peu probable qu'on pût regagner Berga dans de semblables conditions. Tous faisaient ces réflexions ; mais loin de se laisser abattre par ces épreuves, l'admirable soldat espagnol, affamé, grelottant de froid et pourtant gai et confiant, retrouvait ses forces à l'idée de la bataille qui allait s'engager et promettait de vaincre l'ennemi, quelque fortes que fussent ses positions, quelque braves et nombreuses que fussent les troupes chargées de les défendre.

Le 5, au point du jour, les brigades se concentrèrent. Les cinq bataillons de la brigade Estéban prirent la droite de la position, à l'abri des vues de l'ennemi derrière les crêtes ; trois bataillons de la brigade Macias se placèrent de même au centre, tandis que le bataillon de Navarre, tiré des troupes du quartier général, formait la gauche. Quatre bataillons de la brigade Araoz se tenaient en réserve ; les deux autres bataillons des brigades Macias et Araoz, avec les compagnies du génie et l'artillerie à pied, devaient garder les hauteurs sur les derrières de la ligne et servir de secondes réserves. Les douze pièces de montagne en batterie sur la sierra de Puig-Nès attendaient le moment d'ouvrir le feu.

N° 5.

ENVIRONS DE CASTELLAR DE NUCH.

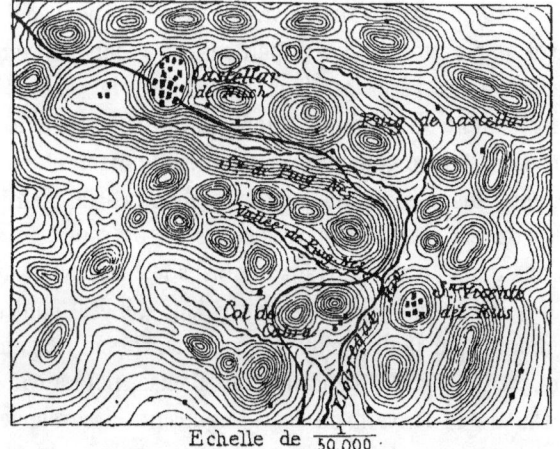

Echelle de $\frac{1}{50.000}$

Le plan consistait à dessiner une attaque à l'extrême gauche sur le village de Castellar de Nuch et à lancer aussitôt de front, sous le feu de toute l'artillerie, les huit bataillons disponibles à l'assaut de toutes les hauteurs pour gagner ensuite les plateaux des Pyrénées qui, une fois couronnés, livreraient le passage jusqu'à Puigcerda.

A 7 heures et demie du matin, les troupes étaient à leurs postes ; le brouillard couvrait les deux camps et ne laissait que de rares éclaircies. L'artillerie ouvrit vigoureusement le feu tandis que le bataillon de Navarre engageait sa fausse attaque à laquelle l'ennemi riposta par une vive fusillade. Un quart d'heure après, à la sonnerie de la charge, les huit bataillons d'Estéban et de Macias se précipitaient en avant, en descendant comme une avalanche le ravin de Castellar. Un brouillard épais masquait ce mouvement. Pendant une demi-heure on entendit une violente fusillade et, quand le brouillard se dissipa, on put voir les soldats s'emparer des premières maisons et des hauteurs, puis, sans s'arrêter, pousser l'attaque jusqu'aux suivantes. Les troupes carlistes, surprises par cette charge impétueuse, se débandèrent en entraînant leurs réserves dans leur fuite ; la plupart des maisons étaient en flammes, ainsi que le village où le bataillon de l'extrême gauche rallia la brigade Macias.

L'ennemi dispersé laissait entièrement libre le champ de bataille couvert de 111 cadavres carlistes ; on reprit aussitôt la marche dans l'ordre suivant : la brigade Estéban et deux bataillons de la brigade Macias avec leur général continuèrent à monter par la droite jusqu'au col de Tossas. Le général en chef, avec le reste de la brigade Macias, poursuivit jusqu'au Pla de la Anyella où le rejoignirent la cavalerie, le convoi, les troupes du quartier général et la brigade Araoz. Après une halte, on poussa jusqu'à Puigcerda, où l'on arriva à 9 heures du soir et où l'on put enfin faire manger la troupe qui avait passé toute cette journée sans prendre une bouchée de pain.

Le lendemain 6 septembre, l'armée se reposa à Puigcerda d'où l'on se mit, par la voie française, en communication télégraphique avec le gouvernement. La garnison fut relevée, renforcée et abondamment pourvue de munitions; les blessés et les malades furent installés dans des ambulances improvisées.

Les pertes de l'armée dans les combats des 2, 4 et 5 s'élevaient à 250 hommes environ. L'affaire de Castellar de Nuch seule avait coûté un commandant, un capitaine, un lieutenant, un alférez et 8 soldats tués et 179 blessés.

L'armée se remit en marche pour rentrer, le 7 septembre, franchit les Pyrénées au Pla de la Anyella et se rendit directement à la Pobla de Lillet. La colonne était si longue que la brigade Estéban qui formait l'arrière-garde n'arriva au gîte qu'à minuit.

On repartit, le 8, de la Pobla par le chemin des crêtes des sierras de Falgas, de Malañeu et de la Nou pour aller passer le Llobregat au pont de Miralles, à 4 kilomètres de Berga.

Au moment où la brigade Estéban qui marchait à l'avant-garde achevait de franchir le pont et où l'arrière-garde se trouvait encore dans les environs de la Nou, l'armée fut assaillie par un affreux ouragan qui changea en un clin d'œil les chemins et les sentiers en véritables torrents de pierres et d'eau. La pluie tombait à flots et les éclairs se succédaient sans relâche, si bien que, l'avant-garde étant entrée à Berga à 6 heures de soir, les derniers soldats de la brigade Araoz n'arrivaient qu'à 1 heure du matin. Trois ou quatre soldats s'égarèrent; beaucoup d'autres firent des chutes plus ou moins graves; des bêtes de somme périrent, des bagages furent perdus et bon nombre d'armes brisées; quelques caisses à munitions se rompirent aussi par suite des chutes des mulets. Le lendemain au point du jour, 400 hommes de la garnison de Berga, conduits par l'officier de jour, sortirent pour reconnaître le terrain et ramasser les traînards, les chevaux et les bagages.

L'opération dont on vient de lire le récit est, sans contredit, une des plus remarquables de cette guerre. La valeur et l'abnégation du soldat espagnol y brillèrent de tout leur éclat et mirent en relief son aptitude exceptionnelle pour la guerre de montagne. A la suite de marches aussi longues que pénibles à travers le pays le plus accidenté de la Péninsule, sans distributions, sans autre abri que le ciel pour dormir et sans pouvoir quitter un instant la colonne, si fatigué ou malade qu'il fût, sous peine d'être assassiné par les paysans, il eut à combattre contre des forces supérieures retranchées dans des positions inexpugnables si habilement choisies d'avance que leurs défenseurs devaient s'y croire sûrs de la victoire : les éléments eux-mêmes semblaient déchaînés pour l'accabler de leurs rigueurs; mais il sut sans cesse élever son caractère et grandir son courage à proportion des épreuves qu'il avait à subir. Le général en chef et ses conseillers firent preuve d'une entente parfaite des conditions de la guerre de montagne et d'un sang-froid remarquable; connaissant à fond le pays, ils marchèrent droit au but sans se laisser arrêter par les plus grands obstacles, sans perdre courage dans les situations les plus critiques, avec la constance et la sûreté que donne seule la science appuyée sur une énergique volonté.

Le général en chef voulut profiter de son passage à Berga, dans la haute montagne, pour approvisionner largement cette place ainsi que celle de Cardona. A cet effet, il avait envoyé de Puigcerda par le télégraphe l'ordre d'organiser à tout prix à Barcelone un grand convoi que la brigade Saënz de Tejada devait amener jusqu'à Manresa.

La brigade Estéban partit, le 10, de Berga pour Sellent et Valsareny au-devant du convoi, afin de protéger sa marche pendant qu'il gravirait la montagne ; elle devait ensuite se diriger par Manresa sur Granollers d'où, après avoir été renforcée, elle regagnerait la province de Gérone. La brigade Macias se rendit aussi le même jour à Gironella où elle devait passer la nuit pour aller, le 11, occuper les hauteurs du défilé de Puigreig à Gironella.

Le général en chef reçut, le 11, avis d'un retard apporté au départ du convoi ; on l'informait en même temps qu'un gros de 2,000 hommes avec de la cavalerie et de l'artillerie se trouvait à Moncada et menaçait la capitale de la Principauté. Il donna aussitôt à la brigade Saënz l'ordre de retourner de Manresa dans la plaine et à la brigade Estéban celui de se porter par le chemin le plus court contre l'ennemi signalé à Moncada. Le jour même, il fit occuper l'ermitage de Queralt, sur la montagne qui domine Berga, et le convoi arriva, le 12, sous l'escorte d'un bataillon qui resta en garnison dans la place.

Pendant ces jours de repos pour eux, les bataillons de la brigade Araoz n'envoyèrent à l'extérieur que de petites colonnes dans les villages voisins pour faire rentrer les contributions.

Le 13 septembre, le quartier général et la brigade Araoz se transportèrent à Cardona. La brigade Macias envoya de Caserras, où elle avait couché, deux bataillons à Suria ; les autres gagnèrent également Cardona. Enfin, le 14, toute la division arrivait à Manresa et le général en chef rentrait à Barcelone, le 18 ; il laissait l'armée animée du meilleur esprit, avait relevé les garnisons de Puigcerda, de Berga, Cardona, Manresa et occupé de nouveau Igualada.

VIII

Occupation d'Olot.

On a pu lire plus haut la description d'Olot (*chap. IV, pages 88 et suivantes*) et du pays par lequel on y arrive; on sait aussi que les carlistes avaient le projet de compléter, du côté de la vallée d'Amer, le système de retranchements élevés par eux sur les positions de Castellfullit et du Grau; ils fondaient en outre de grandes espérances sur la prochaine organisation de la milice territoriale et avaient l'intention de fortifier la ville d'Olot pour en faire le centre de la résistance, comme elle s'y prêtait si bien par sa position.

Le général Martinez Campos avait reconnu combien il importait d'occuper Olot avant que ces travaux ne fussent terminés; aussi dès qu'il fut investi du commandement, le 5 janvier 1875, cette opération devint-elle son idée fixe. Dès la fin de ce même mois de janvier, une première expédition préparatoire, exécutée dans un moment opportun à la tête de moins de 4,000 hommes, l'amena jusque dans Olot où il passa la nuit; ce coup hardi jeta l'alarme parmi les carlistes qui redoublèrent alors d'activité pour achever leurs préparatifs de défense. Bientôt après, lorsque l'occupation définitive d'Olot fut résolue, le corps d'opération fut organisé de la manière suivante : une division sous les ordres directs du général en chef, composée de la brigade Cirlot (3 bataillons, 100 chevaux, 4 pièces) et de la brigade Saënz de Tejada (4 bataillons, 80 chevaux, 4 pièces); une autre division sous les ordres du général Estéban, avec le brigadier Nico-

lau comme commandant en second, composée de trois demi-
brigades (6 bataillons, 120 chevaux et 6 pièces); enfin une
colonne commandée par le lieutenant-colonel Camprubi
(2 demi-bataillons, 8 rondes volantes de volontaires, 90 chevaux et 2 pièces), soit un total général de 9,500 hommes,
440 chevaux et 16 canons Plasencia.

La division du général en chef sortit de Gérone, le 16 mars,
et, après une démonstration dans la direction de Besalu, tra-
versa la sierra de San Clemente pour venir coucher à Amer
qui fut occupé sans résistance. En même temps la division
Estéban, partie de Vich le même jour, s'emparait de l'Esquirol après une légère escarmouche, abordant ainsi de front
les positions du Grau; le 17, sur l'avis que 4 bataillons carlistes, les 1er, 2e, 4e et 5e de Barcelone, gardaient les défilés
du Grau et occupaient les tranchées qui y avaient été prépa-
rées, le général Estéban, pour continuer sa marche, prit le
parti de faire une fausse attaque de front et de forcer le
passage par son point le plus faible sur la gauche de l'ennemi.

A peine la division sortait-elle de l'Esquirol qu'elle essuya
le feu de quelques carlistes postés sur les hauteurs les plus
proches. La demi-brigade Bonanza n'en continua pas moins
sa marche de front jusqu'à ce qu'elle eût dépassé le hameau
de Can-Tonigros, puis tourna à droite dans la direction qu'a-
vait déjà prise le reste de la division pour passer par le col
Sas-Vilas. L'épais brouillard qui couvrait ces mouvements
favorisait l'opération, si bien que l'ennemi, trompé sur la
direction suivie, concentra ses forces au passage du col Sa-
Cabra. (*Voir le croquis n° 1, page 90.*)

Après avoir franchi le col Sas-Vilas, on tourna à gauche
pour prendre le chemin de Vich à Olot et descendre par la
côte du Grau dans la vallée de Bas, où la division devait opérer sa jonction avec celle du général en chef; celui-ci était

parti d'Amer en faisant flanquer sa gauche par deux bataillons qui occupèrent sans résistance sérieuse l'ermitage de
Notre-Dame de la Salud, puis, passant par Las Planas et San
Feliu de Pallarols, il s'était, au prix seulement de quelques
coups de fusil, rendu maître de la sierra de Santa Cecilia
d'où il était descendu dans la plaine de Bas.

La division Estéban, une fois réunie, poursuivit sa marche, parfaitement couverte par ses flanqueurs, jusqu'à l'auberge du Grau que la demi-brigade Francés, placée en arrière-garde, occupa ainsi que les alentours pour protéger
la descente de la colonne. Les mulets et les bagages commençaient à descendre, quand les carlistes, qui s'étaient appro-
chés en se cachant dans les accidents du terrain, ouvrirent
le feu. Les soldats d'Estramadure et de Bailen qui composaient cette demi-brigade, soutinrent le combat jusqu'à ce
que les impedimenta eussent achevé leur difficile descente
sous l'escorte des deux compagnies du génie de la division.
Quand ils durent ensuite exécuter leur périlleuse retraite à
travers l'étroit défilé que forme la descente du Grau, quatre
compagnies des chasseurs de Barcelone, de la demi-brigade
Mendoza, vinrent, pour la soutenir, prendre position sur un
petit plateau à mi-côte ; après le passage de la demi-brigade
Francés, celles-ci se retirèrent à leur tour sous la protection
de la cavalerie déployée dans la plaine. Cette affaire coûta
60 hommes aux troupes.

La tête de la division, qui avait poursuivi sa marche, arriva
à San Estéban de Bas à 5 heures du soir, en même temps
que l'avant-garde du général en chef. Après avoir reformé
les deux divisions dans la plaine en face de San Estéban, ce
dernier poussa en avant avec sa division, le brigadier Nicolau avec la demi-brigade Bonanza se portant en même temps
sur la droite dans la direction de Batet ; toute la cavalerie

des deux divisions suivit le mouvement du général en chef, tandis que le général Estéban cantonnait à San Estéban de Bas avec les demi-brigades Francès et Mendoza, les deux compagnies du génie et 4 pièces.

D'après les renseignements, l'ennemi avait réuni plus de 5,000 hommes, 160 chevaux et 6 pièces; avec ces forces qui comprenaient 4 bataillons de Gérone, 5 de Barcelone, celui des guides de Catalogne, les mozos de la escuadra, les contingents de la milice territoriale, deux escadrons et une batterie et demie, il se disposait à défendre Olot dont l'entrée des rues avait été barricadée. Les hauteurs environnantes étaient en outre occupées et Savalls, récemment appelé au commandement en chef, avait pris en personne la direction de la défense; Lizarraga était à la tête de la première division; Miret et Auguet commandaient les brigades de Barcelone et de Gérone.

Le général en chef se porta en avant en ordre de combat, la brigade Cirlot dans la vallée de Bas, sa gauche appuyée à la Fluvia tandis que sa droite s'avançait par les hauteurs, le brigadier Nicolau plus à droite encore dans la montagne; la brigade Saënz de Tejada en réserve suivait la route. A la gauche, le bataillon de chasseurs de Tarifa entretenait une vive fusillade contre l'ennemi qui se retirait à mesure que les troupes avançaient; mais à la tombée de la nuit, le général Martinez Campos, ne jugeant pas prudent de pousser plus loin l'attaque au milieu du labyrinthe de la plaine de Malatosquer, donna l'ordre de bivouaquer.

Le quartier général s'installa à Las Presas avec la cavalerie, et le reste des troupes passa la nuit dans les fermes dont quelques-unes ne furent pas occupées sans coups de fusil. Le campement s'étendait ainsi de la Fluvia au faubourg de Pocafarina, où se trouvait le brigadier Nicolau avec ses troupes.

Pendant cette journée, la colonne de l'Ampurdan, sous les
ordres du lieutenant-colonel Camprubi, était arrivée à Argelaguer en vue des positions de Castellfullit.

OLOT ET SES ENVIRONS.   N.º 6.

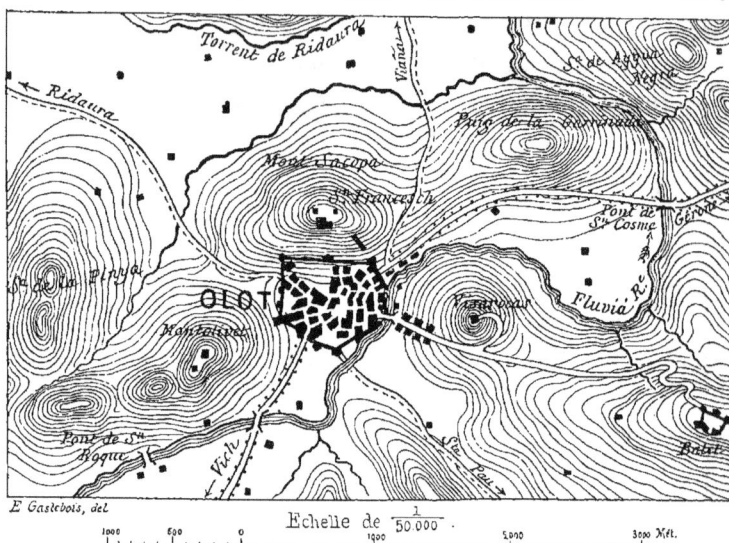

E Gastebois, del

Echelle de $\frac{1}{50.000}$.

Le lendemain, les mouvements étaient devenus très-difficiles, surtout pour la cavalerie, par suite des pluies de la nuit
et de la matinée précédentes; néanmoins, quand la pluie
cessa, les bataillons de Tarifa et de la Lealtad, de la brigade
Cirlot, commencèrent l'attaque à la gauche. Un moment indécis, les soldats de la Lealtad passèrent bientôt la Fluvia en
se portant en avant et, soutenus par la brigade Saënz de
Tejada, ils enlevèrent successivement les tranchées des pentes
de la Pinya, puis celles de Montolivet qui se trouvaient tour-
nées par suite de leur premier succès.

En même temps le brigadier Nicolau s'avançant par la

droite occupait sans résistance le hameau élevé de Batet, où il n'était inquiété que par quelques coups de canon de San Francesch et de Montolivet. Pour faciliter ce mouvement, le bataillon des Arapiles de la brigade Mendoza, sorti au point du jour de San Estéban de Bas, s'était avancé avec deux pièces jusqu'à la Trinidad en couvrant la droite de la brigade Nicolau ; le général Estéban marchait par la route avec le reste de sa division.

L'ennemi, voyant les progrès de l'attaque, abandonna successivement Montolivet, la ville et San Francesch pour se retirer sur les hauteurs de San Andrès del Coll, non sans être canonné par 10 pièces qui s'étaient mises en batterie près du pont de bois. Les troupes entrèrent dans Olot qui était désert, le 18 à midi et demi, et les compagnies du génie se mirent immédiatement à l'œuvre pour éteindre l'incendie de l'hospice auquel les carlistes avaient mis le feu en se retirant.

Batet fut occupé par le brigadier Nicolau avec les bataillons de Catalogne, de Madrid, des Arapiles et 4 pièces, Montolivet par 4 compagnies de Tarifa et San Francesch par le bataillon de Llerena et 2 pièces.

Une fois la prise de possession d'Olot accomplie, il était indispensable, pour assurer ses communications avec Gérone, d'être maître du défilé de Castellfullit. Une colonne composée du bataillon de chasseurs de Barcelone, de la demi-brigade Francès, de 4 pièces et de 25 chevaux partit donc par la route, sous les ordres du brigadier Ortiz, chef d'état-major général, tandis que le brigadier Nicolau avec ses troupes se portait rapidement de Batet par la crête de la montagne jusqu'à la formidable position de l'ermitage de San Julian, dont il s'emparait après un semblant de résistance et d'où il protégeait efficacement le reste de l'opération. Les *somatènes* chargés de défendre Castellfullit l'avaient abandonné à la nouvelle de l'entrée des troupes à Olot ; aussi la place fut-elle occupée sans résistance, ainsi que les hauteurs de Canadell, du Cos, de Ladebesa et de Monros qui commandent complétement le passage du défilé. (*Voir le croquis n° 14.*)

L'ennemi, en se retirant d'Olot, alla prendre position dans la sierra de la Pinya, le village de Ridaura et les sierras de San Miguel del Mont et de San Andrès del Coll. Quelques petits partis gagnèrent le val de Viaña et poussèrent des avant-postes jusqu'à la sierra de Castellar, en face du détachement de Canadell. Les troupes étaient déjà installées dans Olot, quand les carlistes ouvrirent le feu avec un canon Plasencia en batterie à la Guixera de Ventula dans la sierra de San Andrès del Coll, à 2,300 mètres environ de la ville ; à la tombée de la nuit, la brigade Nicolau rentra aussi à Olot, laissant seulement à Batet le bataillon de chasseurs de Catalogne.

Le 19, on commença les retranchements provisoires de Montolivet, de San Francesch et de Batet ; en même temps la brigade Saënz de Tejada battait la plaine de Las Presas pour se procurer des vivres et ramenait 400 têtes de bétail.

Le lendemain, le général Estéban et le brigadier Nicolau, retournant à Gérone avec les bataillons de Catalogne, de Madrid, des Arapiles et d'Amérique, quatre pièces et la cavalerie de la division, firent, à leur passage à Castellfullit où l'on commençait à retrancher les hauteurs, relever le bataillon de Barcelone par celui de Madrid, qui poussa le même jour jusqu'à Besalu à la rencontre d'un convoi venant de Gérone.

De son côté, la brigade Saënz de Tejada fit, le 21, une sortie par le val de Viaña pour éloigner les carlistes et s'emparer du canon dont le tir gênait les travailleurs. Le batail-

lon de Manille qui la flanquait enleva toutes les positions
carlistes des sierras de San Andrès del Coll et de San Miguel
del Mont jusqu'à l'ermitage du même nom qui couronne
cette dernière; mais il avait dans ces engagements consommé
toutes ses munitions et se trouva à son tour dans une position critique, quand l'ennemi revint à la charge contre l'ermitage qui fut pris et repris deux fois de suite à la baïon-
nette. Obligé enfin de battre en retraite sans avoir atteint le
but essentiel de la sortie, le commandant fit occuper les
mamelons qui dominaient la route par le bataillon de Llerena, tandis que la cavalerie et l'artillerie descendaient les
premières; les bataillons de Cuba et de Manille se retirèrent
ensuite en bon ordre sous la protection de leur canon. Au
moment où l'on arrivait dans la vallée de Ridaura, un bataillon carliste venu de la sierra de la Pinya se jeta dans
la plaine avec l'intention de couper la retraite; mais il
n'acheva pas son mouvement quand il se vit menacé lui-
même par un escadron et deux compagnies de la Lealtad,
en garnison à San Francesch, qui se déployaient en laissant
ce point à la garde de la compagnie du génie chargée des
travaux.

Les pertes de l'armée dans ces combats où les soldats se
conduisirent avec leur bravoure ordinaire, s'élevèrent à 96
tués, blessés, contusionnés ou disparus.

Un convoi comprenant deux canons Krupp, des munitions d'infanterie dont on manquait complétement et des
outils pour l'exécution des travaux, arriva de Gérone le 22;
il avait été amené jusqu'à Castellfullit par la colonne du lieutenant-colonel Camprubi et remis à la brigade stationnée en
ce point qui le fit de là parvenir à Olot.

Pendant les jours suivants, on continua à échanger des
coups de canon et de fusil avec l'ennemi qui avait son quar-

tier général au village de Ridaura et s'approchait par les
sierras qui forment la vallée de ce nom.

Les jeudi et vendredi saints, 25 et 26, les hostilités furent
suspendues et les généraux en chef des deux partis eurent
une entrevue.

En même temps, une colonne composée du bataillon des
chasseurs de Tarifa, de 2 canons de montagne et de 25 chevaux partait pour Bañolas, à la rencontre d'un second convoi qui arriva à Olot le 29; il amenait des farines, six canons Krupp, des munitions d'artillerie et d'infanterie, des
outils et le matériel nécessaire pour combattre les incendies; il comprenait aussi une compagnie du génie et des
isolés, officiers et soldats, qui rejoignaient leurs corps. Le
général Arrando, arrivé avec le convoi, reçut alors le commandement de la première division chargée de l'occupation
d'Olot et de Castellfullit et, le lendemain 30, le général Martinez Campos partit pour Gérone d'où il rentra à Barcelone.

Ce même jour, les retranchements provisoires de San
Francesch, de Montolivet et de Batet se trouvaient terminés.
Sur le premier de ces points, on avait élevé une redoute en terre
avec un magasin blindé et des emplacements pour deux canons Krupp; l'ermitage avait été aménagé pour servir de
casernement. A Montolivet, on avait creusé une tranchée
autour du sommet et une autre sur un mamelon en avant,
avec une batterie à barbette pour deux canons Krupp et des
réseaux de fil de fer en avant comme défense accessoire; on
avait en outre construit une baraque en bois pour 120 hommes
destinée à loger le détachement. A Batet, on occupait l'é-
glise, le presbytère, la maison Puig et deux autres maisons
dont les intervalles avaient été bouchés par des barricades;
un canon Krupp y était en batterie. L'entrée des rues d'Olot
était fermée par des barricades crénelées.

La position de Castellfullit s'était trouvée immédiatement assurée par la construction d'un retranchement rapide sur la hauteur de Canadell; on avait aussi fortifié quelque peu la maison qui se trouve en ce point et achevé une batterie pour un canon Krupp; sur la hauteur du Cos, un autre canon Krupp était placé près de l'ermitage mis en état de défense; enfin, sur la chaîne de Ladebesa, on avait construit une redoute et retranché la maison voisine.

Au mois d'avril suivant, on reprit les grands travaux nécessaires pour transformer les fortifications provisoires d'Olot et de Castellfullit en ouvrages solides et permanents; ceux-ci furent complétement terminés en septembre sur le premier point et en août sur le second.

Il semble inutile d'insister sur l'importance du fait de l'occupation d'Olot qui vint surprendre les carlistes avant qu'ils eussent achevé leurs préparatifs. Un mois ou deux plus tard, Savalls aurait pu s'appuyer sur des ouvrages importants qui auraient constitué un camp retranché aussi redoutable et difficile à réduire que celui d'Estella. Avec les troupes nombreuses du *Somaten* qui eussent été tôt ou tard incorporées en grande partie dans l'armée carliste, les tercios eussent été transformés en bataillons actifs et il n'eût bientôt plus fallu que quelques améliorations dans l'organisation et l'administration pour faire des bandes catalanes une armée d'autant plus puissante qu'elle se sentait soutenue par une grande partie de la population sympathique à sa cause ou dominée par la peur. On se fût alors heurté aux plus grandes difficultés pour venir à bout de sa résistance et se rendre maître du pays.

Olot occupé par l'armée assurait au contraire la possession de la haute montagne de la province de Gérone et constituait une menace permanente contre Ripoll, San Juan

de las Abadesas et Camprodon; c'était en outre une place
de dépôt et une base suffisante pour les brigades actives
chargées d'occuper les points stratégiques de la vallée du
Ter, assez forte même pour couvrir la droite des corps qui
auraient à se porter au secours de Puigcerda par cette
vallée.

L'exécution même de l'opération fut conduite avec une
habileté digne d'éloges. Le général Martinez Campos, en faisant menacer Castellfullit par la colonne Camprubi arrivée
le 17 à Argelaguer, laissa jusqu'au dernier moment Savalls
indécis sur le véritable point d'attaque et surprit pour ainsi
dire les défenseurs des positions de Santa Cecilia et de Notre-
Dame de la Salud. Une fois maître de l'ermitage situé sur le
point culminant, il se trouvait en mesure d'appuyer l'attaque
du général Estéban, car, si les bataillons carlistes de Barcelone
avaient voulu défendre le col Sas-Vilas, il les eût facilement
enveloppés. Le résultat stratégique était ainsi déjà obtenu
par l'occupation de la ligne du Grau de Olot à San Iscle de
Pineda et il ne restait plus qu'à atteindre l'objectif tactique,
qui était la prise d'Olot et de ses hauteurs; la disposition des
troupes pour l'assaut de la Pinya sur la gauche et de Batet
sur la droite par les colonnes d'attaque, tandis que le bataillon des Arapiles tournait ce dernier hameau dans le cas où
l'ennemi y ferait résistance, montre avec quelle intelligence
et quelle prudence en même temps furent menées ces opérations dont les résultats heureux et décisifs ne coûtèrent
pourtant, grâce à ces sages mesures, que des pertes mi-
nimes.

IX

Siége de la Seo de Urgel.

Le général Martinez Campos avait pris le commandement de la Catalogne avec le projet bien arrêté d'entreprendre une seconde opération, plus difficile encore que la précédente et dont le but était de reconquérir la Seo de Urgel. La possession de cette place donnait en effet une grande force aux carlistes, non-seulement parce qu'elle les rendait maîtres d'un vaste territoire et leur offrait un solide point d'appui pour leurs opérations, mais plus encore parce que les partis qui, de l'étranger, leur faisaient passer des secours, se trouvaient encouragés dans leurs efforts en voyant le drapeau du Prétendant flotter sur une véritable place forte, difficile à réduire et célèbre par la résistance qu'elle avait tant de fois déjà opposée à des ennemis puissants.

Aussi, dès qu'Olot fut tombé au pouvoir de l'armée et que les ouvrages dont on l'entoura en eurent rendu la possession définitive, le général en chef s'appliqua-t-il à se rendre compte par lui-même des difficultés qu'on rencontrerait pour arriver jusqu'à la Seo de Urgel et pour y transporter le matériel de siége nécessaire; il voulut aussi savoir jusqu'à quel point les opérations pourraient être contrariées par les conditions climatériques du pays, car on ne parlait de toutes ces questions qu'avec beaucoup d'exagération. C'est dans ce but qu'il entreprit avec la brigade Nicolau, au mois d'avril, une reconnaissance dont il a été question plus haut.

Fixé désormais sur la valeur des obstacles qu'il aurait à

surmonter, il résolut d'entreprendre le siége au mois de juin
1875 et entama d'actives démarches auprès de la France
pour obtenir le libre passage du matériel nécessaire à travers
son territoire. Il paraissait en effet extrêmement difficile de
conduire celui-ci par terre jusqu'à Puigcerda, faute d'une
route carrossable de Ribas en Cerdagne et de voies de communication à travers le pays escarpé qui s'étend jusqu'à Pons
où s'arrête la route de Lérida. Les négociations étaient sur
le point d'aboutir, lorsque le général fut obligé d'ajourner
son expédition pour aller coopérer à la pacification du Centre
qui, dans le plan d'ensemble arrêté, devait être obtenue la
première.

Le général Martinez Campos se porta donc sur l'Èbre avec
les brigades Nicolau et Saënz de Tejada et se rendit maître
en quelques jours des deux forts de Miravet et de Flix que
les carlistes occupaient sur ce fleuve ; il pénétra ensuite dans
le Maestrazgo en menaçant le flanc gauche de l'armée de
Dorregaray qui, surpris par ce mouvement, abandonna Cantavieja à ses propres ressources et franchit l'Èbre à son tour
pour entrer en Aragon.

Après la prise de Cantavieja, on se mit à la poursuite de
Dorregaray qui avait fini par passer en Catalogne, et le général Martinez Campos était déjà arrivé à Lérida avec sa
division, le 15 juillet, lorsqu'il apprit que Savalls, à la tête
de forces nombreuses, traînant avec lui deux mortiers et
quatre canons, était devant Puigcerda ; le général en chef,
renforcé par la brigade Cathalan, s'y porta aussitôt et, devant
cette soudaine et vigoureuse offensive, Savalls fut obligé de
se retirer précipitamment, le 19, en abandonnant les deux
mortiers empruntés à l'armement de la Seo de Urgel ; les
carlistes se trouvaient ainsi privés de deux pièces très-utiles
qui allèrent grossir le parc de siége de l'armée.

Ce premier succès convainquit le général Martinez Campos
que, pour l'honneur de l'armée, il ne pouvait quitter la vallée
du Sègre sans entamer le siége de la Seo. Il envoya donc de
Puigcerda, par le télégraphe, l'ordre de rassembler à tout
prix à Barcelone le matériel nécessaire, dont une partie serait
amenée par la voie de France et le reste par Vich, Ribas et
le col de Tossas sous l'escorte des bataillons de renfort et
des troupes d'artillerie et du génie nécessaires pour faire le
siége.

La garnison de la ville et des forts de la Seo de Urgel se
composait de 1,300 hommes des 2e et 4e bataillons carlistes
de Lérida, aux ordres de Freixes et de Ceferino, de 68 artilleurs commandés par Segarra et d'une section du génie. Les
approvisionnements de vivres étaient considérables, mais
l'eau faisait défaut; les défenseurs pensaient toutefois pouvoir
en aller puiser la nuit dans la Balira. Le gouverneur Lizarraga, maréchal de camp carliste, était en 1868 lieutenant-
colonel du bataillon de chasseurs des Arapiles; nommé colonel
par suite de la promotion générale d'alors, il resta sans emploi:
homme énergique, bien doué pour le commandement, plein de
délicatesse et d'honneur, cet ancien officier avait une foi profonde, poussée jusqu'au fanatisme, dans la cause qu'il défendait; il avait donné la mesure de sa valeur en organisant et
commandant les forces de Don Carlos en Guipuzcoa. Sa
nomination au poste de gouverneur était incontestablement
un bon choix, car, de tous les chefs carlistes, c'était lui qui
présentait les plus sérieuses garanties de capacité pour défendre vigoureusement les forts de la Seo de Urgel.

En exécution des ordres du général Martinez Campos, on
organisa rapidement à Barcelone un convoi comprenant deux
canons Krupp de 8‰, des munitions et le matériel du génie; le colonel Ahumada, chef d'état-major, qui en avait la

conduite, le mit en route le 21 juillet, sous l'escorte des 14ᵉ
et 21ᵉ bataillons de réserve et de trois compagnies d'artillerie
à pied auxquels vinrent se joindre, à Granollers, une compagnie du génie et le 17ᵉ bataillon de réserve.

Ces troupes, après avoir passé le défilé de Congost, arrivèrent à Vich où elles furent encore renforcées d'une compagnie du génie et de quatre pièces Plascncia et passèrent
sous le commandement du général Arrando qui devait, avec
sa division forte de 5,000 hommes, protéger la marche de
la colonne.

Sachant que Savalls et Alvarez, à la têtc des bataillons de
Valence et de Catalogne, l'attendaient à San Quirse dans les
positions de la droite du Ter pour intercepter le convoi, le
général se dirigea de Vich sur Alpens, tournant ainsi la
droite des carlistes, tandis que la division Weyler (3ᵉ de
l'armée du Centre) les menaçait de front. Cette manœuvrc
obligea l'ennemi à abandonner ses positions qui furent
aussitôt occupées par la division Arrando, et le convoi put
franchir sans difficultés les défilés de San Quirse et de
Ripoll.

A partir de Ribas où finit la route, la marche devint plus
pénible et les compagnies du génie durent rendre praticas
bles les chemins existant jusqu'au col de Tossas occupé par
les troupes du général Martinez Campos; de là, la colonne
et le convoi descendirent sans peine en Cerdagne jusque devant Puigcerda.

Le général Arrando avait l'ordre de faire rejoindre la colonne Ahumada par les trois compagnies du génie qui se
trouvaient dans la province de Gérone depuis l'occupation
d'Olot; mais l'importance capitale des travaux en cours
d'exécution dans cette province ne permit pas de les en
distraire, de sorte que le général en chef se trouva privé de

leur secours; dans les premiers jours du siége, il ne disposait que des troupes suivantes:

BRIGADES.	Bataillons.	Escadrons.	Compagnie [1].	Batteries.	Hommes.	Chevaux.	Canons [2].	OBSERVATIONS.
Nicolau	3	1	»	1	2,280	80	4	1. $^1/_2$ compagnie du génie.
Saënz de Tejada . .	3	1	»	1	2,300	80	4	2. Canons de montagne, système Plasencia.
Cathalan	3	1	»	$^1/_2$	2,250	100	2	
Non embrigadés. . .	1	$^1/_2$	$^1/_2$	»	900	40	»	
Total. . .	10	$3^1/_2$	$^1/_2$	$2^1/_2$	7,730	300	10	

Puigcerda servait de base d'opérations contre la Seo de Urgel ; la distance entre les deux villes peut être parcourue en dix heures et chaque jour des convois de vivres partaient de la première pour le camp des assiégeants, sans que leur marche ait jamais été inquiétée par l'ennemi. Cet éloignement de la base présentait sans doute de nombreux inconvénients pour la conduite du siége; mais si l'on n'eût pas été maître de Puigcerda, il eût été tout à fait impossible de songer à reconquérir la Seo de Urgel ; aussi s'explique-t-on facilement l'empressement avec lequel le général Martinez Campos accourut au secours de la première de ces places.

Dès le 21 juillet, on s'occupa d'améliorer le chemin de Puigcerda à la Seo de Urgel, qu'il fallait élargir pour y faire passer les voitures; l'exécution des travaux fut protégée par la brigade Saënz de Tejada répartie en détachements dans les villages et sur les hauteurs le long du chemin.

L'investissement de la place, nécessaire avant toute autre opération, fut exécuté avec succès par les brigades Nicolau et Cathalan, le 22 juillet, et assuré par l'occupation d'Alas, d'Anserall, d'Adrall, d'Arfa et des hauteurs de La Bastida, de

Navinès et du Pla de las Forcas. Malgré cela, le blocus ne pouvait être absolument rigoureux à cause de la configuration escarpée du pays que sillonnent de nombreux ravins

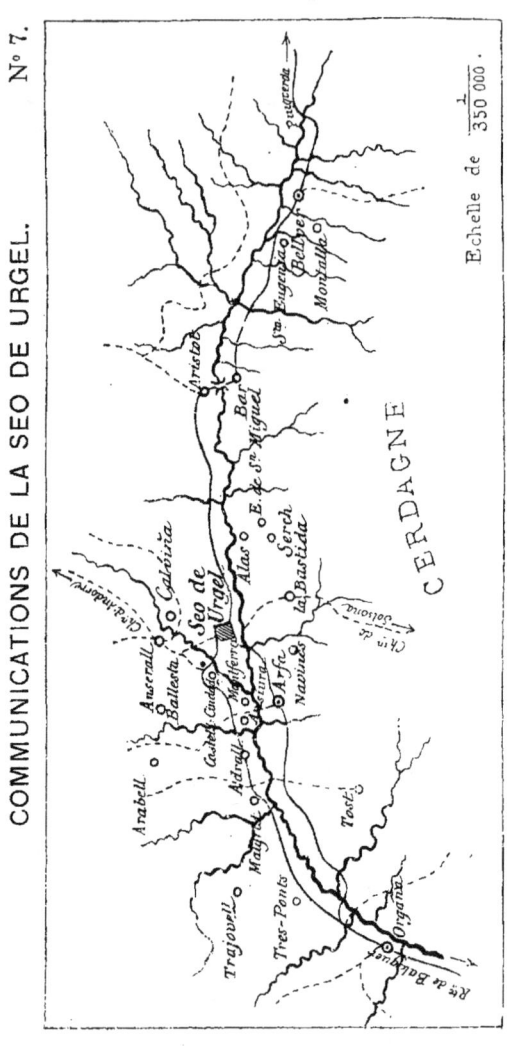

cachés aux vues, par lesquels des hommes isolés, courriers ou espions, peuvent entrer et sortir. De tous les chemins qui conduisent à la Seo, le plus dangereux pour l'armée assiégeante était celui d'Organa par Tres-Ponts et on regardait presque comme impossible d'arrêter les troupes de secours, si elles venaient à se présenter de ce côté : on résolut donc de rendre ce chemin impraticable et le colonel D. Luis Pando, capitaine du génie, fit exécuter à cet effet les travaux nécessaires.

La garnison fit, le 26, une sortie dans laquelle elle parvint à enlever huit soldats prisonniers. Castells et Dorregaray se montrèrent le lendemain sur les hauteurs les plus éloignées en vue de la place; mais ils se bornèrent à quelques démonstrations et disparurent. On apprit en même temps que, dans le courant de la nuit, la garnison s'était renfermée dans les forts après avoir abandonné la ville dont l'armée prit immédiatement possession.

Le 28, les forts ouvrirent le feu contre la ville; quatre canons Plasencia, en batterie sur un mamelon près du village d'Alas, leur répondirent tandis que la brigade Saënz de Tejada se concentrait à la Seo. Le lendemain 29, la prise du hameau de Monferrer près d'Arfa, enlevé sans grandes pertes, permit de rendre l'investissement complet en assignant aux troupes de blocus les positions suivantes :

La brigade Nicolau avait son quartier général à Alas et occupait l'ermitage de San Miguel, les maisons de Belloch, Tres-Torres, La Bastida et les hauteurs de Navinès, c'est-à-dire le secteur est et sud-est du blocus.

La brigade Saënz de Tejada était chargée des secteurs nord et ouest; elle avait son quartier général à Anserall et se développait sur la ligne des hauteurs depuis le Pla de las Forcas jusqu'à Ballesta, par Calviña et Anserall.

La brigade Cathalan, avec Arfa pour quartier général, était établie sur les hauteurs de Monferrer et d'Ansiura et fermait ainsi les secteurs sud-est et sud-ouest.

Le grand quartier général était à la Seo, où se trouvaient l'artillerie à pied et un bataillon de la brigade Nicolau.

Le bataillon provincial de Castellon et la garnison de Puigcerda (6 compagnies de Navarre) gardaient le chemin de Puigcerda à la Seo, avec des détachements à Bellver, Montellar, Aristot, Martinet, Bar et Pont de Bar. La cavalerie fournissait des patrouilles qui parcouraient sans cesse la route et détachaient des hommes par groupes de deux pour le service de courriers.

Les convois de vivres étaient amenés chaque jour par les mulets de l'administration militaire, comme on l'a déjà dit, et au besoin par ceux de l'artillerie quand les premiers ne suffisaient pas.

Le cercle de l'investissement se trouvait complétement fermé, le 31 juillet, et l'on attendait d'un instant à l'autre le parc de siége pour commencer l'attaque en règle.

On comprend toutefois sans peine qu'une place comme la Seo de Urgel, avec des alentours si accidentés, n'est pas susceptible d'une véritable attaque régulière, dans l'acception habituelle du mot. Des batteries de plein fouet et d'enfilade secondées par des batteries de mortiers, isolées mais placées dans des points bien choisis et desservies au besoin par des boyaux de communication, suffisent en général avec un couronnement du chemin couvert et les derniers travaux préparatoires de l'assaut à amener la chute des places de cette espèce : Vauban, Laurillard et les divers auteurs qui ont écrit sur la poliorcétique, sont d'accord sur ce point; et, malgré les amères critiques qu'elles soule-vèrent à cette époque, les opérations du siége conduites d'après ces idées, n'en furent pas moins couronnées d'un plein succès.

Étant données les conditions dans lesquelles se trouvent les forts de la Seo de Urgel, le plan d'attaque le plus naturel, une fois la ligne d'investissement solidement établie, était de battre vigoureusement la position retranchée du Cuervo par le feu de nombreuses batteries, sous la protection desquelles des colonnes pourraient ensuite l'enlever d'assaut. Ce premier succès obtenu, une batterie établie sur la position conquise aurait combiné ses feux avec ceux des batteries directes de Monferrer et de Navinès, pour protéger la construction des boyaux de tranchée poussés en avant du coteau de Monferrer contre la citadelle; enfin, une dernière batterie à 200 mètres des escarpes de cet ouvrage y aurait ouvert une brèche, ce qui, selon toute probabilité, eût amené sans nouveaux travaux la reddition du fort, suivie certainement de près de la chute du château, comme l'avait déjà prouvé l'expérience des siéges précédents.

Tel fut aussi, à quelques légères modifications près, le plan adopté par le général Martinez Campos; il fit seulement attaquer la tour de Solsona en même temps que le Cuervo, de façon à menacer le château par cette attaque secondaire et à le réduire ainsi plus rapidement. Ce plan, comme on le verra plus loin, réussit en partie, bien qu'il ait dû être modifié par suite des circonstances.

Les deux premières pièces de 12% arrivèrent le 1er août et furent mises en batterie aux portes de la ville, près du séminaire, pour battre la tour de Solsona; mais au bout de peu de coups, les lumières s'étant trouvées dégradées, ces pièces durent interrompre leur tir et les canons de montagne continuèrent seuls le feu. De nombreux tirailleurs embusqués sur les rives du Sègre et de la Balira, ainsi qu'à Monferrer et sur le chemin d'Andorre, inquiétaient sans relâche les assiégés par leur fusillade.

Le second convoi, amené par voie de France, arriva le 7 août, et le 8 on recevait le troisième; ce même jour 8 août, un obus parti des forts alluma dans la ville un violent incendie.

Le 9, on donna l'ordre d'armer les batteries construites à Monferrer; pour arriver sur leur emplacement, il fallait passer la Balira près de son embouchure, au pied et sous le feu de la citadelle, puis remonter la pente de Monferrer par un chemin très-accidenté et en très-mauvais état.

A la tombée de la nuit, deux canons rayés de 12% avec les deux mortiers de 27% pris à Savalls sortirent de la Seo conduits par une compagnie d'artillerie et une compagnie du génie. En franchissant une fondrière où le chemin était très-étroit, les voitures versèrent et l'on ne put continuer la route à cause de l'obscurité et des difficultés matérielles; bientôt en outre la citadelle ouvrit sur ce point un feu de mitraille et de mousqueterie, si bien que, malgré la fermeté des officiers, malgré le courage et la bonne volonté de tous, le jour vint avant qu'on eût pu sortir du mauvais pas où l'on se trouvait arrêté.

Pendant toute la journée du 10, la citadelle tira pour mettre hors de service les pièces restées exposées à ses vues, sans arriver heureusement à faire d'autres dommages que de briser un rai d'une roue. La nuit venue, l'assiégé qui avait pu bien repérer son tir pendant le jour, continua un feu réglé de mitraille; mais on réussit néanmoins à transporter à Monferrer et à mettre en batterie les canons et les mortiers.

En même temps on avait construit à l'entrée de la ville, près de la porte de la Princesse, une batterie pour six pièces de 12%ₘ et deux autres à droite et à gauche du séminaire, chacune pour deux pièces de ce même calibre. Le 11 au matin, toutes les batteries étaient prêtes à ouvrir le feu ; elles comprenaient, outre les précédentes, d'autres batteries armées de canons de montagne à Las Forcas, Anserall, Navinès et Ansiura. Ces batteries avaient été construites, sous la direction exclusive des officiers du génie, par leurs compagnies et par les artilleurs avec le secours d'auxiliaires d'infanterie.

Avant de raconter les événements du 11 août, il n'est pas inutile de rappeler quelles étaient alors les forces de l'assiégeant ; voici leur composition, d'après des renseignements puisés à des sources authentiques :

1ʳᵉ *brigade :* Brigadier D. Carlos Nicolau. — Bataillons de chasseurs de Catalogne, de Barcelone et des Arapiles, 1 escadron de cavalerie et 4 canons Plasencia.

2ᵉ *brigade :* Brigadier D. José Saënz de Tejada. — Bataillons de chasseurs de Cuba et de Manille, 1 bataillon du régiment du Prince, 1 escadron de cavalerie et 4 canons Plasencia.

3ᵉ *brigade :* Brigadier D. Manuel Cathalan. — Régiment d'infanterie de Burgos, 1 bataillon du Prince, 1 escadron de cavalerie et 2 canons Plasencia.

Troupes non embrigadées. — Bataillon provincial de Castellon, 14ᵉ, 17ᵉ et 21ᵉ bataillons de réserve, 1 peloton de cavalerie formant l'escorte du général en chef, 2 ¹/₂ compagnies du génie, 3 compagnies d'artillerie à pied, 1 batterie et 1 section d'artillerie montée (avec 2 canons Krupp seulement, les 6 autres pièces n'étant pas encore arrivées), 1 batterie de montagne avec 4 canons Plasencia. — Garnison de Puigcerda : 6 compagnies de Navarre et 1 compagnie d'artillerie à pied. — Rondes volantes de partisans de Berga, Ribas et Puigcerda.

Le génie était commandé par le brigadier D. Felipe de la Corte.

Le total des troupes se décomposait comme il suit :

	Bataillons.	Compagnies.	Escadrons.	Batteries.	Section.	Hommes.	Chevaux.	OBSERVATIONS.
Brigade Nicolau . . .	3	»	1	1	»	2,280	80	Sur ce total, 1,700
Brigade Saënz	3	»	1	1	»	2,300	80	hommes étaient em-
Brigade Cathalan. . .	3	»	1	1	»	2,250	100	ployés à assurer les
Non embrigadés . . .	4	»	$^1/_2$	2	1	3,100	40	communications avec
Artillerie à pied . . .	»	4	»	»	»	360	»	Puigcerda.
Génie	»	$2^1/_2$	»	»	»	250	»	
Garnison de Puigcerda.	1	»	»	»	»	550	»	
Rondes volantes . . .	»	3	»	»	»	110	»	
Total. . .	14	$^1/_2$	$3^1/_2$	5	1	11,200	300	

Le tableau suivant indique le nombre et la position des batteries ainsi que leur armement (*voir le croquis n° 2, p. 99*) :

EMPLACEMENTS.	CANONS RAYÉS DE			Mortiers de 27c/m. en bronze.	OBJECTIFS.
	12c/m. en bronze.	8c/m. Krupp.	8c/m. Pla- sencia.		
Séminaire	2	»	»	»	Tour de Solsona.
Séminaire	2	»	»	»	Tour de Solsona.
Princesse.	6	»	»	»	Citadelle et château.
Navinès	»	2	4	»	Citadelle et Cuervo.
Monferrer	2	»	»	2	Citadelle.
Ansiura	»	»	2	»	Cuervo d'enfilade.
Ermitage de S. Marcos.	»	»	4	»	Cuervo de plein fouet.
Pla de las Forcas. . .	»	»	2	»	Cuervo.
Anserall	»	»	2	»	Tour de Solsona.
Total. . .	12	2	14	2	
			30		

Toutes ces batteries ouvrirent simultanément le feu, le 11 août à 9 heures du matin, et le soutinrent vivement jusqu'à midi ; l'artillerie de la place fut promptement réduite au silence.

Les colonnes d'attaque tenues toutes prêtes se mirent à la fois en marche à midi et furent reçues à coups de fusil par l'ennemi qui occupait les tranchées du Cuervo. Le brigadier Saënz de Tejada, parti du pied de l'ermitage de San Marcos avec les bataillons de Cuba et de Manille, avançait de front par le versant ouest de la montagne. Le colonel Bonanza, avec 4 compagnies de Barcelone et 4 autres des Arapiles, menaçait de tourner la position par le nord tandis que le brigadier Cathalan, avec 4 compagnies du Prince, arrivait par la gorge d'Ansiura et l'enveloppait par le sud. Les colonnes atteignirent toutes à la fois le sommet du Cuervo que l'ennemi abandonna pour se retirer dans la citadelle ; elles n'avaient perdu dans cette attaque que 2 morts et 18 blessés.

Une demi-heure après l'ouverture du feu contre le Cuervo, le colonel Pando, avec 4 compagnies de Catalogne et 4 autres du Prince, s'était approché de la tour de Solsona et en avait fait la reconnaissance.

Quand le Cuervo eut été enlevé, cette colonne se porta contre la tour de Solsona sous la protection de l'artillerie, et trois compagnies se jetèrent dans le fossé pour dresser des échelles et donner l'assaut ; mais ces échelles furent rompues par les grenades et les pierres que faisaient tomber les défenseurs et l'on essaya en vain d'en employer de plus courtes ; dans l'impossibilité d'atteindre la crête, les compagnies restèrent deux heures dans le fossé, avec le colonel Pando, à feindre de miner l'escarpe qu'elles ne pouvaient, malgré tous leurs efforts, parvenir à escalader ; enfin, quelques soldats réussirent à pénétrer dans l'ouvrage par une embrasure et causèrent une telle panique parmi les défenseurs que ceux-ci abandonnèrent la tour et se réfugièrent dans le château. La prise de la tour coûtait à l'armée 10 morts, 39 blessés et un grand nombre d'hommes contusionnés.

Dans la soirée du même jour, on fit canonner Castell-Ciutat pour gêner les communications entre le château et la citadelle, et, pendant la nuit, on rapprocha les tirailleurs pour fusiller tout ce qui se montrerait sur les remparts, tandis que le génie commençait la construction d'une batterie en sacs à terre sur le Cuervo.

Le 12, à la suite de plusieurs incendies allumés à Castell-Ciutat, on permit de faire sortir du village les vieillards, les femmes et les enfants ; les batteries de Monferrer et de Navinès continuèrent le feu contre la citadelle.

Le 13 août, Castells signalait sa présence dans les environs de la place, en canonnant Arabell et menaçant Ballesta ; des tirailleurs vinrent même assez près pour inquiéter le détachement de la sierra de Navinès ; mais ils se retirèrent sans attendre les troupes envoyées contre eux [1].

Le même jour, le colonel Pando fut grièvement blessé en faisant une reconnaissance dans les environs de la tour de Solsona. Le général renonça alors à continuer l'attaque contre le château à cause des difficultés qu'elle rencontrait et fit transporter les pièces des batteries du séminaire dans celle qu'on venait de construire au Cuervo.

---

1. Dans un livre publié en 1877 à Paris sous le titre de : *Recuerdos de la guerra civil. — La Campaña carlista* (1872-1876), par D. Francisco Hernando, on lit que, dans la nuit du 13 au 14 août, dix-sept déserteurs carlistes, partis de Castell-Ciutat, eurent le malheur de tomber entre les mains des soldats qui les fusillèrent. Pendant le siége, on n'a jamais fusillé personne, et cette calomnie bonne peut-être à propager parmi les défenseurs de la Seo pour arrêter les désertions quotidiennes qu'avoue l'auteur, n'aurait pas dû trouver place dans un ouvrage qui a la prétention d'être impartial.

Six canons Krupp, arrivés le 14 avec un convoi de France, furent en outre répartis dans les batteries existantes conservées qui se trouvèrent alors armées comme il suit :

BATTERIES.	CANONS RAYÉS DE			Mortiers de 27% en bronze.	OBJECTIFS.
	12% en bronze.	8% Krupp.	8% Plasencia.		
Princesse.	6	»	»	»	
Navinès	»	4	6	»	Citadelle.
Monferrer	2	2	»	2	
Cuervo.	4	»	4	»	
Pla de las Forcas . .	»	2	4	»	Château et citadelle à revers.
Total. . .	12	8	14	2	
	36				

Ces batteries entretenaient un feu très-vif auquel répondaient les pièces de la place, qui parvinrent même à démonter un canon de 12% dans la batterie du Cuervo. Les autres canons de ce calibre, qui armaient les diverses batteries, eurent, pour la plupart, leur lumière mise hors de service par leur propre tir.

Pendant la nuit du 16, Castells, avec 3 bataillons catalans et 2 aragonais, vint attaquer les batteries de la sierra de Navinès et essaya de les surprendre en se présentant comme ami. Mais les soldats, s'étant aperçus de la ruse, ouvrirent depuis les tranchées le feu contre les carlistes qui furent obligés de reculer ; cependant, dans leur premier élan, ils avaient enveloppé une compagnie du 14e bataillon de réserve et lui avaient fait de nombreux prisonniers.

Le capitaine d'artillerie Correa, commandant la batterie, s'apercevant que l'ennemi essayait de tourner la position par la droite, fit diriger de ce côté un canon Plasencia qui ne

tira pas moins de 24 coups à mitraille avant de forcer les
carlistes à battre en retraite. En même temps arrivaient les
troupes de secours, entre autres quatre compagnies de Catalogne qui achevaient de décider l'affaire, tandis que quatre autres compagnies de Manille, avec le lieutenant-colonel
Fuentes, aide de camp du général en chef, se jetaient sur la
ligne de retraite de l'ennemi dont cette attaque précipitait
la fuite.

Quelques carlistes parvinrent cependant à traverser la
sierra et à se sauver par le versant du Sègre, ce qui montre
avec combien d'audace et de confiance ils avaient entamé
l'action.

Le 17, pendant que le vapeur *Express* chargeait, dans le
port de Barcelone, des munitions de siége à destination de
Cette d'où on devait les envoyer à la Seo de Urgel, il se produisit à bord une explosion dont les causes sont restées
assez mal connues, comme il arrive toujours en pareil cas.
Elle fit de nombreuses victimes et détruisit le chargement
du vapeur, de sorte que les pièces de siége commencèrent
bientôt à manquer de munitions et ne tirèrent plus que très-
lentement.

Ce ne fut pas là le seul contre-temps; l'ennemi, dont le
moral avait beaucoup faibli d'abord, reprit courage en voyant
l'attaque tentée par les siens contre les batteries de Navinès
ainsi que les feux qui s'allumaient toutes les nuits sur les
pics éloignés; ces signaux échangés avec eux par Castells et
Dorregaray décidèrent les assiégés à continuer une défense
énergique.

En même temps que Castells et Dorregaray inquiétaient
par le sud les lignes des assiégeants, Savalls avec 7,000
hommes marchait sur la Cerdagne et menaçait de couper
les lignes de communication. Dans ces circonstances criti-

ques et pour parer à ce danger imminent, la division Arrando se rendit d'Olot à Capsacosta, enleva par surprise cette position retranchée et, passant en vue de Camprodon, ville déclarée neutre et servant de dépôt pour les prisonniers de l'armée, arriva par les sommets des Pyrénées à occuper le col de Tossas avant que Savalls, qui l'attendait dans la vallée du Ter, se fût aperçu de son mouvement. La marche de cette troupe de 5,000 hommes, à travers un pareil pays, fut extrêmement pénible : au campement de Coma de Vaca, les hommes, sans vivres ni bois, en tenue d'été au milieu des neiges des Pyrénées, montrèrent une fois de plus avec quelle abnégation le soldat espagnol sait supporter les plus dures privations.

La division Estéban, de l'armée du Centre, arrivait en même temps de Solsona à La Bastida et remportait un succès à Labansa, en battant dans une petite affaire une bande qui venait attaquer son arrière-garde ; l'arrivée de ces troupes faisait disparaître pour le moment tout danger d'une attaque extérieure contre les lignes des assiégeants.

Mais ni l'une ni l'autre des deux divisions ne pouvait rester à l'armée de siége, les nécessités du moment rappelant la division Arrando dans la province de Gérone et la division Estéban dans la partie basse de la province de Lérida. Toutefois cette dernière laissa devant la Seo ses deux compagnies du génie, savoir : la compagnie de pontonniers du 3ᵉ régiment et la compagnie d'ouvriers de chemins de fer du 2ᵉ.

Le 18, on reçut enfin une machine à poser les grains de lumière pour réparer les canons de 12% momentanément hors de service.

Dès que la batterie du Cuervo avait été construite et armée, comme elle était bien placée pour protéger les travaux, on avait songé à entreprendre l'attaque régulière par

la côte de Monferrer. L'état-major et les compagnies du génie s'étaient donc transportés dans ce village où l'on établit
également le parc et les divers ateliers. Le 17, le major général avait fait tracer régulièrement un bout de parallèle qui
fut ouvert à la sape volante. Pendant les jours suivants, on
poussa en avant cinq boyaux en zigzags et l'on arriva ainsi,
le 22, à 200 mètres de la lunette de la citadelle, bien que
toutes les nuits l'assiégé inquiétât les travailleurs par un tir
à mitraille qui causa quelques pertes.

Le 19 on avait, des batteries de Monferrer, distingué un
trou dans l'escarpe de la lunette avancée de la citadelle et
l'on crut qu'on pourrait y établir un fourneau qu'on ferait
sauter à la dynamite pour ouvrir une brèche. A cet effet,
pendant la nuit suivante, le capitaine du génie Ortega, avec
quelques soldats de sa compagnie de mineurs, s'approcha
sans être vu, sauta dans le fossé et alla reconnaître le trou ;
mais celui-ci se trouvait beaucoup trop haut, à plus de 3 mètres au-dessus du fond du fossé ; on se borna donc à disposer
un sac de dynamite au pied de l'escarpe et à y mettre le feu.
L'explosion ne fit pas grand effet, comme on devait s'y
attendre, et l'on renonça alors à l'idée de faire brèche par
ce moyen.

C'est à ce moment que, faute de munitions, on dut ralen-
tir beaucoup le feu des batteries, mesure qui avait le grave
inconvénient de laisser aux assiégés tout le temps de réparer
leurs dommages et d'exposer ainsi l'armée à les retrouver,
à la reprise du feu, aussi forts que le premier jour puisqu'ils
étaient abondamment pourvus de vivres.

Dans ces conditions, on sentait la nécessité de ne reculer
devant aucune entreprise pour en finir à tout prix avec l'assiégé.

On résolut donc de tenter un coup de main contre la lu-

nette de la citadelle, et quatre compagnies du génie reçurent
l'ordre, le 21 au soir, d'enlever, dans la nuit même, cet
ouvrage que quatre compagnies de Burgos, tenues en réserve, occuperaient aussitôt qu'il serait pris. Deux des compagnies du génie devaient dresser quatre échelles pour donner
l'assaut, tandis que les deux autres pénétreraient par la caponnière de communication et iraient couper la retraite aux
défenseurs.

Les carlistes, bien qu'ils n'aient pas été surpris, laissèrent
approcher les sapeurs qui, une fois dans le fossé, durent
commencer par attacher leurs échelles deux à deux l'une
au bout de l'autre, parce que celles-ci, choisies d'après
des mesures prises sur des plans peu exacts, se trouvaient
trop courtes, mais quand on chercha à dresser les échelles
ainsi rallongées, les défenseurs firent un feu si terrible de
mousqueterie et de mitraille, accompagné d'une grêle de
grenades, qu'il fallut renoncer à l'entreprise. Le capitaine
du génie Bethencourt et plusieurs sapeurs furent blessés.

Dès le lendemain 22, on commença la construction d'une
batterie de brèche à la pointe des cheminements terminés, à
200 mètres seulement de l'escarpe. En même temps, les
boyaux les plus avancés furent organisés pour la fusillade,
afin de ne pas laisser de répit aux assiégés.

Sur ces entrefaites, le général Jovellar était arrivé le 21
au soir, amenant, outre son quartier général, le général
Montenegro avec la brigade Morales de sa division et une
section du génie.

Les rapports de tous les déserteurs s'accordaient à dire
que dans les forts l'eau manquait aux assiégés qui ne pouvaient s'en approvisionner qu'en descendant toutes les nuits
de Castell-Ciutat aux bords de la Balira. Cette situation suggéra
au général Martinez Campos l'idée d'occuper le village pour

empêcher les assiégés de se procurer de l'eau et précipiter ainsi la reddition des forts dont'la résistance pouvait'sans cela se prolonger longtemps, puisque les munitions s'épui- saient et que le corps de siége n'avait pas les moyens de les remplacer.

L'entreprise était téméraire et contraire aux règles de la guerre, car les troupes, une fois maîtresses de Castell-Ciutat, allaient s'y trouver bien aventurées sous les feux des deux forts, assez rapprochés pour lancer même des grenades dans le village ; mais il était urgent de prendre une grande dé- termination, et le général en chef, considérant le genre d'en- nemi auquel il avait affaire et le renfort que venait de lui apporter la brigade du Centre, résolut de tenter ce coup d'audace absurde en toute autre circonstance.

L'épisode de l'occupation de Castell-Ciutat n'a pas encore été raconté en détail ; voici la relation qu'en a faite le com- mandant D. Estanislao de Urquiza, alors capitaine du génie, qui eut l'honneur de prendre part à cette brillante affaire :

A la tombée de la nuit du 21 août et une demi-heure après mon arrivée à la Seo de Urgel avec la brigade de l'armée du Centre et son général en chef Jovellar, je reçus l'ordre de me joindre, avec l'unique section de ma compagnie que j'avais amenée, au bataillon de chasseurs de Manille chargé d'enlever Castell-Ciutat par surprise ; on avait, pour cette importante opération, choisi ce bataillon qui s'était déjà distingué quelques jours auparavant à l'attaque de la forte position du Cuervo.

En exécution de cet ordre, j'allai me présenter au colonel D. Fran- cisco Monleon, commandant le bataillon en question, qui, pour cette opération, disposait seulement de sept de ses compagnies formant en tout un effectif de 500 hommes environ ; les sapeurs n'étaient que 31, cadres compris ; les 12 autres étaient de garde auprès du général en chef et je n'avais pas le temps de les faire relever ; j'étais, avec ma petite troupe, le seul officier qui, dans la colonne, représentât à la fois le corps du génie et l'armée du Centre.

On se mit en marche à la nuit noire, dans le plus profond silence,

Types de de l'armée espagnole.

Infanterie :
Soldat. Officier.

Artillerie de montagne :
Officier. Canonnier-conducteur.

Lagarde, lieutenant du Génie espagnol

E. Guerrier, lith.

Lith. Berger-Levrault & Cᵉ à Nancy.

et pour gagner Castell-Ciutat, il fallut passer la Balira à gué avec de l'eau jusqu'à la ceinture et un courant assez rapide; deux sapeurs furent entraînés et ne purent rejoindre la section que le lendemain.

Sur la rive ennemie de la rivière, l'avant-garde de Manille surprit la première sentinelle, qui se trouva être un déserteur de l'armée ; le colonel Monleon lui offrit sa grâce s'il voulait servir de guide à la colonne et il accepta. Le bataillon partagé en deux poursuivit sa marche sur le village et, sans tirer un coup de fusil, fit prisonnier le poste avancé de huit hommes auquel appartenait la sentinelle, puis poussa rapidement en avant, en ordre et en silence. Les sentinelles aux abords du village, après avoir répété plusieurs fois *Qui vive?* crièrent *Halte !* à l'approche des troupes ; mais celles-ci continuèrent à avancer sans répondre, comme la consigne en avait été donnée, et en pressant le pas malgré les coups de fusil partis des premières maisons. Les trois ou quatre compagnies carlistes qui occupaient le village sortirent dans les rues en entendant la fusillade de la garde et se dispersèrent après avoir échangé quelques coups de feu qui nous mirent seulement un homme hors de combat ; les uns gagnèrent la citadelle ou le château, les autres se cachèrent dans les environs où plusieurs furent plus tard faits prisonniers.

Il n'était pas plus de neuf heures et demie du soir que, après cette affaire aussi heureuse que rapide, nous nous trouvions maîtres de Castell-Ciutat : le village n'offrait plus aucune espèce de ressources; il y restait à peine deux ou trois habitants ; une grande partie des maisons avait été ruinée par notre canon, le reste était en feu. Une fois la position conquise, le commandant de la colonne, pour repousser tout retour offensif, fit occuper les maisons voisines des forts et les barricades élevées par les assiégés; de mon côté, avec la section sous mes ordres et quelques chasseurs dirigés par leurs officiers, je m'occupai immédiatement d'achever de retrancher le village au moyen de barricades construites avec des bois, des pierres, des matelas, et tous les matériaux que nous trouvions dans les maisons. Pendant ce travail qui dura jusqu'au matin du 22, nous fûmes constamment exposés aux coups de fusil ainsi qu'à une grêle de pierres et de grenades que l'ennemi nous lançait au milieu des plus grossières injures. Pendant cette même nuit on essaya, mais en vain, d'éteindre quelques-uns des incendies ; ils avaient pris déjà des proportions trop considérables, nous manquions d'eau même pour boire et nous ne pouvions creuser ni dans les rues, ni dans les cours, pour les étouffer avec de la terre, sans compter que les tireurs des forts avaient toute facilité pour viser les sapeurs qui passaient devant les baies éclairées par la lueur des incendies.

Le matin du 22, les carlistes établirent dans les deux forts un grand nombre de tirailleurs qui, pendant toute la journée, nous causèrent des pertes assez sensibles et rendirent impossible le passage à travers les rues et la place parfaitement enfilées à bonne distance ; pour leur répondre, nos hommes s'embusquèrent derrière les barricades et dans les maisons dont je fis percer les murs de petits créneaux.

La troupe, qui n'avait pas pris un instant de repos la nuit précédente, continua à travailler pendant le jour, une partie, sous la surveillance de ses officiers, achevant les barricades cachées aux vues de l'ennemi, le reste, derrière les retranchements, répondant constamment au feu des tirailleurs, sans avoir autre chose à manger que la ration de pain que les hommes avaient apportée avec eux.

Castell-Ciutat est partagé par un chemin qui sert de communication entre la citadelle et le château et traverse la place du village au sommet du coteau sur lequel celui-ci est bâti ; le chemin et la place étaient complétement battus par les deux forts. Le grand nombre d'hommes frappés pendant la journée en traversant la place, me fit reconnaître la nécessité absolue de creuser un boyau de communication pour passer d'un côté du village à l'autre. Le colonel Monleon partageant aussi cette conviction, je m'occupai de réunir les matériaux nécessaires pour ce travail que je fis commencer, le 22 à huit heures du soir, par une équipe d'un caporal et de huit sapeurs. Le travail fut maintes fois interrompu parce que les assiégés, mis en éveil par le bruit des outils, lançaient avec beaucoup de précision des artifices éclairants, à la lueur desquels le château envoyait aussitôt des bordées de mitraille, qui nous blessèrent trois sapeurs.

Néanmoins, à onze heures du soir, le travail était achevé. Il consistait en une tranchée en zigzag de 60% de large et de 1 mètre de profondeur, défilée par le tracé et par des traverses faites de caisses remplies de paillasses, de matelas et de terre, placées de loin en loin perpendiculairement à sa direction.

Nous reçûmes enfin à dix heures du soir les vivres nécessaires en viande, pain et vin. La distribution se fit sur place sans interrompre les travaux qui furent continués pendant toute la nuit : la troupe ne pouvait prendre un instant de repos ; une partie veillait aux barricades, une autre était occupée à creuser de petits fossés derrière celles-ci pour se garantir de la grêle de grenades que l'ennemi ne cessa de lancer pendant toute la nuit, le reste travaillait à compléter les autres ouvrages de défense.

A onze heures et demie de cette nuit, qui fut de beaucoup plus périlleuse et fatigante que la précédente, les carlistes commencèrent à bombarder le village avec deux mortiers de 27% de la citadelle, qui nous envoyèrent plus de 60 bombes avec une grande justesse et mirent le feu à environ 30 maisons, ce qu'explique du reste l'habitude, générale dans tout le pays, de placer les récoltes et la paille à l'étage supérieur des habitations. A trois heures du matin du 23, notre situation était des plus critiques; les maisons étaient en feu, la chaleur et la fumée nous suffoquaient et nous manquions d'eau; le bombardement devenait de plus en plus violent et deux bombes étaient déjà tombées sur l'église transformée en ambulance où se trouvaient les blessés. Je reconnus alors, à l'inspection de l'édifice, que la nef n'avait qu'une voûte de briques et que le chœur, malheureusement trop exigu, était seul à l'épreuve. Lorsque j'en eus rendu compte au brave colonel Monleon, qui se multipliait pour visiter les points les plus dangereux et donner partout ses ordres, il prit aussitôt la résolution hardie de tenter d'évacuer les blessés sur la Seo de Urgel; on les installa donc sur des mulets et des litières, avec une compagnie de Manille pour escorte, et ils arrivèrent ainsi sans accident à destination, après avoir passé la Balira à gué sous le feu de l'ennemi.

Le bombardement cessa vers quatre heures du matin; mais la fusillade continua; les nôtres, malgré deux nuits et un jour passés sans aucun repos, y répondaient vigoureusement et, à la même heure, nos batteries rouvraient le feu; elles avaient dû se taire pendant la nuit dans la crainte d'aggraver encore notre situation déjà assez difficile, parce qu'elles ne pouvaient, à cause de l'obscurité, régler leur tir avec la précision que rendait nécessaire la proximité de nos positions et de celles de l'ennemi.

Dans la matinée du 23, le colonel Monleon reçut un pli du général Martinez Campos qui lui demandait s'il avait besoin de renforts et s'il voulait être relevé. Les renforts étaient inutiles, nous n'aurions même pas pu les recevoir, car il n'y avait déjà pas assez de place pour l'effectif présent; quant au second point, le colonel répondit que tous sans exception nous voulions, malgré la fatigue, attendre à nos postes la fin de la journée que nous avions commencée.

La fusillade cessa vers huit heures du matin et, quelques instants après, nous entendîmes battre la charge dans les deux forts; de profondes colonnes, pourvues de tourteaux incendiaires et dont je ne pus évaluer la force, en sortirent bientôt et s'élancèrent avec résolution contre nos postes; mais, arrêtées par le feu des barricades, elles furent toutes deux obligées de se retirer en laissant des morts sur le terrain. La tranchée que nous avions ouverte la nuit précédente servit pour amener à couvert sur les points menacés les troupes qui repoussèrent la sortie : deux sapeurs furent blessés en cette affaire.

Ce fut là le dernier et inutile effort des assiégés pour reconquérir la position dont nous nous étions emparés. Dans la matinée, quelques carlistes commencèrent à se montrer sur les remparts, en agitant leurs mouchoirs et criant aux sentinelles avancées : « Ne tire pas, Manille, nous allons nous rendre. » Deux ou trois individus en effet descendirent et vinrent se présenter au colonel Monleon en parlant de capitulation ; puis ils ajoutèrent qu'ils mouraient de soif et que cette souffrance était d'autant plus vive qu'ils n'avaient que de la morue sèche pour toute nourriture; ils venaient, disaient-ils, au nom de leurs compagnons, faire leur soumission et assuraient que, si leurs chefs voulaient prolonger la résistance dans l'espoir d'être secourus, eux ne voulaient pas attendre pour se rendre et sauraient au besoin les obliger à capituler. Le colonel leur répondit qu'il n'avait pas qualité pour traiter avec eux une semblable question et les envoya au général en chef. A la suite de ces ouvertures, les hostilités furent suspendues et, tout en parlementant, on permit aux défenseurs du château de communiquer avec ceux de la citadelle; les nôtres en profitèrent pour prendre, après les 44 heures de combat qu'ils venaient de soutenir, un repos bien nécessaire pour tous et en particulier pour les sapeurs, qui avaient commencé cette opération au moment où ils venaient à peine d'achever une marche fatigante entamée dès le matin du 21.

La suspension des hostilités fut marquée par un incident qui mérite d'être raconté. Sur le soir du 23, des groupes d'officiers et de soldats se promenaient sans méfiance sur la route, lorsqu'ils furent tout à coup surpris par un coup de canon parti du château : notre batterie du Cuervo y répondit immédiatement en envoyant un obus qui mit hors de combat quatre hommes, dont l'officier qui commandait l'artillerie du fort.

La trêve continua les 24 et 25, mais sans que notre colonne cessât un instant de fournir exactement son service de garde aussi bien de jour que de nuit, et quand la capitulation fut signée le 26 au soir, une compagnie de Manille occupa le château dont les défenseurs allèrent avec leurs armes rejoindre ceux de la citadelle.

Nous passâmes la nuit du 26 sur le qui-vive, parce qu'il n'était pas impossible que les carlistes voulussent essayer de percer les lignes des assiégeants, assez faibles à cause de leur grand développement; s'ils s'étaient jetés sur nous, notre situation eût pu être compromise.

Le 27 au matin, sur l'ordre du général en chef, je me rendis à la citadelle, où je m'entendis avec le gouverneur Lizarraga pour faire dresser un mât de pavillon sur le Macho; je fus obligé de me servir pour cela d'un écouvillon au haut duquel on hissa le drapeau quand les assiégés déposèrent leurs armes dans la plaine de la Seo, après être tous sortis de la citadelle et avoir défilé devant le bataillon de Manille et la section du génie rangés en bataille à la porte du fort.

L'occupation et la défense de Castell-Ciutat nous coûtaient 30 hommes, chiffre bien faible si l'on songe à l'importance de l'affaire et aux dangers courus.

Les chefs et les officiers de Manille furent admirables; la troupe se montra héroïque, les chasseurs aussi bien que les sapeurs que j'avais l'honneur de commander.

Dès que l'armistice avait été conclu, le 23, Lizarraga avait d'abord réuni son conseil et chassé comme traîtres quelques officiers qui avaient poussé à la reddition; mais ensuite, après avoir tenté sans grand succès de haranguer ses troupes rassemblées, il fit proposer au général Martinez Campos de lui rendre les forts, à condition que les défenseurs sortiraient avec armes et bagages et resteraient libres; celui-ci répondit que toute la garnison serait prisonnière, qu'elle n'aurait pas les honneurs de la guerre et qu'aucun objet de matériel ne devait être enlevé des forts. Lizarraga demanda alors une prolongation d'armistice de 24 heures pour réfléchir; le général y consentit et l'autorisa même à envoyer des exprès à Dorregaray et à Castells, pour bien se convaincre qu'il ne devait plus en attendre de secours.

La suspension d'armes fut troublée le 25 par une alerte; on crut que les carlistes attaquaient les batteries de Navinès; mais ce n'était qu'un détachement de Dorregaray qui, chargé de faire une reconnaissance, était venu se heurter aux avant-postes avec lesquels il se bornait à échanger quelques coups de fusil. Dans la même journée, des soldats arrêtèrent un officier carliste porteur d'une lettre de Dorregaray à Lizarraga ainsi conçue :

« Labansa, 24 août 1875. — Mon cher Antonio, je suis
« ici ·depuis hier avec 6 bataillons. Le Roi m'a écrit pour
« me dire de mettre tout en œuvre pour faire lever le siége
« de la place. Me connaissant comme tu me connais, je n'ai
« pas besoin de te dire que je tenterai tout pour y arriver ;
« j'attends Castells cette nuit et nous unirons nos efforts pour
« te secourir. Dis à ta brave garnison de ne pas perdre cou-
« rage, et si tu as besoin d'un bataillon pour la renforcer, fais-
« le moi savoir ; il est entendu que, la nuit qui suivra le reçu
« de ta réponse, il s'approchera de la place et fera le signal
« ou donnera le mot que tu m'indiqueras pour se faire re-
« connaître et entrer dans la place. — Savalls est du côté
« de la Cerdagne, avec 14,000 hommes, me dit-on, tant
« bataillons que somatènes, ce qui paraît confirmé par le fait
« que Jovellar se porte en hâte dans cette direction avec la
« plus grande partie de ses forces. — Je lui communique
« aussi la lettre de Sa Majesté pour que nous agissions tous
« d'accord. — Adieu pour aujourd'hui et crois bien que je
« reste toujours ton ami tout dévoué. — Antonio DORREGA-
« RAY. — Offre mes compliments et mes respects au véné-
« rable et brave Évêque. — *Officiel :* — Une note du prince
« Gortchakoff défend à la France de laisser passer librement
« les munitions de guerre destinées à l'ennemi. »

Après avoir lu cette lettre, le général Martinez Campos la fit remettre à Lizarraga en l'autorisant à se concerter avec Dor-regaray ; il alla même jusqu'à donner des chevaux aux offi-ciers assiégés qu'on envoya pour remplir cette mission ; mais ni Dorregaray, ni Castells ne firent le moindre mouvement le 26, et alors Lizarraga se décida à signer la capitulation sur les bases suivantes :

1° La garnison restera prisonnière et recevra les honneurs de la guerre à Castell-Ciutat ; elle déposera ses armes entre Castell-Ciutat et la Seo.

2° MM. les commandants et officiers garderont leurs équipages et tous les effets qui sont leur propriété.

3° Ils seront compris dans les échanges conformément aux bases admises actuellement ou qui pourraient l'être plus tard.

4° La garnison du château passera à la citadelle, où elle restera jusqu'à six heures du matin, heure à laquelle ce fort sera rendu aux troupes.

5° Le commandant en second ou un officier désigné à sa place, un officier d'artillerie et un officier d'administration, resteront au château pour faire la remise du matériel.

6° Les prisonniers pour délits de droit commun seront livrés aux autorités avec les dossiers des affaires.

La capitulation, portant la date du 26 août, fut signée pour l'armée par les généraux Jovellar et Martinez Campos, pour les carlistes, par le général Lizarraga.

La garnison défila, le 27 au matin, devant le corps de siége rangé depuis la ville jusqu'à la citadelle ; à 8 heures le pavillon national d'Alphonse XII était arboré sur les forts et salué par les salves des batteries de siége.

L'armée se mit en marche le 28, laissant à la Seo de Urgel la brigade Cathalan et les troupes du génie nécessaires pour faire les réparations les plus urgentes dans les forts et en particulier dans la citadelle.

Par suite de la capitulation des forts, un maréchal de camp, un évêque, 148 officiers de tous grades, 877 hommes de troupe et 108 blessés furent faits prisonniers. Pendant le siége, 130 hommes avaient déserté et étaient venus se rendre à l'assiégeant.

Il restait dans les forts 4 mortiers, 6 obusiers de 16%, 6 canons de 15%, 29 de divers calibres et 2 canons Krupp rayés de 8%. Il y avait de grands approvisionnements de blé, de riz, de salaisons et de morue; mais le vin était rare et l'eau manquait absolument. Les assiégés avaient fait à l'intérieur de grands travaux pour réparer les dégâts causés par le feu; mais ils avaient été en général dirigés sans grande intelligence.

Les pertes des assiégeants, d'après les documents officiels, s'élevaient à 28 morts, 160 blessés et 48 prisonniers.

Les batteries de siége avaient consommé 3,808 obus de 12%, 314 bombes de 27%, 3,215 obus Plasencia, 3,033 obus Krupp et 13 boîtes à mitraille, total 10,383 coups dirigés pour la plupart contre la citadelle.

Sans vouloir juger la manière dont furent conduites les opérations du siége, on doit reconnaître que, si pour quelques-unes d'entre elles on s'est écarté des règles admises, on ne l'a fait que sous la pression de circonstances graves; les faits sont d'ailleurs venus justifier la nécessité de ces mesures exceptionnelles.

Les munitions en effet se trouvaient presque entièrement épuisées, sans qu'on eût le moyen de se réapprovisionner; d'autre part, Dorregaray et Castells, à la tête de troupes nombreuses, manœuvraient dans les environs pour secourir la place et couper les communications de l'armée assiégeante; dans de semblables conditions, il fallait à tout prix brusquer le dénouement qu'une attaque conduite régulièrement n'eût sans doute pas permis d'atteindre.

A la guerre, il est à la portée de tous de suivre pas à pas les préceptes enseignés dans les livres; mais un général de talent doit savoir s'en écarter à propos suivant les conditions particulières de la campagne et l'espèce d'ennemi qu'il a devant lui.

X

Campagne de la pacification.

La Seo de Urgel, cette place sur laquelle les carlistes fondaient de si grandes espérances, était tombée au pouvoir des troupes du général Martinez Campos, comme y était déjà tombé Olot, centre de leur vie politique.

Le plan du général avait complétement réussi et l'espoir de voir bientôt finir la guerre s'assurait de plus en plus; personne pourtant n'eût encore pu songer qu'elle se terminerait aussi vite qu'elle le fit.

La pacification complète de la Principauté était une entreprise ardue et difficile; les carlistes y étaient encore puissants, et avec les renforts qu'ils avaient reçus du Centre, ils y disposaient des forces suivantes :

TROUPES CATALANES.	Ba-taillons.	Esca-drons.	Hommes.	Chevaux.
1re division.	10	3	5,000	200
2e —	9	2	4,500	130
TROUPES DU CENTRE.				
Brigade Adelantado.	3	2	1,500	130
Division aragonaise de Gamundi	6	5	4,000	300
— valençaise d'Alvarez	6	3	4,000	200
Total.	34	15	19,000	960

Savalls avait remis le commandement au vieux chef de guérillas Castells, qui semblait décidé à réorganiser ses forces et à résister à outrance.

Les troupes disponibles pour combattre les carlistes comprenaient :

1° L'armée de Catalogne forte de 37 bataillons d'infanterie, 3 bataillons irréguliers de francs-tireurs, 12 tercios de rondes volantes, 18 escadrons de cavalerie, 12 canons Krupp de campagne et 32 canons Plasencia de montagne, 1 bataillon du génie et 1 régiment d'artillerie à pied.

Une partie de ces troupes était endivisionnée et embrigadée ; le reste fournissait les détachements ; les divisions, brigades et colonnes volantes étaient organisées comme il suit :

	Bataillons.	Chevaux.	Canons Plasencia.
Division Arrando	6	160	6
Colonne de l'Ampurdan.	2	120	2
Brigade Nicolau.	3	80	4
— Bonanza	3	80	4
— Acellana	3	50	2
— Mola y Martinez	2	50	2
— Araoz	3	80	4
Colonne Vallejo.	$1/2$	50	»
— Martinez Lacussant.	$1/2$	50	»
Brigade Cathalan	4	100	4
Colonnes volantes de la province de Tarragone . . .	3	120	4
Total.	30	940	32

2° Les troupes de l'armée du Centre passées en Catalogne, savoir :

	Bataillons.	Chevaux.	Canons.
1re division : Général Montenegro ; brigades Moralès et Cassola.	7	320	8
2e division : Général Chacon ; brigades Lasso et Molins.	8	320	8
3e division : Général Estéban ; brigades Bayle et del Campo.	7	320	8
Brigade de cavalerie Moreno del Villar.	»	640	»
Total.	22	1,600	24

En résumé, les troupes placées sous les ordres du général Martinez Campos formaient, au commencement de septembre 1875, un total de :

	Ba-taillons.	Esca-drons.	Canons.	
Divisions, brigades et colonnes volantes de l'armée de Catalogne	30	12	32	12 canons Krupp de campagne étaient en outre tenus en réserve à Barcelone.
Divisions de l'armée du Centre.	22	20	24	
Détachements en garnison dans les villes et postes fortifiés	10	6	»	
Total. . .	62	38	56	

auquel il convient d'ajouter les rondes volantes, les troupes d'artillerie, du génie, etc..., de façon que l'ensemble pouvait en définitive s'élever à :

59 bataillons d'infanterie à. . .	700 hommes.	41,300 hommes.
3 bataillons de francs-tireurs .	300 —	980 —
12 tercios de rondes	350 — environ. .	4,160 —
38 escadrons	80 —	2,840 —
1 bataillon et 2 compagnies du génie		900 —
1 régiment d'artillerie à pied		1,400 —
Artillerie montée et artillerie de montagne.		1,500 —
Total		53,080 hommes.

L'armée qui opérait en Catalogne comptait ainsi 53,000 hommes, avec 3,000 chevaux et 68 pièces de campagne ; elle n'atteignait donc pas le triple de l'effectif des carlistes, ce qui, eu égard à la configuration du pays et au genre de guerre, ne lui assurait pas une grande supériorité.

Au début, l'armée se borna, selon les vues du général en chef, à parcourir le pays pour ébranler, par de fréquents engagements, le moral de l'ennemi déjà très-abattu par les revers de Cantavieja et de la Seo de Urgel. Dans le courant de septembre où commencèrent les véritables opérations, il y eut diverses affaires dont les plus importantes furent celles de la Nou, de Montesquiu et de la Sellera, à la suite desquelles l'ennemi chercha à éviter les rencontres. Le nombre de ceux qui se présentaient pour demander l'*indulto* était chaque jour plus considérable ; la désorganisation des forces carlistes se manifestait ainsi clairement et, une fois commencée, ne devait pas tarder à devenir complète.

Pendant tout le mois de septembre, Dorregaray chercha à sortir de la province de Lérida pour aller, par le haut Aragon, rejoindre les rebelles du Nord ; mais les cinq brigades qui manœuvraient de ce côté l'empêchèrent d'exécuter son projet.

Sous la protection des brigades, les garnisons des points fortifiés coopéraient au plan général en faisant des sorties jusqu'à quatre ou cinq lieues de distance, pour recouvrer les contributions, faire des prisonniers, surprendre les commandants d'armes et les patrouilles carlistes et rester de cette façon maîtresses du pays dans l'étendue de leur circonscription.

Les points fortifiés existants ne suffisant pas pour occuper complétement le pays, les centres importants par eux-mêmes ou par le rôle qu'ils pouvaient jouer, mais abandonnés jusquelà, comme Ripoll, Solsona, Tremp et Calaf, furent réoccupés ainsi que beaucoup d'autres, comme Martorell et le défilé de Casa-Massana. Pour tenir ces points, il suffisait presque partout d'un poste de sûreté mis sommairement en état de défense, pour servir de réduit à la petite garnison qui y restait quand la brigade mobile s'éloignait à quelques heures de marche.

A la fin de septembre, le général en chef se transporta à Gérone pour entamer les véritables opérations. Il partagea la division Arrando en demi-brigades commandées par des

colonels et composées chacune de deux bataillons, 50 chevaux, une section d'artillerie de montagne et une ronde volante ; la colonne de l'Ampurdan, composée comme on l'a vu
plus haut, forma la 4ᵉ demi-brigade de la province.

Une zone déterminée fut assignée à chaque demi-brigade
et l'on commença par occuper Besalu, Bañolas, Anglès, Amer,
Santa Coloma de Farnès et San Hilario qu'on fortifia ; on
fortifia de même l'auberge du Grau, dans le défilé célèbre
du même nom que traverse le chemin de Vich à Olot, les
ermitages du Far et de la Salud qui assuraient les passages
principaux de la chaîne de ce nom et celui de Notre-Dame
del Coll, dans les Guillerias ; ces derniers postes reçurent
des détachements de 50 à 100 hommes qui parcouraient sans
relâche le pays et en assuraient la possession. On donna en
outre des armes aux populations libérales de l'Ampurdan
et de la côte, de façon qu'il suffit de très-faibles colonnes
pour y assurer la tranquillité.

Les trois demi-brigades de la montagne qui avaient pour
centres Olot, Amer et Santa Coloma, commencèrent par faire
des perquisitions minutieuses dans les fermes de leurs zones
respectives et découvrirent dans plusieurs d'entre elles des
cartoucheries et même des canons qui y avaient été cachés.
La poursuite des bandes ennemies n'en était pas poussée
moins activement ; Gamundi, entré dans la province avec
1,500 hommes, fut pourchassé par la demi-brigade Fuentes
qui le rejeta sur la demi-brigade Camprubi installée à l'ermitage du Far ; il dut, dans ces conditions, accepter, le
3 octobre à San Marti de Cantallops, un combat dans lequel
sa troupe perdit de nombreux prisonniers et fut complète-
ment désorganisée.

Lorsqu'il eut ainsi imprimé sa propre activité aux colonnes
de la province de Gérone, Martinez Campos, sûr que de ce

côté son plan était bien compris et serait exécuté à la lettre, transporta son quartier général à Vich; là, il subdivisa de même les brigades Nicolau et Bonanza ainsi que la division Chacon et leur partagea la surveillance de la zone qui s'étend depuis les Guillerias au Llusanès, y compris la plaine de Vich et le cours supérieur du Ter. Il donna l'ordre de battre constamment le pays et l'on découvrit ainsi des fabriques de munitions, des canons et des armes, en même temps qu'on dispersait les petits partis. Les garnisons de Vich et de San Celoni visitaient sans cesse les hauteurs du Congost pour assurer la liberté des communications par ce passage difficile.

Bientôt, grâce à l'occupation de Calaf et à l'activité déployée dans la poursuite par les troupes de la brigade de Tarragone, cette province se trouva entièrement débarrassée des carlistes. La province de Gérone fut définitivement pacifiée à son tour, le 31 octobre, les quatre bataillons carlistes de cette province étant venus en masse, commandants et officiers en tête, faire leur soumission. Ceux de Barcelone déjà très-réduits, avec d'autres de Lérida et un bataillon de Tarragone, formaient encore, sous les ordres de Castells, un parti de 1,800 hommes environ qui, se dispersant ou se concentrant suivant les circonstances, parcourait le bassin supérieur du Llobregat et décrétait avec emphase le blocus de Berga. L'affaire d'Espinalbet, à la suite de laquelle un bataillon de l'armée fut obligé de se retirer dans la place, semblait devoir rendre courage au petit corps de Castells, lorsque le général en chef arrivant avec les brigades Bonanza, Mola y Martinez et la demi-brigade Fuentes, fit lever le soi-disant blocus et donna une nouvelle impulsion aux opérations de ce côté.

Pendant tout le mois d'octobre, Dorregaray, avec la ma-

jeure partie des bandes du Centre qui ne s'étaient pas désor-
ganisées en Catalogne, chercha à se jeter en Aragon ; après
une série de marches et de contremarches, il finit par surprendre le passage de la Noguera Ribagorzana et par entrer
en Navarre, non sans avoir toutefois subi une défaite dans
le haut Aragon. Privées de son appui et de sa direction, les
bandes catalanes de Lérida ne tardèrent pas à se dissoudre
et la plus grande partie de ceux qui les composaient vinrent
demander l'*indulto ;* quelques-uns seulement allèrent rejoindre Castells.

Le mois de novembre commençait donc sous les meilleurs
auspices. L'insurrection se trouvait refoulée dans la haute
montagne de la province de Barcelone, où Castells, grâce à
sa parfaite connaissance du pays et à ses remarquables qualités de chef de partisans, tenait tête encore, avec ses 1,800
hommes, aux nombreuses colonnes qui le poursuivaient ;
mais sa résistance ne pouvait plus durer bien longtemps.

On réunit donc de ce côté les brigades Bonanza, Mola,
Bayle, del Campo, Lasso et la demi-brigade Fuentes, en tout
19 bataillons, qui se mirent à parcourir tout le pays ; de petits détachements d'une compagnie laissés en arrière se retranchèrent dans les églises ou les maisons les mieux situées
de tous les villages, comme San Jayme de Frontanya, la Pobla de Lillet, Baga, Gossol, Gironella, Caserras, etc..., dont
il pouvait être utile de s'assurer. Les points importants, Prats
de Llusanès, Sellent, Suria, etc..., occupés par des forces
plus considérables, servaient de centres d'opérations.

Le général en chef prescrivit aux commandants de brigade
de s'établir aux chefs-lieux de leurs zones d'action respectives, Lasso à Prats, Bayle à San Llorens dels Piteus, del
Campo à Cardona et Bonanza à Berga, puis de partager les
troupes des diverses brigades, d'une part en colonnes de

trois à quatre compagnies qui auraient chacune à parcourir une fraction de la zone, sans trop s'éloigner des détachements permanents d'une compagnie dont il a été question plus haut ; et d'autre part en colonnes mobiles, de force égale ou un peu supérieure ; les unes et les autres devaient rester en communication avec leur brigadier qui, de son poste, dirigerait et réglerait l'ensemble de leurs mouvements.

La présence du général Martinez Campos, ses habiles dispositions et l'exemple qu'il donnait en personne en faisant des excursions de huit à dix heures en pleine montagne avec sa seule escorte, stimulaient le zèle et l'énergie des commandants de colonne ; aussi attaquaient-ils toujours les carlistes sans en compter le nombre, avec la certitude d'être soutenus par les colonnes voisines accourues au bruit du combat ; ces dispositions amenèrent rapidement la désorganisation des troupes de Castells, affaiblies par de continuelles et nombreuses désertions.

Le 6 novembre, Castells, venant du côté de San Llorens dels Piteus, fut battu par les troupes combinées que le général Martinez Campos envoya contre lui ; mais il se refit à Vallsèbre en s'adjoignant les partis de Moore et de Ramonet et repartit de ce point le même jour, à 3 heures du soir, par San Julian pour la Pobla de Lillet où il arriva à la tombée de la nuit avec 1,000 hommes environ. La compagnie du 17e bataillon de réserve qui s'y trouvait ne s'aperçut pas de l'approche des carlistes et ne fut avertie de leur présence que par les coups de fusil. La troupe se concentra dans l'église et le couvent des religieuses et bientôt une vive fusillade partit des ouvrages de défense qui étaient malheureusement loin d'être terminés. Les carlistes s'embusquèrent tout autour dans les maisons, puis, avec des étoupes trempées dans le pétrole, ils incendièrent les portes et les fenêtres d'où le

Types de l'armée espagnole.

Cavalerie :   Génie :

Chasseur à cheval.   Capitaine de Lanciers.   Carabinier à cheval.   Soldat.

feu se communiqua aux boiseries voisines. Le détachement, étouffé par la fumée de l'incendie, fut obligé de se rendre après avoir épuisé ses munitions; le capitaine avait été tué et les deux officiers de la compagnie étaient blessés. Les carlistes avaient de leur côté perdu le colonel Aymamy et un lieutenant d'artillerie.

Le général en chef, sûr du succès final, n'attacha aucune importance à cette affaire malheureuse et n'en continua les opérations qu'avec plus de vigueur. Le brigadier Bonanza arriva, le 7, à la Pobla et imposa une forte amende à la municipalité, aux principaux contribuables et au clergé pour leur conduite avant et pendant le combat.

Les bandes diminuaient visiblement de jour en jour; mais les isolés qui continuaient à courir la campagne, sans faire leur soumission, étaient encore nombreux. Pour compléter l'occupation des provinces et faire, par une battue générale, disparaître jusqu'aux derniers vestiges des partis carlistes, le général en chef songea à organiser une levée générale du *Somaten* dans tout le pays. Celui-ci, fatigué déjà d'une guerre si inutile qui ne lui apportait que des désastres et devait finir, en se prolongeant, par amener sa ruine complète, accueillit avec joie l'idée de cette mesure que le général Martinez Campos lui annonça dans un langage franc, expressif et plein de conviction. Pour en assurer l'exécution, le général parcourut les quatre provinces dans toutes les directions, donnant partout ses ordres pour la levée qui devait se faire le 18 novembre, et réglant en même temps, en vue de ce but, les opérations de l'immense réseau de petites colonnes qui manœuvraient dans toute la Principauté.

Le 13 novembre il ne restait plus dans toute la Catalogne que la bande de Castells, réduite déjà à 800 hommes environ par les désertions et dont le moral était si fort ébranlé que, attaquée à la Nou par les 200 hommes du commandant Saldaña, elle se dispersa et prit honteusement la fuite ; Moore avec 150 hommes entra le jour même en France, où il fut suivi le lendemain par Castells et 60 hommes qui avaient marché avec lui pendant quelques heures dans une fausse direction. Le reste de la bande se désorganisa complétement et tous les hommes vinrent se présenter à l'*indulto*. Dans cette affaire les troupes s'emparèrent de beaucoup de butin, en particulier de la caisse dans laquelle l'état-major carliste transportait toute sa correspondance et ses documents, de l'équipage de Castells, d'armes, de munitions, d'effets d'équipement, etc. A la suite de ces succès, le général en chef écrivit de Manresa, le 16 septembre, la dépêche suivante :

Le général en chef de Catalogne au ministre de la guerre.

« J'ai l'honneur et la satisfaction d'annoncer à Votre Excellence que, suivant tous les avis que je reçois, il ne reste plus une seule bande armée en Catalogne : tous les chefs ont fait leur soumission ou sont passés en France.

« Je suis certain que si quelque fauteur de trouble se trouve encore caché, ce dont je doute, la levée du somaten le fera découvrir. Cette mesure n'est pas nécessaire au point de vue militaire : je n'y ai jamais pensé, pas plus aujourd'hui qu'auparavant, comme à un moyen de terminer la guerre ; j'avais pour la prescrire d'autres motifs : 1° la manifestation unanime de la Catalogne en armes contre les carlistes doit, à mon sens, exercer une salutaire influence sur l'esprit des provinces du nord, en empêchant, par son éclat même, les chefs carlistes de tromper plus longtemps les populations ; 2° puis, s'il n'y a pas aujourd'hui de bandes de malfaiteurs, il ne tardera pas à s'en former; mais une fois qu'on aura secoué l'atonie des populations rurales et qu'on aura ramené chez elles la confiance, quel que soit le parti qui veuille essayer de la rébellion ou se soulever contre S. M. le Roi (que Dieu garde), il sera anéanti au moment même de son apparition, puisque le somaten restera organisé.

« Si je ne donnais à Votre Excellence quelques détails sur la conduite des troupes, je rabaisserais cette fois le mérite dont elles ont fait preuve; je tiens, au contraire, à le mettre en pleine lumière. D'après tous les rapports, les rebelles du Centre réunis à ceux de la Catalogne formaient, le 10 septembre, un total de 22 à 24,000 hommes. Votre Excellence connaît l'étendue de la zone abrupte et hostile dont ils étaient maîtres. C'étaient les mêmes hommes qui, malgré leur infériorité numérique bien marquée, avaient fait les coups d'Alpens et d'Oix, qui, avec des forces bien au-dessous de celles que la science regarde comme nécessaires pour de semblables entreprises, s'étaient emparés de Vich, d'Igualada, d'Olot, de la Seo de Urgel, de Castello et de divers autres points importants.

« Aujourd'hui, à quelques jours à peine d'intervalle, tous ont disparu et on le doit à la discipline de l'armée. Beaucoup de corps ont dû opérer dans les Pyrénées et sur leurs contreforts, en tenue d'été au milieu de la neige, et franchir souvent la nuit des chemins où l'on aurait le vertige en plein jour; bien que les vivres aient parfois manqué, je n'ai entendu ni une plainte, ni un murmure; tous ne laissaient voir qu'une noble émulation et cherchaient à se surpasser les uns les autres dans les rencontres avec l'ennemi. Cette guerre était une guerre de courage, de jambes et de privations; nos soldats ne m'ont rien laissé à désirer.

« J'aurai l'honneur de soumettre en temps utile à Votre

Excellence des propositions que je considère encore comme
de faibles récompenses des services rendus ; je dois aussi
faire remarquer à Votre Excellence que pas un seul cabecilla
n'a été acheté et que les armes seules terminent cette fois la
guerre.

« Le retour de la paix est salué par une allégresse immense
et générale. Grâce aux échanges de prisonniers, au respect
des hôpitaux, à la neutralisation des voies ferrées, à l'absence
de toutes représailles, personne n'ayant été ni fusillé, ni
banni, la transition de l'état de guerre à l'état de paix paraît
un événement tout naturel et ne laisse ni haine, ni rancune
entre deux partis pourtant si opposés.

« ARSENIO MARTINEZ DE CAMPOS. »

Les dispositions pour la levée du *Somaten* étaient parfaitement prises. Tous les hommes valides, munis d'armes
blanches ou d'armes à feu s'ils pouvaient s'en procurer, ou,
à leur défaut, armés de leurs outils de travail et même de
pieux, devaient se partager en sections suivant le chiffre des
habitants de chaque village pour aller occuper les hauteurs,
les maisons, etc., et faire des perquisitions minutieuses partout où pouvaient être cachés des gens suspects, des armes,
des papiers ou autres objets de quelque importance, afin de
s'en emparer et de les remettre aux autorités. Les brigades
mobiles divisées en colonnes d'une compagnie, ainsi que les
garnisons des points fortifiés, battraient en même temps tout
le pays, tandis que les villes et les villages resteraient confiés
à la garde des hommes âgés de plus de 60 ans; enfin, pendant tout le temps que la levée serait sur pied, la circulation
devait être interdite sur toutes les routes et tous les chemins
de la Principauté.

Ainsi fut fait. Les députés des provinces dirigèrent les hommes de leurs districts respectifs et il ne se rencontra pas un seul carliste dans toute la Catalogne. Mais presque partout on trouva des armes, des canons, des papiers ou des effets d'habillement.

Le général en chef qui, pendant les jours précédents, avait établi son quartier général à Manresa, en partit le 18 pour se rendre à Calders; informés de ce voyage, les *somatènes* accoururent sur les hauteurs qui bordaient la route, d'où ils firent spontanément par leurs applaudissements enthousiastes une ovation émouvante au chef victorieux qui leur rendait la paix et le bien-être.

En présence des résultats de la levée, le général donna l'ordre que, le lendemain 19, chacun reprît ses occupations habituelles; pour célébrer le jour de la fête de la Reine-mère, il fit mettre en liberté tous les prisonniers de guerre et permit à tous les bannis de rentrer dans leurs foyers, mesure généreuse et en même temps des plus politiques, dont les effets furent excellents.

Ainsi se termina la sanglante guerre de Catalogne, grâce à l'intelligence, à l'activité et à la sage politique du commandant en chef, autant qu'à la discipline et au courage de l'armée placée sous ses ordres. Les carlistes et les ennemis du général Martinez Campos assuraient alors que la paix n'était que factice et que la rébellion ne tarderait pas à relever la tête; mais les années de tranquillité déjà passées et l'esprit actuel des populations montrent combien étaient fausses ces assertions inspirées par le dépit ou la rivalité.

Bien que, la campagne finie, il fallût pendant quelque temps encore occuper militairement le pays avec des forces suffisantes, on put avec les troupes disponibles former un corps de cinq divisions qui alla renforcer l'armée du Nord.

La répartition des troupes maintenues en Catalogne fut fixée de la manière suivante par l'ordre général du 16 novembre 1875.

Province de Barcelone. — A Barcelone : les deux bataillons du régiment de Navarre, les deux bataillons de celui d'Estramadure, un bataillon d'artillerie à pied, une compagnie du génie, un escadron d'Alcantara et un de Tétuan, quatre canons de montagne et quatre autres de campagne.

Bataillon provincial de Castellon : l'état-major et quatre compagnies à Berga, deux à Cardona et deux à Prats de Llusanès.

Bataillon provincial de Barcelone : deux compagnies et l'état-major à Manresa, deux à Igualada, une à Calaf, une au Bruch avec un détachement à Casa-Massana, une à La Llacuna, la dernière à Monistrol.

Régiment d'infanterie de Bourbon : l'état-major et deux compagnies du premier bataillon à Vich, les six autres en colonnes mobiles, l'une d'elles ayant pour centre Vidra, et les autres, Alpens, San Quirse, Ribas et San Juan de las Abadesas ; quatre compagnies du second bataillon à Villafranca, Villanueva, Martorell et Castelltersol, les quatre autres en colonne sous les ordres du brigadier Mola y Martinez.

17e bataillon de réserve : une compagnie à Tordera, une à Arenys-sur-Mer, deux à Mataro, deux à Granollers et deux à Sabadell.

1er tercio de rondes volantes : moitié de son effectif établi à San Sadurni de Noya, le reste parcourant les alentours jusqu'à cinq lieues à la ronde.

2e tercio : employé à Cardedeu de la même manière que le précédent.

3e, 4e et 5e tercios : constamment en mouvement.

Mobilisés de San Celoni et de San Boy de Llobregat : en ces deux points.

50 chevaux du régiment de cavalerie d'Alcantara détachés à Vich pour battre la plaine.

A Villafranca, un autre détachement de 50 chevaux du régiment de Tétuan, pour surveiller le Panadès.

Colonne d'opérations du brigadier Mola : 4 compagnies de Bourbon citées plus haut, le bataillon des francs-tireurs de la Paz et 50 chevaux d'Alcantara.

L'artillerie de montagne devait tenir à Vich deux pièces prêtes à marcher suivant les besoins du service.

Province de Gérone. — Régiment de San Fernando : premier bataillon, une compagnie à Castellfullit fournissant les détachements des forts, les sept autres en colonnes par compagnie; ayant pour bases Perelada, La Junquera, San Llorens de la Muga et Masanet de Cabrenys, entre Capsech et Figueras; second bataillon, trois compagnies à Puigcerda, trois à Olot dont une constamment employée à maintenir les relations avec Camprodon, les deux dernières à Ripoll.

Premier bataillon du régiment de Bailen : l'état-major et quatre compagnies à Gérone, les quatre autres opérant en colonnes par compagnie jusqu'à Rocabruna, Baget, Ribalta, Talaixa, Oix, Albanya, Basagoda, Castellfullit, Tortella et Besalu.

Second bataillon du régiment de Tolède : l'état-major et quatre compagnies à Figueras, une à Besalu, les autres à San Feliu de Guixols, Hostalrich et Castellon de Ampurias.

4ᵉ bataillon mobile de francs-tireurs : une compagnie à Amer, une autre en chacun des points suivants: San Feliu de Pallarols, Anglès, San Hilario et Santa Coloma de Farnès.

1er et 2e tercios de rondes volantes de la province, dans leurs centres respectifs et opérant dans le voisinage.

A Gérone, 50 chevaux d'Alcantara et 50 de Tétuan : 50 autres de Tétuan dans l'Ampurdan.

Une section d'artillerie de montagne à Gérone.

Le général Arrando avait le commandement de toutes les troupes de la province de Gérone et de la haute montagne de Barcelone.

Province de Tarragone. — Régiment permanent de Ceuta : l'état-major et un bataillon à Tarragone ; quatre compagnies de l'autre bataillon à Tortose, deux à Reus, une à Valls, la dernière à Montblanch.

3e bataillon mobile de francs-tireurs à Reus.

Les trois tercios volants de la province et les compagnies de francs-tireurs de Tortose dans leurs centres respectifs, parcourant le pays et occupant, par des détachements de 100 hommes, chacun des villages de Falset, Perello, Tivisa, Cornudella, Vimbodi, Montblanch, Rocafort, Santa Coloma de Queralt, San Jaime, La Bisbal de Panadès, Vendrell et Torre-dem-barra.

Régiment de cavalerie de Bourbon : l'état-major et 100 chevaux à Reus, 50 chevaux à Tarragone.

Artillerie de montagne : deux pièces à Tarragone.

Province de Lérida. — Régiment d'infanterie de Burgos : six compagnies d'un bataillon à la Seo de Urgel, les deux autres à Orgaña. L'autre bataillon, par portions de deux compagnies, à Tremp, Solsona, Pons et Sort.

21e bataillon de réserve : quatre compagnies à Lérida, chacune des autres à Balaguer, Agramunt, Tarrega et Las Borjas.

14ᵉ bataillon de réserve : une compagnie à Cervera, les sept autres formant, avec l'escadron des chasseurs de Catalogne, la colonne mobile de la province aux ordres du brigadier Picazo.

Les deux tercios de rondes volantes de la province en leurs points de réunion, parcourant chacun leur territoire respectif.

Régiment de lanciers de Bourbon : 50 chevaux détachés dans la plaine d'Urgel.

Une section de montagne prête à marcher, stationnée à Lérida ou à Cervera.

On peut évaluer, comme il suit, la force totale des troupes qu'on vient d'énumérer :

	Bataillons.	Compagnie.	Sections.	Hommes.	Chevaux.	Pièces.
Bataillons d'infanterie . . .	19	»	»	20,900	»	»
— de francs-tireurs.	3	»	»	1,200	»	»
Tercios de rondes.	12	»	»	4,800	»	»
Mobilisés	»	»	»	600	»	»
Cavalerie	»	»	»	900	900	»
Artillerie de montagne. . .	»	»	6	300	»	12
Artillerie montée	»	»	2	80	»	4
Génie	»	1	»	120	»	»
Total. . .	34	1	8	28,900	900	16

En somme, l'armée d'occupation de Catalogne comptait environ 29,000 hommes, 900 chevaux et 16 pièces de canon. Le reste des troupes des armées du Centre et de Catalogne servit à former l'armée dite de droite, forte de 45,000 hommes et 2,000 chevaux, qui, commandée par le général Martinez Campos, passa en Navarre pour opérer de concert avec l'armée de gauche sous les ordres directs de S. M. le Roi ; elle eut ainsi l'honneur de terminer la guerre et de rendre à l'Espagne la paix dont elle avait tant besoin.

On doit faire remarquer que le désaccord qui existe entre cet état des troupes et ceux qu'on a donnés plus haut, n'est qu'apparent et tient à ce que, pendant les mois de novembre et décembre, tous les corps qui se trouvaient en Catalogne avaient reçu de nombreuses recrues.

Dès le 18 novembre, la gendarmerie et les douaniers reprirent leur service régulier, ce qui rendit aux campagnes leur sécurité complète, comme en temps ordinaire.

Une institution appelée à rendre de grands services, celle de milices catalanes permanentes, vint encore contribuer à rendre la paix durable en Catalogne, en intéressant à sa conservation et au maintien de la tranquillité publique tous les citoyens honorables qui en faisaient partie ; les masses qui avaient contribué à mettre fin à la guerre furent ainsi remplacées par des corps parfaitement organisés et armés, commandés par leurs chefs naturels.

L'organisation marcha vite, grâce à la fermeté du général Martinez Campos et à l'activité déployée par le brigadier Mola y Martinez qui avait déjà tant de fois rendu les plus utiles services par sa parfaite connaissance du pays et la grande autorité dont il jouissait ; chaque village eut ainsi bientôt sa milice avec ses caporaux, ses sous-caporaux et ses hommes convenablement armés, dont le nombre s'éleva rapidement à 40,000 hommes. L'utilité de cette institution s'est trouvée pleinement démontrée lorsque, en mars 1876, le Bet de la Beya essaya de former une bande dans le Congost ; celle-ci se dispersa dès que les *somatènes* voisins commencèrent à se lever.

Le manque d'accord entre les députations provinciales ne permit malheureusement pas de réorganiser dans toute la

Principauté l'ancien corps des *Mozos de la Escuadra*[1] dont une autorité aussi compétente que le brigadier Almirante a pu dire : « Tout soldat espagnol, en particulier celui des « excellentes troupes de police du nord-est de l'Espagne, est « la fidèle image des anciens almogavares et présente à nos « yeux les mêmes qualités militaires. » Les services de ces corps étaient des plus utiles et l'on peut mettre en doute que la confiance inspirée dans toute la montagne par leur uniforme spécial, le soit jamais au même degré par aucun autre.

L'entrée du Prétendant D. Carlos en France vint bientôt assurer définitivement la paix et l'on organisa alors la Ire et la IIe armée ; celle-ci, destinée à occuper la Catalogne, l'Aragon et Valence, avait trois de ses divisions d'infanterie et une division de cavalerie en Catalogne. Quand le général Martinez Campos en quitta le commandement pour aller prendre celui de l'armée de Cuba, la IIe armée fut supprimée et les troupes qui la formaient passèrent sous les ordres des capitaineries générales des districts, où elles furent réparties à peu près comme en temps normal.

---

1. La députation provinciale de Barcelone a, la première, organisé les *Mozos de la Escuadra* dans cette province. Les *Escuadras de Barcelone* comptèrent bientôt 200 mozos armés du mousqueton Remington, avec un uniforme entièrement pareil à celui des anciennes *Escuadras de Catalogne,* répartis en six escuadras, avec huit ou dix postes ou points de résidence, dont aucun n'était situé dans un centre de population important. A peine organisés, ils avaient déjà, dès le mois d'août 1877, rendu les plus utiles services, particulièrement dans la partie montagneuse de la province.

XI

Description et rôle des fortifications élevées
pendant la guerre.

La fortification joue, comme on le comprend facilement, un rôle plus important dans les guerres civiles en pays de montagne que dans les guerres ordinaires. En effet, la dissémination des partis hostiles et la facilité avec laquelle ils peuvent se concentrer à un moment donné, pour tenter, en force considérable, de hardis coups de main, oblige à employer tant de troupes en détachements que, sans le secours de la fortification, il n'en resterait plus de disponibles pour les opérations actives et qu'encore ces détachements seraient, dans bien des cas, trop faibles pour résister sérieusement, parce qu'il est de toute impossibilité de songer à les composer chacun de quelques milliers d'hommes.

Les troupes de l'armée, employées aux opérations offensives dans le pays insurgé ou à la protection des provinces restées fidèles, ont en outre besoin de points d'appui sûrs pour leur servir de bases et de dépôts d'approvisionnements ; ces points doivent nécessairement être fortifiés.

Les insurgés ont tout intérêt à faire des incursions dans les contrées riches où ils trouvent à se procurer de l'argent, des vivres, des armes, des chevaux, etc.; l'armée au contraire, pour empêcher l'insurrection de se propager et d'accroître ses moyens d'action, doit à tout prix rendre ces incursions impossibles et ne saurait y arriver plus sûrement qu'en fortifiant les centres importants de population.

En résumé, dans les guerres civiles du genre de celle qui nous occupe, on arrive, au moyen de la fortification, à obtenir les résultats suivants :

1° Protéger contre les incursions les contrées riches en ressources de toute espèce et où l'esprit public est hostile à l'insurrection.

2° Mettre en sûreté les magasins et les hôpitaux des divisions actives.

3° Occuper et maîtriser certaines parties du territoire ennemi, pour y empêcher la propagande et la formation des bandes armées.

4° Tenir les défilés des montagnes et les points de passage difficiles des rivières qu'on aura souvent occasion de traverser.

5° Rester maître de certaines lignes importantes de communication et des gîtes d'étape indispensables pour les convois de ravitaillement destinés aux places et aux magasins; enfin, s'assurer la possession des ports de mer par où peuvent arriver les vivres, les munitions, etc.

6° En dernier lieu, lorsqu'on dispose de forces suffisantes, occuper militairement le pays pour étouffer rapidement l'insurrection.

On conçoit d'ailleurs aisément que l'importance à donner aux ouvrages n'est pas la même partout, mais doit au contraire varier avec l'objet qu'ils doivent remplir, les moyens que l'ennemi pourra déployer pour les attaquer, et le temps plus ou moins long nécessaire pour faire arriver les secours, le cas échéant.

Il nous reste donc à examiner comment on a appliqué ces principes en Catalogne pendant la dernière guerre, pour chercher à en tirer d'utiles enseignements.

Le pays vulgairement connu sous le nom de Llano (la

plaine) peut être regardé comme formé de la plaine de Barcelone, du Vallès, du Panadès, des côtes du Levant et du Po-
nant et du bas Llobregat ; son importance est considérable.
On y trouve la capitale de la Principauté et les villes ou gros
bourgs de Mataro, Granollers, Badalona, Masnou, Sabadell,
Tarrasa, Martorell, Molins de Rey, San Feliu de Llobregat,
San Sadurni de Noya, Villafranca del Panadès, Villanueva y
Geltru, Sitjes et Vendrell, tous riches par leur industrie et
leur commerce et susceptibles par suite de fournir de grandes
ressources aux insurgés. Aussi ce pays fut-il protégé par une
double ligne de fortifications ; la première commençait au
nord à Mataro et suivait par Granollers, Sabadell, Tarrasa,
Martorell, Molins de Rey et la hauteur de San Pedro Martir,
pour se terminer au sud au château de Monjuich de Barcelone. Martorell, malgré l'importance du défilé qu'il commande, ne fut pas convenablement fortifié avant la fin de la
guerre, ce qui amena de sérieux embarras, à cause du voisinage de la dangereuse montagne de Monserrat. En avant de
cette ligne, se trouvait le bourg de San Celoni, retranché et
occupé par un bataillon de francs-tireurs chargé de surveiller les chemins du Monseny.

La seconde ligne, plus au sud de Barcelone, pouvait être
considérée comme partant de Martorell et se prolongeant
jusqu'à la mer par San Sadurni de Noya, Villafranca del
Panadès et Villanueva y Geltru. Vendrell, en avant de cette
ligne, et Sitjes, en dedans d'elle, étaient aussi fortifiés.

A l'intérieur de ces lignes on avait encore retranché
quelques postes comme San Boy de Llobregat, Masnou, Ba-
ladona, etc.

Presque tous les centres de population formèrent, volon-
tairement ou par ordre, des milices locales armées et entre-
tenues par le pays animé d'ailleurs d'un bon esprit, et sou-

tenues par de petits détachements d'infanterie ou de douaniers. Les troupes irrégulières de volontaires, appelées rondes volantes, rendirent d'excellents services dans la plaine par leurs reconnaissances journalières entre les points fortifiés qu'elles maintenaient constamment en communication : elles comptaient dans cette région environ 1,000 hommes, répartis en trois tercios de huit à dix rondes chacun.

L'ordre du général Lopez Dominguez qui prescrivit l'organisation des *somatènes* du Vallès, de la plaine de Barcelone et du bas Llobregat, en arrière de la première ligne de défense fortifiée, eut pour effet d'augmenter encore la sécurité de ce pays.

Pendant presque toute la durée de la guerre, une brigade d'environ 1,500 hommes parcourut la plaine pour prêter appui aux postes fortifiés ; les petites colonnes du Panadès et du Vallès y faisaient le même service.

La campagne de Tarragone est aussi un pays riche et anti-carliste ; il fallait donc le protéger et en rester maître, ce qui exigeait qu'on s'assurât tout d'abord la possession de Tarragone [1], de Reus et de Valls qui furent, à cet effet, pourvus de fortifications. On fit de même à Altafulla, Cambrils, Alcover et dans une foule de petits villages qui avaient, pour les défendre, les milices locales dont quelques-unes même furent mobilisées. Les rondes volantes fonctionnaient comme dans la plaine de Barcelone.

Les colonnes du bataillon de chasseurs de Reus et du ré-

---

1. Tarragone, ancienne place forte, sans grande valeur dans une guerre étrangère, eût été pourtant inexpugnable pour les carlistes: mais la Junte révolutionnaire de 1868, en la déclarant place ouverte, avait permis d'élever des constructions dans les zones de servitude et fait ouvrir des brèches dans les murailles; le gouvernement provisoire avait approuvé ces mesures dont les funestes conséquences se firent sentir en 1872 et obligèrent à reconstruire ce qu'on avait démoli.

giment permanent de Ceuta protégeaient les points fortifiés en opérant dans le Priorato, dans la Conca de Barbera et sur la rive gauche de l'Èbre.

Les télégraphes optiques, établis par le brigadier Salamanca dans la province de Tarragone et dont quelques-uns se trouvaient installés dans des tours défensives, rendirent les meilleurs services. et maintinrent les communications avec Barcelone par Villafranca.

Dans la province de Gérone, le principal objectif était de préserver l'Ampurdan des incursions des carlistes et d'assurer les communications de Gérone avec la côte. Pour y arriver, on fortifia Gérone [1], Figueras, Castellon de Ampurias, La Junquera et San Feliu de Guixols. Les garnisons se composaient presque toutes de troupes régulières et exceptionnellement de volontaires ; en outre, la colonne de l'Ampurdan, à laquelle venaient se joindre la majeure partie des rondes volantes de la province, parcourait le pays et prêtait son appui aux postes qui en avaient besoin.

La plaine d'Urgel jouait dans la province de Lérida le même rôle que la plaine de Barcelone, la campagne de Tarragone et l'Ampurdan dans les autres provinces. Les fortifications de Lérida, Cervera, Tarrega, celles d'autres centres moins importants et le point plus avancé de Balaguer qui surveillait les vallées septentrionales, défendaient ces plaines fertiles et servaient en même temps de places de dépôt pour la brigade mobile de la province. Tous ces points avaient pour garnisons des milices locales, soutenues par de petits

---

1. Gérone est une ancienne place forte; mais des brèches ayant été ouvertes dans son enceinte en octobre 1868, le gouvernement y autorisa en 1869 de nouvelles destructions qui la rendirent dès lors impossible à défendre: on eut à reconstruire une grande partie de ce qui avait été démoli. pour mettre Gérone à l'abri d'un coup de main des carlistes.

Mozo de la Escuadra.

(Police provinciale de Catalogne).

détachements de troupes ; les rondes volantes faisaient le service de reconnaissances et maintenaient les communications.

Cet ensemble de fortifications satisfaisait à la première des conditions que nous avons énumérées plus haut et assurait la possession de contrées étendues, fertiles et riches ; obligés de renoncer à en rester maîtres, les carlistes n'y signalaient leur présence que par de petits partis recruteurs qui parvenaient à vivre et à se maintenir grâce à leur extrême et continuelle mobilité.

Plusieurs de ces postes servaient en même temps de places de dépôt et de bases d'opération.

Les seconde et troisième conditions se trouvaient remplies à la fois par diverses places de la montagne et d'autres contrées, comme le Priorato que les carlistes fréquentaient volontiers à cause de sa configuration escarpée.

Igualada, dans la vallée de la Noya, servait de poste de surveillance avancé pour la ligne de la plaine ; sa situation au pied des sierras de la Segarra, de Forn del Vidre et de Monserrat, sa proximité des provinces de Tarragone et de Lérida et les ressources qu'elle offrait par elle-même, en faisaient une excellente base d'opérations pour une brigade.

Manresa, dite la capitale de la montagne, au confluent du Cardoner et du Llobregat, formait une magnifique position offensive contre le territoire habituellement occupé par les carlistes ; située à égale distance (onze heures environ) de Vich, de Berga et de Prats de Llusanès, elle était une menace permanente pour la montagne qui servait de retraite aux troupes du Prétendant.

Vich, qui dispute à Manresa son titre de capitale de la montagne, était parfaitement située pour surveiller le Llusanès, les Guillerias, le haut Ter et le pays d'Olot. Ses ressources, comme celles de Manresa, font de ces deux villes d'excellentes places de dépôt.

Berga, plus avancée que Manresa et Vich au milieu du pays ennemi, garde le haut Llobregat, et en l'occupant, on empêchait les carlistes de la transformer en place forte, comme il arriva pendant la guerre civile de sept ans.

La possession d'Olot, dans la partie orientale de la montagne, était d'une importance capitale, comme on l'a déjà fait voir.

Puigcerda, dans la vallée de la Cerdagne, put s'approvisionner et résister à toutes les attaques parce que ses défenseurs avaient leur retraite assurée, grâce à ses faciles communications avec la France. Il était indispensable pour l'armée d'en rester maîtresse du moment que les carlistes s'étaient emparés de la Seo de Urgel ; elle surveillait en effet cette dernière place et devait servir de base au corps de siége chargé de la reprendre.

D'autres points furent fortifiés dans la montagne, mais furent abandonnés pendant la période de l'indiscipline, comme Solsona, Tremp et Ripoll dont on ne peut méconnaître l'importance : Solsona garde la partie nord de la sierra du Cadi, Tremp la vallée de la Noguera Pallaresa et Ripoll le cours supérieur du Ter.

Si Calaf eût été fortifié, les insurgés de la montagne n'auraient pu, comme ils le firent plusieurs fois, faire irruption dans la province de Tarragone.

Dans la partie montagneuse de cette dernière province, c'est-à dire dans le Priorato, on fortifia Falset et Montblanch pour veiller sur ce pays et servir de point d'appui aux colonnes.

En quatrième lieu, les fortifications doivent, avons-nous dit, garder les défilés de la montagne et les passages des rivières. Les défilés sont très-nombreux dans toute la Catalogne; aussi dut-on se conténter de s'assurer la possession de celui de Castellfullit de la Roca, indispensable pour se maintenir à Olot, et de celui de Casa-Massana, sur le Bruch; ce dernier met Manresa et Igualada en communication facile avec la ligne de la plaine et devait, pour cette raison, être traversé par de fréquents convois.

Quant aux passages des rivières, ceux de l'Èbre méritent seuls d'être mentionnés. Dès le début de la guerre, on ne conserva que deux moyens de franchir cette rivière, le bac de Mora et le pont de Tortose. Amposta avec son bac était aux mains des carlistes, de façon que l'entrée de la rivière se trouva barrée tant que le brigadier Salamanca n'eut pas repris cette ville; mais les carlistes possédaient encore les bacs de Miravet et de Flix que les troupes durent également enlever; la flottille des canonnières de l'Èbre, appuyée sur ces cinq points, put alors rendre les meilleurs services en maîtrisant tout le cours inférieur de la rivière et coupant toute communication entre les insurgés du Centre et ceux de la Catalogne.

Pour remplir la cinquième condition, c'est-à-dire pour tenir les lignes de ravitaillement et les points de débarquement des troupes et du matériel, il aurait fallu fortifier dans l'intérieur du pays de nombreuses lignes qui eussent alors rendu d'indiscutables services; mais on fit peu de chose dans ce but et l'on s'assura seulement le libre parcours de la grande route de Madrid depuis Barcelone jusqu'à Lérida. Les ports de débarquement fortifiés étaient San Feliu de Guixols par où arrivaient toutes les troupes, les isolés et le matériel à destination de la province de Gérone, le mouillage de Mataro, très-peu fréquenté, celui de Villanueva y Geltru et enfin le port de Tarragone.

Quant à l'emploi des fortifications pour l'occupation complète du pays, on l'a suffisamment indiqué plus haut à propos de la campagne de pacification.

Il n'a été question jusqu'ici que de l'ensemble du système de fortifications adopté en Catalogne et de sa raison d'être suivant la situation et les conditions particulières des divers points qu'il embrassait ; il reste maintenant à faire connaître le mode de construction des ouvrages et leur disposition générale.

La fortification, tout en remplissant les conditions essentielles auxquelles elle est tenue de satisfaire, doit se modifier suivant l'armement et les moyens d'action qui peuvent être mis en œuvre tant pour l'attaquer que pour la défendre, suivant la nature des matériaux de construction les plus répandus dans le pays, suivant l'habileté des ouvriers, le temps que doivent durer les ouvrages, la garnison destinée à les occuper, la disposition particulière des lieux et une foule d'autres conditions ; elle peut ainsi varier à l'infini et sembler parfois s'écarter des règles admises dans les traités didactiques.

En Espagne, dans les guerres civiles, l'ennemi ne dispose ordinairement, en dehors de la mousqueterie, que d'un petit nombre de bouches à feu ; encore sont-elles de petit calibre ; la surprise, l'escalade, le blocus sont les moyens qu'il a toujours employés et qu'il emploierait encore en semblables circonstances, pour enlever les postes fortifiés. Pour ouvrir une brèche ou pratiquer un passage à ses colonnes d'assaut, s'il s'est quelquefois servi du canon, il a souvent aussi allumé des incendies au moyen de fusées de guerre ou de pétrole ; plus rarement il a eu recours au pétardement par la dynamite. A quoi bon, dès lors, construire de vastes enceintes avec de solides parapets en terre, quand de simples murs en

maçonnerie d'épaisseur ordinaire offrent une résistance suffisante contre de semblables moyens d'attaque? Les matériaux de construction les plus communs en Catalogne sont
la pierre, la chaux et le plâtre; bien que le bois ne fasse pas
défaut, on en trouve rarement des approvisionnements considérables tout constitués et la terre manque généralement,
parce qu'on rencontre le roc à une faible profondeur et souvent même à fleur du sol; aussi la construction d'ouvrages
de campagne du type ordinaire, en bois et terre, est-elle
difficile et coûteuse. On trouve en revanche pour ainsi dire
partout d'excellents ouvriers maçons.

Dans les guerres ordinaires, les villages ne sont mis en
état de défense qu'au moyen de travaux de circonstance destinés à durer seulement très-peu de temps; les guerres civiles d'Espagne, au contraire, se prolongent presque toujours
beaucoup et par suite on n'y construit guère que des retranchements semi-permanents qu'il faut nécessairement pourvoir de logements et de magasins. Les constructions en
maçonnerie recouvertes de toitures imperméables se prêtent
seules à cette organisation. Les ouvrages de campagne ordinaires demandent d'ailleurs de fortes garnisons qu'on ne
saurait, dans ce genre de guerre, détacher du gros des
troupes que dans certains cas exceptionnels; les ouvrages en
maçonnerie, au contraire, se défendent avec peu de monde,
s'ils sont bien disposés. En outre les garnisons, lorsqu'elles
sont composées de troupes irrégulières, de milices locales,
ne se trouvent pas en sûreté derrière les fossés ordinaires de
campagne, ni surtout quand il faut faire feu en se montrant
au-dessus d'un parapet; pour qu'elles se défendent bien, il
leur faut de hautes murailles difficiles à escalader et percées
d'étroites meurtrières derrière lesquelles les hommes se
croient presque invulnérables.

La disposition des lieux influe aussi beaucoup sur la manière dont les ouvrages doivent être construits. La plupart des villes qui ont été fortifiées en Catalogne ont une grande étendue, comprenant la ville proprement dite et de longs faubourgs. Dans ces conditions, il faut ou bien enfermer la ville entière dans une immense enceinte qu'une brigade entière suffirait alors à peine à défendre, ou bien laisser certains quartiers hors des murs, de façon à garder la position avec une garnison proportionnée à son importance. Dans cette dernière hypothèse, qui est la plus fréquente, on conçoit que, du moment où la fortification est intérieure à la ville, on n'y saurait construire d'ouvrages en terre. Il est enfin très-difficile dans bien des cas, même pour les forts extérieurs, de déblayer assez complétement la zone dangereuse pour que des tirailleurs isolés ne puissent s'approcher sans être vus et fusiller les sentinelles, si elles étaient placées à découvert.

Il ressort de toutes ces considérations que les fortifications construites en Catalogne et sur l'organisation desquelles on trouvera plus loin quelques détails, devaient présenter un caractère tout particulier : assujetties aux seules conditions générales de *couvrir* et de *flanquer,* ces fortifications, qu'elles fussent permanentes, passagères ou mixtes, étaient organisées seulement contre la fusillade et pouvaient à la rigueur résister à l'artillerie de petit calibre.

Pour la plupart des villes de Catalogne, on se heurte, comme on vient de le dire, à de sérieuses difficultés de tracé. Suivant les cas, suivant aussi l'esprit de la population et la force de la garnison qui doit occuper la ville, il faut adopter une enceinte complète ou s'en tenir à une enceinte partielle; dans ce dernier cas on peut même parfois, si la garnison est faible, se contenter de retrancher un simple bâtiment pour lui servir de réduit.

Quand la ville est petite ou bien encore quand elle est grande, mais renferme une forte garnison de troupes régulières et même de milices locales animées d'un bon esprit, on ne doit pas hésiter à fortifier le périmètre extérieur, surtout si les habitants des maisons qui le forment appartiennent au parti de l'ordre ; on met ainsi toute la population à l'abri des exactions et des mauvais traitements et on lui évite les nombreuses difficultés qui, sans cela, résultent pour elle du partage de la ville en deux parties privées pendant la nuit de toute communication l'une avec l'autre, toutes raisons qui méritent une sérieuse attention, surtout dans les pays riches dont les habitants, loin d'être favorables aux carlistes, prennent volontiers les armes pour seconder la défense.

Mais quand on doit fortifier les villes de la haute montagne, où l'esprit est hostile à la garnison et dont les habitants n'ont rien à redouter de leurs amis les carlistes, il faut chercher avant tout à mettre les détachements dans les meilleures conditions de défense possibles et limiter l'étendue de l'enceinte suivant la force de la garnison destinée à l'occuper ; on peut y arriver aisément, grâce à la disposition de presque toutes les villes généralement traversées par une rue de 20 à 30 mètres de large, appelée la *Rambla,* qui les divise en deux parties séparées bien distinctes.

Les enceintes intérieures ont certainement de graves défauts, entre autres celui d'être difficilement défilées et de laisser à l'ennemi la faculté de s'approcher pour ainsi dire jusqu'au pied des murs sans être vu, ce qui rend les surprises plus faciles ; mais outre qu'il faut savoir sacrifier quelque chose à la principale nécessité, on peut, sans trop de peine, parvenir à se défiler au moyen de traverses, de masques, de parados et même, au besoin, de galeries couvertes ; les quartiers de la ville non compris dans l'enceinte peuvent d'ail-

leurs être surveillés au moyen de forts extérieurs et par les
patrouilles de la garnison ou des rondes volantes.

Dans certains cas où il faut occuper une grande ville avec
de faibles troupes, le problème, insoluble à première vue,
ne peut finalement se résoudre qu'en retranchant solidement
un point convenablement choisi, comme une église, un couvent, la caserne ou quelque autre édifice public, dans lequel
la garnison puisse se retirer la nuit ou quand l'ennemi est
signalé dans les environs, pour y faire une défense opiniâtre
en cas d'attaque. Ce système toutefois n'a quelque valeur
que si la ville occupée est à proximité d'une garnison plus
importante ou si plusieurs postes semblables forment un
ensemble soutenu soit par une brigade, soit par une colonne
mobile qui puisse se porter à temps au secours du point
attaqué.

Dans les villes à grande enceinte, il peut arriver qu'à certains moments la garnison ne soit plus suffisante pour défendre tout le périmètre ; en prévision de cette éventualité,
on prépare quelquefois une seconde enceinte ; mais, quand
celle-ci n'est pas absolument nécessaire, elle n'est guère
qu'un prétexte pour ne pas tenir derrière la première.

Il est au contraire toujours avantageux et souvent indispensable d'organiser, comme dernière ressource de la défense, un retranchement intérieur aussi solide et bien disposé
que possible. Les services que peuvent rendre ces ouvrages
sont trop connus pour qu'il soit utile d'insister sur ce point.
Dans bien des cas, quand l'enceinte a une grande étendue
et renferme un certain nombre de bâtiments susceptibles
d'être ainsi utilisés, il convient de préparer deux ou plusieurs réduits de cette espèce, sans toutefois disséminer la
garnison outre mesure.

Les fortifications construites en Catalogne d'après les

principes et dans les conditions générales qu'on vient d'indiquer, présentaient certaines dispositions de détail que nous esquisserons rapidement.

L'enceinte des villes se réduisait généralement à un mur crénelé ou non crénelé, tantôt isolé des habitations, tantôt barrant simplement les avenues; les murs de clôture qui formaient la limite de la ville et les maisons qui s'y appuyaient étaient aussi crénelés; toutes leurs ouvertures extérieures étaient murées. Le flanquement s'obtenait au moyen de tambours en maçonnerie couverts ou non et de tours circulaires, pentagonales ou rectangulaires, à un ou deux étages de feux.

Dans certaines villes où les travaux avaient été dirigés par des personnes étrangères à l'art de l'ingénieur militaire, on pouvait voir des ouvrages de flanquement établis dans les conditions les plus défectueuses et consistant en passerelles, avec garde-fous crénelés, jetées d'une des maisons de l'enceinte à une autre maison d'en face non occupée; il semble inutile de faire ressortir davantage les vices d'une semblable disposition.

Le défilement des enceintes au moyen de traverses, de masques et de parados en maçonnerie, l'organisation fréquente de galeries couvertes pour assurer les communications, faisaient disparaître les inconvénients inhérents aux enceintes intérieures ou à la mauvaise situation topographique de quelques-unes des places.

Les portes étaient généralement en bois, à un ou deux battants et bardées de fer; les corps de garde servaient presque toujours à en flanquer les abords.

Quant aux moyens employés pour organiser défensivement les bâtiments destinés à jouer le rôle de réduits, il ne semble point utile d'entrer dans des détails à leur sujet.

L'artillerie se plaçait de préférence dans les forts extérieurs; mais, quand le nombre des canons était suffisant, on en mettait également en batterie sur l'enceinte aux points les plus convenables.

Beaucoup de places en Catalogne furent armées avec les canons rayés de 8%ₘ courts, en bronze, rendus disponibles en 1874 par l'adoption du canon Plasencia pour le service des batteries de montagne. Ces bouches à feu, que leur grande mobilité permettait d'amener facilement sur les points menacés, furent surtout avantageusement employées comme pièces de flanquement ou comme pièces de réserve.

Les pièces longues de 8%ₘ rayées étaient montées sur affût de campagne dans les batteries qui avaient à tirer dans plusieurs directions, et sur affût de place dans les batteries où l'on disposait de peu d'espace, comme dans les tours élevées pour servir d'ouvrages avancés.

Plusieurs places eurent aussi pour dotation des canons rayés de 12%ₘ, des canons lisses de 10%ₘ et de 12%ₘ et des obusiers courts de 16%ₘ qui rendirent d'excellents services dans les batteries fixes, d'où leur mitraille meurtrière balayait, dans certaines directions bien déterminées, les points de passage obligés de l'ennemi; ils y servaient aussi parfois à maintenir dans le devoir, sous la menace de leur feu, les villages voisins dont on avait intérêt à rester maître.

Dans les places provisoires de Catalogne, les forts détachés présentaient des dispositions très-différentes de l'un à l'autre.

A Vich, on avait construit, sur le Puig de Planas, une lunette dont le parapet en terre était revêtu intérieurement en maçonnerie et dont le fossé était flanqué par des caponnières blindées disposées pour la fusillade. Une caserne défensive pour 100 hommes, appuyée à la gorge, présentait une forme rectangulaire avec une grosse tour en capitale et des ailes en retour pour flanquer les grands côtés; une petite cour donnait par derrière accès dans la caserne, et communiquait avec une caponnière crénelée en saillie sur la gorge perpendiculairement à celle-ci et terminée par une autre tour demi-circulaire; sur l'un des côtés de cette caponnière se trouvait le pont-levis par où l'on entrait dans le fort. Les deux canons rayés de 8‰ affectés à son armement étaient placés dans les deux tours. Ce fort appartient au type de ceux qui furent construits dans les lignes de Bilbao et remplit toutes les conditions d'une bonne défense; mais on n'en trouve pas d'autre exemple dans toute la Catalogne.

Les forts du Pi de Puig-Gros et de San Magin d'Igualada, ainsi que celui des Capuchinos de Vich, se composaient d'une redoute en terre sans flanquement, avec un parapet du profil ordinaire de campagne revêtu intérieurement et une caserne défensive en forme de tour armée d'artillerie. Chacun de ces trois ouvrages avait une garnison de 40 hommes, logée dans l'étage inférieur de la tour; la batterie occupait l'étage principal, et la terrasse, entourée d'un mur crénelé, portait quatre tambours à machicoulis placés aux angles.

Les tours étaient carrées, sauf celle du Pi de Puig-Gros à laquelle on avait donné une forme circulaire pour utiliser les fondations d'un ancien ouvrage.

Le fort de la hauteur de Canadell, dans le défilé de Castellfullit, appartenait au même type. L'enceinte extérieure était formée d'un simple mur crénelé parce que, eu égard à la nature rocheuse du sol, il eût été impossible de creuser un fossé autrement qu'à la barre et que ce travail eût exigé un temps considérable. La porte était dans un rentrant caché aux vues et aux feux de l'ennemi, à 1^m,50 au-dessus du sol; on y accédait par un escalier mobile. Deux des angles opposés de l'enceinte présentaient des tambours ou bastionnets pour la surveillance et le flanquement des abords.

La tour-caserne avait trois étages et une terrasse, 12 mètres de haut et 9 de côté. L'étage bas renfermait le lit de camp de la troupe, sous lequel s'emmagasinaient les caisses de cartouches ; la batterie occupait l'étage principal ; ses quatre embrasures étaient fermées par des portières à coulisse, et, dans les angles, de grands coffres à munitions fermant à clef étaient scellés au mur ; le second étage, distribué en différentes pièces, comprenait un magasin pour les vivres, deux logements pour le commandant du détachement et l'officier d'artillerie, une cuisine pour les officiers, enfin un pétrin et un four à pain. Un mur crénelé disposé pour battre les secteurs privés de feux entourait la plate-forme, et les divers étages étaient mis en communication par des escaliers en bois. Dans la cour crénelée qui formait le terre-plein du fort, à côté d'une citerne pouvant contenir de l'eau pour vingt jours, se trouvaient des cuisines pour la troupe ; des latrines occupaient l'angle opposé.

Comme on le voit, le fort de Canadell était établi dans les meilleures conditions d'aménagement qu'on puisse réaliser dans un ouvrage de semblable dimension, conditions indispensables d'ailleurs à cause de l'isolement où les forts de cette espèce peuvent parfois se trouver pendant un certain temps.

Sur d'autres points les forts consistaient en tours circulaires isolées, à deux étages avec plate-forme, comme celles de Montolivet et des Bisarocas à Olot. L'étage inférieur renfermait le lit de camp et servait de logement à la garnison ; la batterie occupait l'étage supérieur, et les magasins de vivres et de munitions se trouvaient dans un souterrain convenablement aménagé. Ces tours étaient précédées d'un fossé,

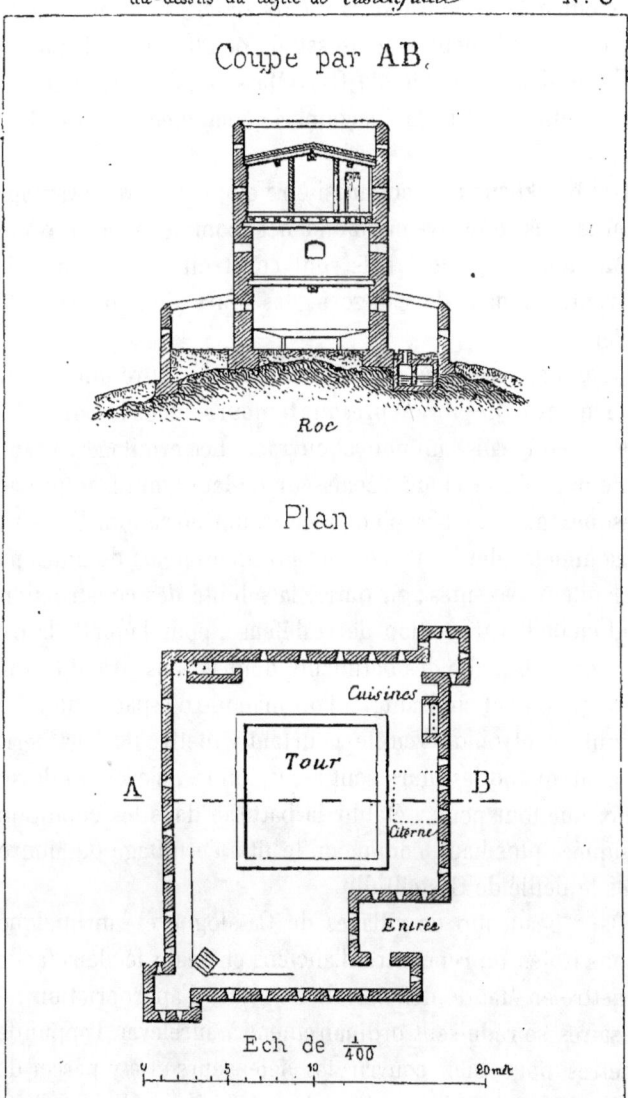

FORT DE CANADELL
au-dessus du défilé de *Castellfullit*

N.º 8

Coupe par AB.

Roc

Plan

Cuisines

Tour

A   B

Citerne

Entrée

Ech de 1/400

0   5   10   20 m/t.

E. Gastebois, del.

obstacle absolument nécessaire dans ces ouvrages isolés pour empêcher qu'on puisse y faire brèche à la mine ou les éventrer simplement avec un sac de poudre ou de dynamite.

Enfin, dans le défilé de Casa-Massana, on avait construit une redoute carrée en maçonnerie, flanquée de tours à ses angles.

Les blockhaus peuvent aussi être employés avec avantage, là où le bois se trouve en abondance, comme au poste avancé de Montolivet à Olot; s'ils sont construits en maçonnerie, ils rentrent dans la catégorie des tours dont on vient de parler.

Quand au point qu'on veut occuper se trouve une maison solidement bâtie, il vaut presque toujours mieux la retrancher que d'y construire un nouvel ouvrage. Les ermitages, à cause de leur position et de l'épaisseur de leurs murs, se prêtent presque toujours très-bien à cette appropriation. Bâtis sur les sommets élevés, ils ne sont presque jamais dominés par les hauteurs voisines; en outre, la solidité des constructions rend facile l'organisation de la défense, pour laquelle la disposition habituelle des bâtiments donne, sans grand travail, un flanquement suffisant; si l'on manque d'espace autour de l'ermitage et qu'on veuille pourtant y mettre de l'artillerie, on peut, quand les murs sont assez solides, élever au-dessus d'eux une tour pour y établir la batterie dans les conditions indiquées plus haut, comme on le fit à l'ermitage de Monros dans le défilé de Castellfullit.

Dans beaucoup de villages de Catalogne et sur quelques pitons isolés, on rencontre d'anciens châteaux féodaux faciles à mettre en état de défense. Les travaux d'appropriation nécessaires se réduisent ordinairement à surélever l'appui des fenêtres pour bien couvrir les défenseurs et à y percer des meurtrières, à préparer l'emplacement des pièces si l'on a du canon, à flanquer l'enceinte au moyen de tambours, de tours ou de machicoulis, suivant les cas, à organiser les bâtiments intérieurs en logements et magasins, et, enfin, à défiler tout l'intérieur quand on est dominé par les hauteurs voisines, comme il arrive souvent en pays de montagnes. Ces châteaux offrent en général l'avantage d'être formés de vieilles constructions très-solides et d'avoir une hauteur d'escarpe assez grande pour rendre l'escalade à peu près impossible.

Ce qui précède suffit pour donner une idée du système de fortification qui a prévalu pendant la guerre, des éléments dont il se composait et du mode de construction généralement employé ; il ne semble pas inutile de compléter ces indications par quelques exemples et de décrire les principales places qui ont joué un rôle important pendant cette période.

Ligne de la plaine. — On a vu plus haut la disposition d'ensemble de cette double ligne. Les conditions particulières dans lesquelles elle se trouvait, la protection mutuelle que les différents postes tiraient les uns des autres, la facilité avec laquelle, dans ce pays découvert, la brigade mobile pouvait se porter rapidement au secours des points menacés, en faisaient un obstacle assez sérieux pour que les faibles ouvrages dont étaient entourées les villes qui la formaient, aient suffi, en général, pour les mettre à l'abri des insultes.

Mataro, Sabadell et Tarrasa n'avaient que des enceintes incomplètes ; beaucoup de portes et d'ouvertures n'offraient d'autre obstacle que de méchants battants en bois ou des grillages en fer fermant à clef, posés dans des murs peu épais, mal flanqués et dépourvus d'artillerie ; enfin, la défense était confiée aux milices locales et aux rondes volantes ; ces places n'eurent pourtant pas à soutenir d'attaques sérieuses ou repoussèrent victorieusement celles qui furent tentées. Granollers et Molins de Rey furent attaqués dans un instant où la brigade de la plaine avait été obligée de s'éloigner de sa région ; Molins de Rey fut prise ; mais, à Granollers, l'attaque fut repoussée par la garnison concentrée dans le réduit qui resta depuis lors la seule partie fortifiée de la place.

Au sud de la ligne et dans sa partie la plus avancée, San Sadurni de Noya, Villafranca del Panadès, Villanueva y Geltru, fortifiés avec plus de soin, avaient pour forts extérieurs des tours armées d'artillerie ; aussi ces places se trouvaient-elles dans des conditions convenables de défense, bien que leurs enceintes fussent loin d'être parfaites, surtout pour les deux dernières.

Campagne de Tarragone. — Les fortifications de ce côté, appartenant comme les précédentes à la première catégorie indiquée au commencement de ce chapitre, étaient, suivant les localités, constituées des éléments les plus divers.

Reus, Valls, Altafulla, Cambrils, Alcover et beaucoup d'autres points défendus par leurs milices n'avaient que des ouvrages défectueux, suffisants cependant, malgré leur peu de valeur, contre les bandes de la province, à cause de la facilité avec laquelle les secours pouvaient arriver.

Dans la plupart de ces places, le flanquement n'était pas assuré, en dépit des ponts crénelés qu'on avait eu le tort de construire, tout en conservant un grand nombre de portes et en permettant de ne pas murer les ouvertures des étages inférieurs.

Igualada. — Cette ville qui a joué un rôle important dans la dernière guerre, située sur les bords de la Noya dans la partie supérieure de son cours, est enfermée dans la vallée que limitent au nord la sierra du Forn del Vidre, à l'ouest la Segarra et à l'est la montagne de Monserrat ; elle s'étend sur un espace considérable, plutôt en longueur qu'en largeur, et sa population est de 15,000 âmes environ.

IGUALADA. N.º 9.

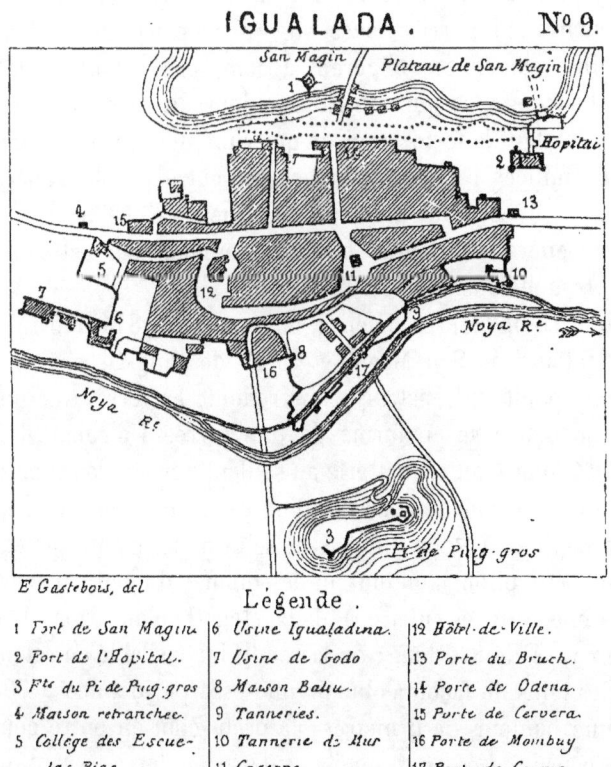

E Gastebois, del

Légende.

1 Fort de San Magin.	6 Usine Igualadina.	12 Hôtel-de-Ville.
2 Fort de l'Hôpital.	7 Usine de Godo	13 Porte du Bruch.
3 F.ᵗᵉ du Pi de Puig-gros	8 Maison Balu.	14 Porte de Odena.
4 Maison retranchée.	9 Tanneries.	15 Porte de Cervera.
5 Collége des Escue-	10 Tannerie de Mur	16 Porte de Mombuy
las Pias.	11 Caserne.	17 Porte de Carma.

Au nord de la ville se trouve le plateau de San Magin dont le relief est assez faible, et au sud, de l'autre côté de la rivière, le piton plus élevé du Pi de Puig-Gros.

Par sa situation, Igualada forme comme l'avancée de la ligne de la plaine et ses communications avec les chaînes de montagnes voisines en font un point stratégique important comme tête d'étapes; il était donc nécessaire de la fortifier avec assez de soin pour qu'elle pût faire une défense énergique, en attendant les secours qui naturellement ne pouvaient pas lui arriver aussi vite qu'aux places de la plaine. Certaines exigences obligèrent à comprendre toute la ville dans l'enceinte, ce qui constitua toujours un élément de faiblesse, malgré la forte garnison qui y fut affectée et le bataillon de milices requises organisé en outre par le général Montenegro conformément au règlement de 1873; on ne pouvait guère, il est vrai, compter sûrement sur cette dernière troupe dans les cas difficiles.

Pour compléter la défense, on se mit en 1874 à fortifier les hauteurs de San Magin et le Pi de Puig-Gros. Sur le premier point on construisit une redoute en terre avec une caserne défensive en forme de tour carrée. Un canon lisse de 10‰ long était en batterie au saillant nord de la redoute, tandis que la tour était armée d'un canon rayé de 8‰ long.

La colline du Pi de Puig-Gros se termine par un plateau et un petit piton conique sur le sommet duquel on éleva aussi une tour circulaire à deux étages qu'on arma d'un canon rayé de 8‰ long; on la rendit inabordable en retaillant les talus de façon à obtenir une escarpe inclinée à 70°, sur une hauteur de 6 mètres; la crête était en outre couronnée par un parapet semi-circulaire en terre, revêtu intérieurement de briques crues, et terminé par une plate-forme rectangulaire enterrée pour un canon lisse de 10‰ long à barbette. Sur le plateau à l'ouest du piton et à 200 mètres de celui-ci, on bâtit enfin une autre tour carrée ou blockhaus en maçonnerie pour 16 hommes, mise en communication avec le fort principal par une double caponnière tracée suivant la crète de la colline. La garnison totale du Pi de Puig-Gros était de 60 hommes.

FORT DU PI DE PUIG-GROS, A IGUALADA. Nº10.

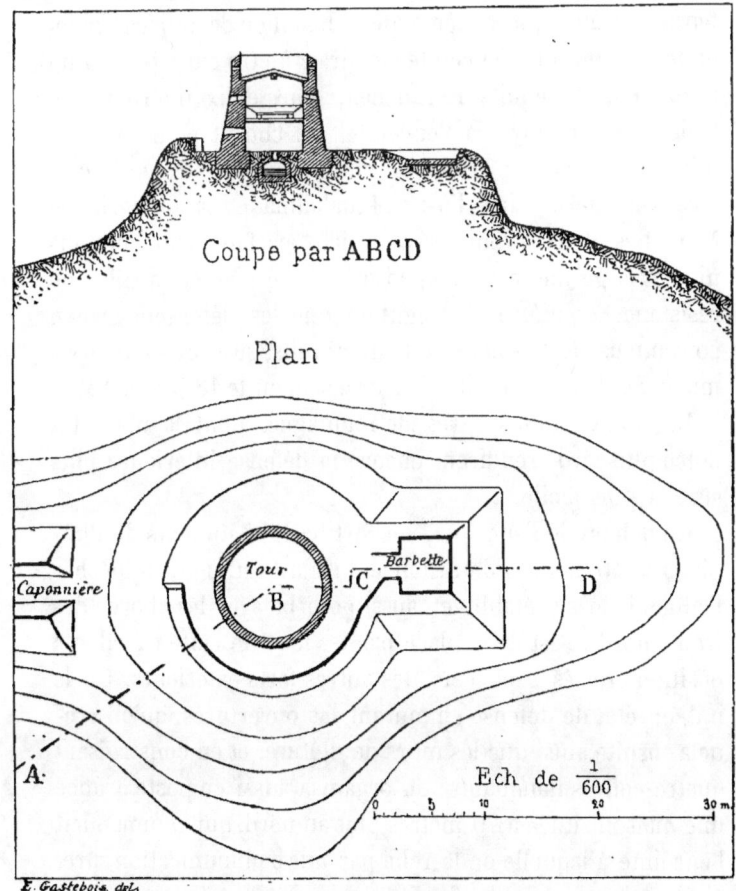

Coupe par ABCD

Plan

Caponnière

Tour
B

C

Barbette

D

A

Ech de $\frac{1}{600}$

0   5   10   20   30 m

E. Gastebois, del.

Dans l'organisation de l'enceinte de la ville, on avait utilisé des murs de clôture en les renforçant et des maisons dont

les jours avaient été préalablement bouchés ; les intervalles
étaient fermés par des murs de construction nouvelle ; quelques tambours, avec le tracé lui-même, donnaient un flanquement suffisant.

Pour assurer à la garnison les moyens de faire une défense énergique, lors même que le bataillon de milices l'aban-
donnerait ou que l'enceinte viendrait à être surprise, on lui
prépara cinq réduits retranchés, dont deux intérieurs et
trois autres appuyés à l'enceinte. On choisit pour les premiers la caserne et l'hôtel de ville, pour les autres, le collége d'Escuelas Pias, l'usine Igualadina et la tannerie de
Mur. Les deux premiers pouvaient parfaitement communiquer et permettaient d'opposer à l'intérieur de la ville une
résistance opiniâtre, à condition que les défenseurs, bien
convaincus de la valeur de leurs réduits, sussent s'en servir
mieux qu'ils ne le firent malheureusement le 18 juillet 1872.

Les deux canons rayés de montagne, dont la place fut
dotée plus tard, rendirent encore la défense intérieure plus
sûre et plus facile.

En dehors de l'enceinte, on fortifia les bâtiments de l'hôpital, à 40 mètres de distance au nord-est, pour empêcher
l'ennemi de s'y établir et aussi pour balayer les abords des
fronts nord et est de la place par les feux de cette excellente
position croisés avec ceux des autres forts extérieurs. On le
mit en état de défense en murant les ouvertures, qu'on crénela ensuite ainsi que les murs de clôture, et en construisant
quatre coffres flanquants ; on organisa aussi en poste avancé
une maison située à 70 mètres plus au nord, qui commandait
l'enceinte à laquelle on la relia par une communication sûre.
A l'intérieur même de l'hôpital, on prépara enfin un second
réduit avec des coupures retranchées.

En face du collége fortifié d'Escuelas Pias se trouvait une

maison inachevée, mais déjà très-élevée qu'on crénela et dont on organisa les étages pour donner des feux sur les approches du côté de l'ouest.

L'usine Godo, en face de l'usine Igualadina, fut également occupée pour surveiller le terrain bas des bords de la rivière ; enfin un chemin de ronde, tracé sur tout le développement intérieur de l'enceinte, facilitait beaucoup le service de garde.

En résumé, bien que son enceinte eût un développement trop considérable, les forts extérieurs, les réduits retranchés, les postes avancés et le chemin de ronde firent d'Igualada l'une des places les plus fortes de la Catalogne ; aussi ne fut-elle pas attaquée de nouveau.

Manresa. — Cette ville a une importance qu'on ne saurait méconnaître et qu'on a déjà eu plusieurs fois occasion de faire ressortir. Base offensive pour toute opération dirigée contre le massif central de la haute montagne de Catalogne, et place de dépôt excellente à cause des abondantes ressources qu'elle offre, elle doit de toute nécessité être solidement occupée.

Située sur le Cardoner, près de son confluent avec le Llobregat, elle renferme une population de 22,000 habitants et possède une industrie assez développée. Ses alentours sont généralement plats et découverts ; on n'y trouve que les hauteurs de Puig-Terra au nord, tout près de la ville, celles du Balcon de San Pablo à l'est et, sur la rive droite du Cardoner, les collines de Santa Catalina parallèles à la rivière. La ville avec ses faubourgs couvre une grande étendue ; aussi dut-on prendre le parti de la fortifier au moyen d'une enceinte intérieure appuyée à deux réduits retranchés, la cathédrale de Seo et la caserne du Carmen, et flanquée par des tambours et des tours carrées à deux étages. Un escarpement assez

élevé bordait une partie de cette enceinte, comme le montre
le plan.

MANRESA.   Nº 11

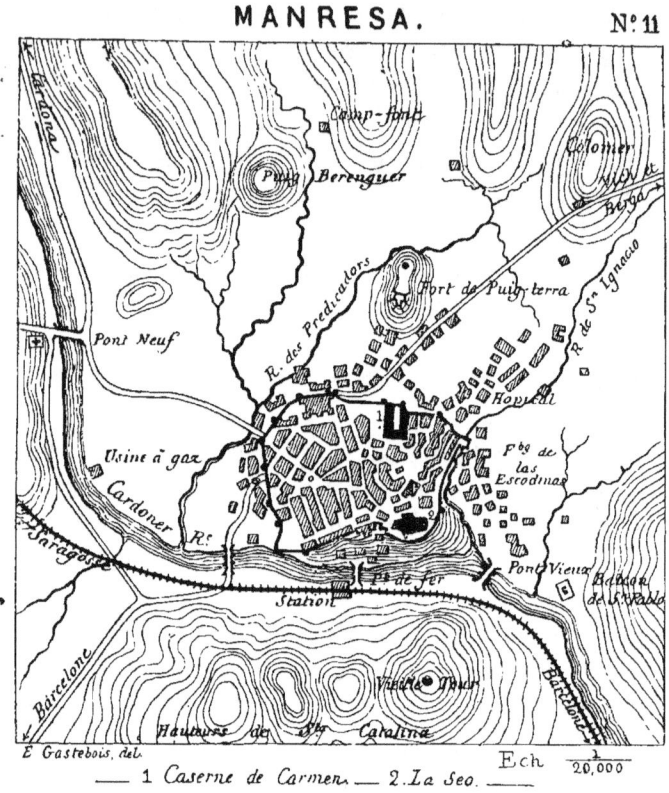

E. Gastebois, del.

Ech $\frac{1}{20,000}$

——— 1 Caserne de Carmen ——— 2. La Seo. ———

En dehors de la ville, pour en battre et surveiller les abords,
on répara et on appropria le château de Puig-Terra qui avait
porté le nom d'Isabelle II dans l'autre guerre civile. Ses ouvrages se réduisaient à un terre-plein, de forme assez irrégu-
lière, entouré d'un mur percé de créneaux et de quelques
embrasures, au centre duquel s'élevait un bâtiment sans

caractère défensif, renfermant la caserne, les magasins, les cuisines et des pavillons. Le fort était entouré d'un petit fossé, et à 120 mètres au nord, une tour circulaire, disposée pour la fusillade, battait de revers le front le plus exposé aux attaques. L'armement fut constitué par un canon rayé de 12% et un canon lisse de 10%, auxquels on ajouta deux petits mortiers-éprouvettes pour lesquels il n'y avait pas de projectiles de calibre.

Sur l'esplanade de la cathédrale, on établit trois batteries; l'une, armée d'un canon rayé de 12%, battait le dangereux faubourg des Escodinas; une autre flanquait avec un canon de 10% lisse le front de Mosen Bosch qui était la partie la plus faible de l'enceinte; la dernière, à l'ouest de la cathédrale, avait trois embrasures et deux canons rayés de montagne; elle dominait le bas faubourg le long de la rivière et balayait les versants des monts de Santa Catalina et la station du chemin de fer.

En 1874, le commandant de la Llave y Garcia proposa, pour compléter les défenses de Manresa, de réparer la tour de Santa Catalina et de l'utiliser pour construire un fort qui, avec celui de Puig-Terra, aurait commandé tous les alentours de la place, le ravin de Fontanellas et les hauteurs de Salellas situées en arrière de lui. Bien que le projet eût été approuvé par le directeur général du génie, les travaux ne furent pas entrepris.

Vich. — Cette ville, rivale de Manresa, constitue, comme elle, une excellente base pour les opérations dirigées contre le plateau du Llusanès, la vallée du haut Ter et les Guillerias; c'est en même temps un centre très-important par sa nombreuse population, son industrie et son commerce avec toute la montagne. On peut dire que Manresa et Vich formaient ensemble la base offensive de l'armée dans la partie centrale de la Catalogne.

VICH.   **N° 12.**

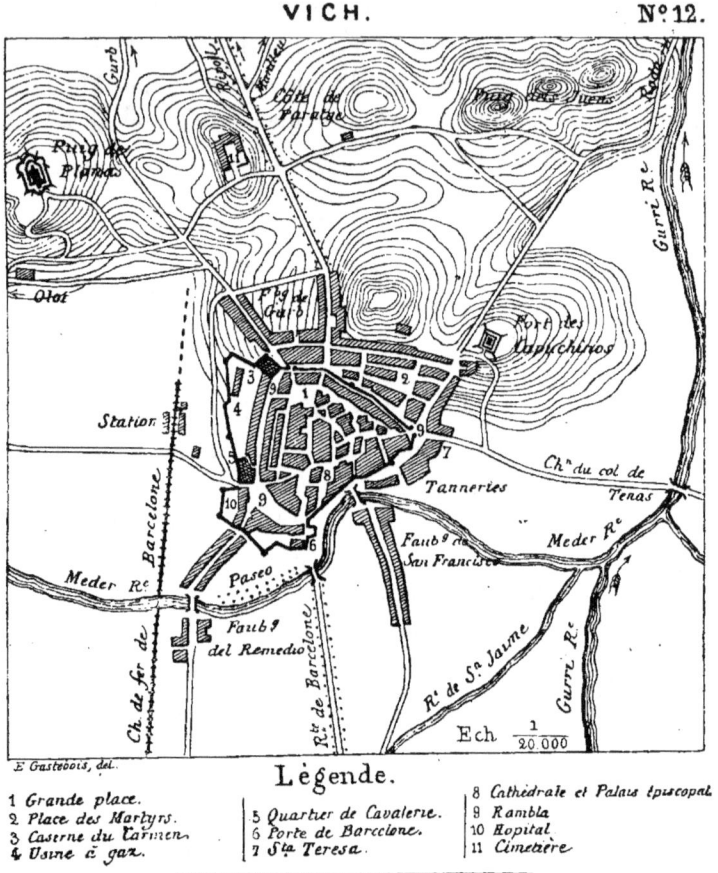

E Gastebois, del.

Légende.

1 Grande place.
2 Place des Martyrs.
3 Caserne du Carmen.
4 Usine à gaz.

5 Quartier de Cavalerie.
6 Porte de Barcelone.
7 Ste Teresa.

8 Cathédrale et Palais épiscopal.
9 Rambla.
10 Hopital.
11 Cimetière.

La ville se compose, à vrai dire, de deux parties distinctes, l'une, intérieure, entourée par la large rue de la Rambla; l'autre, extérieure, comprenant le quartier de la place des

Martyrs et les différents faubourgs qui s'étendent dans tous les sens et donnent à la ville une forme très-irrégulière.

Les environs sont unis et découverts ; on y remarque seulement vers le nord les collines du Puig de Planas qui sont les plus voisines de la ville, la côte de Paratge où se trouve le cimetière et les hauteurs du Puig dels Jueus formant trois petits mamelons dominés, comme celui de Paratge, par le Puig de Planas.

Il ne semble pas qu'on se soit arrêté aux meilleures dispositions possibles en adoptant, pour l'enceinte de Vich, l'organisation proposée par un conseil de défense formé des chefs de corps et d'officiers d'artillerie, du génie et d'état-major, sous la présidence du brigadier qui commandait les troupes actives de soutien. Les diverses exigences de la majorité de ce conseil, entre autres celle de vouloir englober l'usine à gaz dans l'enceinte uniquement pour ne pas priver la ville de son éclairage habituel, conduisirent à un tracé qui présentait de graves défauts. Au nord et à l'est, on se borna à défendre le vieux quartier de la ville limité par la Rambla ; mais, pour ne pas être désagréable aux propriétaires des maisons, on construisit devant celles-ci un mur crénelé qu'on eut grand'peine à défiler en le hérissant de masques et de traverses depuis la caserne du Carmen jusqu'à Santa Teresa. Au sud-est, l'enceinte suivait la vieille muraille à grosses tours, pour arriver au sud à la porte de Barcelone très-habilement organisée ; elle traversait ensuite la Rambla et, contournant la maison de charité et l'hôpital, allait, par de longues courtines, rejoindre à l'est le saillant de l'usine à gaz et regagner ensuite la caserne du Carmen.

Toute l'enceinte était flanquée par des tours pentagonales à deux étages, assez grandes et armées pour la plupart d'un canon rayé de montagne. Les courtines intermédiaires consistaient en murs d'une hauteur suffisante et d'une bonne épaisseur, pourvus d'une banquette et de créneaux pour la fusillade. Trois batteries, chacune pour un canon lisse de 10%, se trouvaient sur l'enceinte, l'une à la porte de Barcelone, l'autre dans l'une des tours, enfilant respectivement la route de Barcelone et le faubourg de Gurb, la troisième, à côté de la caserne du Carmen, battant les pentes du Puig de Planas.

Ainsi l'enceinte de Vich, malgré son grand développement, ne renfermait pas toute la ville et laissait en dehors non-seulement les faubourgs, mais encore l'important quartier de la place des Martyrs. Il eût sans doute été préférable d'adopter pour son tracé l'une des deux solutions suivantes, comportant d'ailleurs l'une et l'autre, comme complément, l'occupation solide de l'importante colline du Puig de Planas : enfermer toute la ville dans une enceinte avec des réduits retranchés solidement organisés, comme à Igualada, ou bien faire passer une enceinte continue par la Rambla, en gardant les dehors et les approches de la place par de nombreuses tours crénelées et armées d'artillerie aux points nécessaires.

Le seul moyen de corriger les inconvénients du tracé qu'on avait adopté, fut de construire au nord-est de Vich un fort sur le plateau des Capuchinos, tout près du couvent et du chemin de ce nom, pour battre le quartier de la place des Martyrs, ses débouchés et le front est de la ville. Le fort consistait en une redoute en terre de 16 mètres de côté, au centre de laquelle s'élevait une tour-caserne armée d'un canon rayé de 8%₀ long.

Le fort du Puig de Planas, décrit plus haut (page 210), était de son côté armé de deux pièces du même calibre qui battaient tous les chemins et les hauteurs au nord, ainsi que les abords du front ouest où se trouvait la station du chemin de fer.

La fortification de Vich n'en présentait pas moins toujours le grave défaut de n'avoir pas de réduit, oubli d'autant plus regrettable que l'esprit de la population était nettement favorable au carlisme.

Berga. — Dans la vallée supérieure du Llobregat, au pied de la haute montagne de Queralt et à l'extrémité du contrefort qui, partant de la sierra du Cadi, forme le plateau escarpé de Vallsèbre et la sierra de Rasos de Paguera, se trouve la ville de Berga qui a toujours joué un rôle considérable dans toutes les guerres civiles dont ce pays a été le théâtre (*voir le croquis n° 3, page* 109).

La sierra de Queralt projette sous les noms de Fullerachs, de Fumanya, de Garriga et de Mercadal, de nombreux éperons jusque dans le voisinage immédiat de la ville (300 à 1,300 mètres) et au nord de celle-ci. La sierra de la Petita et celle de Can Pons s'élèvent à 800 et 1,200 mètres vers l'est, tandis qu'à 2,000 mètres au sud-ouest la sierra de Nuet se dresse au-dessus du village d'Avia.

Le sol même sur lequel la ville est bâtie est très-accidenté et forme le versant méridional d'une colline au sommet de laquelle se trouve l'ancien château féodal des comtes d'Urgel.

Dans toute la ville et dans ses environs on rencontre les restes des grands établissements militaires carlistes de la guerre civile de sept ans, pendant laquelle Berga fut la capitale de la Catalogne carliste et le siége de la junte qui administrait les affaires de l'insurrection vers la fin de cette guerre; à cette époque, les défenses du château et les bâtiments qu'il renfermait furent considérablement augmentés; autour de la caserne de San Francisco, transformée en arse-

nal d'artillerie, on avait installé la fonderie de canons et
de projectiles ainsi que la poudrerie ; la chapelle de Queralt
avait été convertie en fort et en prison d'État ; les hauteurs
qui entourent la ville s'étaient vues couronnées par de nombreux forts dont l'un, la tour de la Petita, subsiste encore,
quoique en mauvais état ; les sierras de Nuet et de Fullè-
rachs étaient au contraire défendues par des retranchements
de campagne. Enfin, les carlistes avaient fait de Berga le
centre de leur résistance et avaient réuni leurs derniers
moyens de défense dans cette place qui constituait un excellent camp retranché naturel, vu la configuration du pays et
le mauvais état des communications d'alors dans la montagne.

Ces souvenirs ne furent certainement pas étrangers aux
efforts persistants que firent les insurgés catalans pour s'emparer de Berga, depuis 1873 jusqu'à la fin de la guerre. On a
pu lire dans les chapitres précédents le récit de ces tentatives et celui des opérations qui les firent échouer ; il ne
reste donc plus qu'à donner une idée des fortifications qui,
pendant cette guerre, assurèrent la défense de la place.

Le château, situé sur une colline longue et étroite, occupe
un plateau élevé de forme très-irrégulière, où sont construits
les bâtiments ; ce plateau ou terre-plein, en grande partie
formé de roc, est entouré de murs en maçonnerie d'une
épaisseur considérable et d'une hauteur qui, en certains
points, atteint 15 mètres. Le château s'étend, en plan, sur
une longueur de 160 mètres dans le sens est-ouest et sur une
largeur de 25 mètres au maximum. Le front nord, irrégulier
et mal flanqué, est surveillé par un tambour à machicoulis
refait à neuf en 1874. Le saillant ouest forme une batterie
bastionnée, et le saillant est, une autre appelée l'Ouvrage-
Neuf. Sur le front sud se trouve également une batterie
bastionnée dont les pièces tirent par-dessus la ville, et une

enceinte basse que l'on traverse pour monter à l'enceinte
supérieure du château par une rampe à plusieurs paliers. Les
trois bâtiments élevés sur la plate-forme servent, l'un de dépôt de munitions, et les deux autres, de casernement et de
magasin aux vivres. Le terre-plein est défilé au moyen de
traverses et de masques en différents points du fort, dont
les murs sont percés en tout de quatorze embrasures dans
diverses directions et dont l'armement permanent comprend
quatre canons rayés de 8%, longs, en bronze.

Les côtés est et sud du château sont entourés d'une enceinte basse formée d'un mur crénelé en pisé; celui-ci s'étend
du côté de l'est jusqu'à 110 mètres du château, où il se termine en dessinant sur un petit mamelon un ouvrage à cornes
nommé la Bonnette. Le terre-plein intérieur de la Bonnette
est défilé des hauteurs qui la dominent et ses communications
avec le château sont assurées par une galerie coupée de
hautes traverses; l'enceinte basse, dans sa partie sud-ouest,
est aussi défilée au moyen de traverses qui permettent de
gagner, à l'abri des coups, le corps de garde ou tambour de
l'Oratorio.

Des deux extrémités de l'enceinte basse du château, c'est-
à-dire de la Bonnette et du corps de garde de l'Oratorio,
partait l'enceinte de la ville qui enveloppait complétement
celle-ci, à l'exception seulement du petit quartier du Vall et
du faubourg du Roser, incendié en 1873 par les volontaires
du Xich de la Barraqueta.

Cette enceinte, formée de maisons et de murs en pisé crénelés, était flanquée par des tambours et des tours en maçonnerie et soutenue par le réduit organisé dans la caserne
de San Francisco, ainsi que par les restes de l'ancien fort de
San Carlos. La caserne de San Francisco était un bâtiment
solide, parfaitement propre à loger la troupe et à emmaga-

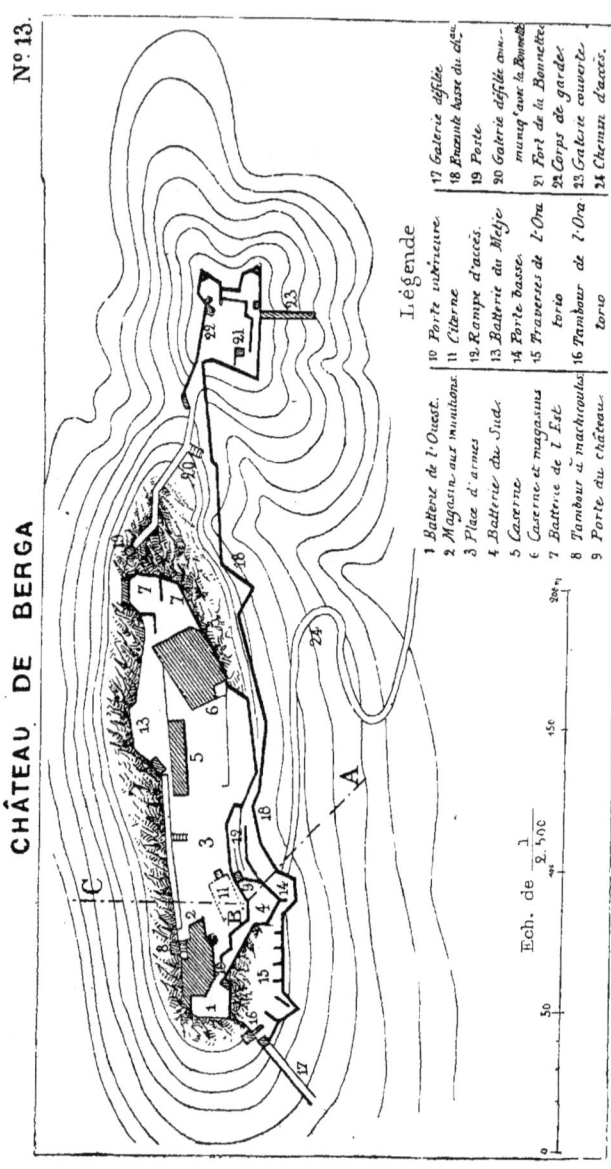

N.º 13.

CHÂTEAU DE BERGA

Ech. de $\frac{1}{2.500}$

Légende

1 Batterie de l'Ouest.	10 Porte intérieure.	17 Galerie défilée
2 Magasin aux munitions.	11 Citerne	18 Enceinte basse du château.
3 Place d'armes	12 Rampe d'accès.	19 Porte.
4 Batterie du Sud.	13 Batterie du Metje	20 Galerie défilée communiquant avec la Bonnette
5 Caserne	14 Porte basse.	21 Fort de la Bonnette
6 Caserne et magasins	15 Traverses de l'Oratorio	22 Corps de garde
7 Batterie de l'Est	16 Tambour de l'Oratorio	23 Galerie couverte
8 Tambour à machicoulis		24 Chemin d'accès.
9 Porte du château.		

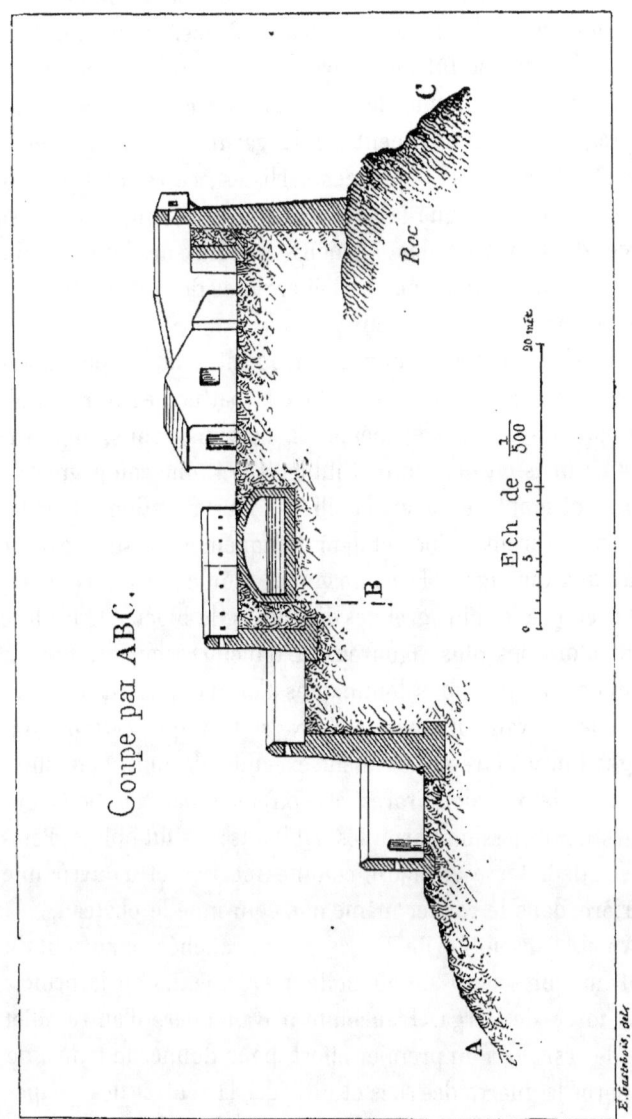

Coupe par ABC.

C

Roc

B

A

Ech de $\frac{1}{500}$

0   5   10   20 m.es

E. Gautheus, del.

siner des vivres, bien flanqué partout et pourvu de communications assurées avec le château. L'enceinte ainsi consti-
tuée, bien qu'elle fût loin d'avoir toute la solidité désirable,
n'en rendit pas moins de bons services et suffit, grâce au
courage et au dévouement de la garnison, à empêcher la
place de tomber aux mains des carlistes ; ce résultat prouve,
une fois de plus, que la défense ne tire pas uniquement sa
force de la valeur des éléments passifs sur lesquels elle
s'appuie, mais avant tout de l'énergie et de la discipline des
troupes placées derrière eux.

Au début, cette enceinte se trouvait dans les plus mauvaises conditions ; elle était enfilée et battue de revers depuis
les hauteurs voisines et même, en certains points, depuis la
plaine ; mais en mai, juin et juillet 1874, une compagnie du
génie fut employée à en améliorer l'organisation ; tous les
remparts furent défilés et leur flanquement assuré par de
nouveaux ouvrages ; la compagnie, pour ces travaux, eut à
lutter contre les plus grandes difficultés, le blocus de la place
étant alors des plus rigoureux. L'ennemi occupait, sur les
hauteurs, des positions dominantes d'où il inquiétait constamment les travailleurs par ses feux, si bien que certains ouvrages durent être entièrement exécutés de nuit : en outre
les matériaux étaient rares et l'on manquait de bons ouvriers de profession parmi les habitants ; on fut obligé d'employer de la terre argileuse comme mortier et d'ouvrir une
carrière dans le rocher même que couronne le château.

Ainsi, l'ensemble de la caserne retranchée et surtout du
château qui servait de citadelle à la ville, faisait la principale force de Berga. L'enceinte n'avait guère d'autre objet
que de résister à un premier effort, pour donner le temps de
préparer la guerre des rues et protéger la rentrée des troupes
dans ces deux réduits ; c'était là que devait se faire la seconde

et sérieuse défense et les assiégés pouvaient s'y considérer comme en toute sûreté, étant donnés les moyens d'attaque dont disposaient les carlistes. Ce n'est pas à dire, pour autant, que la garnison eût pu se croire autorisée à abandonner précipitamment l'enceinte ; celle-ci doit toujours, en thèse générale, être vigoureusement disputée, car une attaque de vive force a peu de chances de réussir contre des fortifications bien flanquées et défendues comme il convient ; lors même qu'elle est soutenue par de l'artillerie et que celle-ci parvient à ouvrir une brèche, l'assaut, en face d'une garnison bien décidée, est encore l'une des opérations les plus hasardeuses de la guerre.

Pour donner à Berga toute la sécurité et la force de résistance dont elle est susceptible, il est d'une nécessité évidente de la doter de forts extérieurs. Aussi le commandant de la Llave y Garcia avait-il, dans cette conviction, proposé, en juillet 1874, de fortifier la chapelle de Queralt, de mettre en état la tour de la Petita, de bâtir un fort sur la sierra de Nuet et d'élever en outre des tours et des blockhaus pour la fusillade sur les hauteurs de Mercadal et de Fumanya. Il comptait que ces ouvrages, en étendant le rayon d'action de Berga, rendraient les blocus beaucoup moins étroits, sinon tout à fait impossibles, et empêcheraient les fusillades que la place et le château avaient à soutenir chaque jour.

Ce projet, qui eût assuré la sécurité de la place, ne fut pas mis à exécution et, lorsqu'au mois de septembre suivant le général Lopez Dominguez donna l'ordre d'occuper Queralt et la Petita, la compagnie du génie avait déjà quitté Berga ; les travaux entrepris sur ces deux points furent dirigés par le commandant militaire.

Olot et Castellfullit. — On a vu déjà, dans un chapitre précédent, combien il était important d'occuper Olot pour en faire la base offensive de l'armée sur la droite de la Catalogne ; on a également esquissé l'opération par laquelle le général Martinez Campos se rendit maître de la ville et des hauteurs voisines et indiqué les premiers travaux exécutés pour fortifier provisoirement Montsacopa, Montolivet et Batet autour d'Olot, Canadell, Cos et Ladebesa au-dessus de Castellfullit. Il reste à décrire les ouvrages permanents construits pour assurer la possession de ces points (*voir le croquis n°1*, page 90).

Le général Martinez Campos décida que les travaux des forts extérieurs d'Olot et de Castellfullit seraient payés sur les fonds du quartier général dont il mit immédiatement 125,000 pesetas à la disposition des ingénieurs, mais que les enceintes de ces deux places, si on les jugeait nécessaires, seraient élevées aux frais des villages voisins.

L'ermitage de San Francesch sur le piton de Montsacopa (*voir le croquis n° 6*, page 142) servit de noyau au fort qu'on construisit en ce point. Le bâtiment fut partagé en deux étages pour loger plus facilement la troupe et organiser des chambres pour les officiers et des magasins aux vivres. Le plan de l'ermitage a la forme d'un T, dans l'un des angles rentrants duquel on installa un dépôt de munitions; celui-ci, enterré et blindé, était en outre entouré d'un tambour qui, en le protégeant, servait en même temps à flanquer la porte du bâtiment ; les deux étages, ainsi que le clocher, furent crénelés.

L'ermitage, ainsi transformé en caserne défensive, fut entouré d'une redoute rectangulaire crénelée dont les grands côtés avaient 50 mètres ; le côté ouest se terminait par deux bastionnets qui le flanquaient en même temps que les côtés nord et sud, derrière chacun desquels se trouvait une batterie

surélevée à barbette armée d'un canon Krupp de 8%₀; le côté
est était flanqué par un tambour à côté duquel s'ouvrait une
embrasure. La porte d'entrée du fort était sur le front sud
et une vieille citerne servait à recueillir les eaux de pluie.

De l'autre côté du cratère de Montsacopa, à 100 mètres
du fort et à 125 mètres l'une de l'autre, on éleva deux tours
crénelées circulaires, pour 16 hommes chacune, avec un
étage bas et une plate-forme crénelée.

Le piton de Montolivet, volcanique comme celui de Montsacopa, était occupé par une tour circulaire armée de deux
canons Krupp de 8%₀. L'étage souterrain était partagé entre
le magasin aux vivres et le magasin aux munitions; au rez-
de-chaussée se trouvaient la batterie et le logement de l'officier d'artillerie, qui n'en était séparé que par un paravent; l'é-
tage renfermait le lit de camp de la troupe et le logement des
officiers du détachement; enfin, la plate-forme était en partie
couverte par un auvent avec toit en zinc qui servait de corps
de garde. La tour était protégée par un fossé à escarpes re-
vêtues, au fond duquel était creusée une citerne; à 30 mètres environ plus loin se trouvait un blockhaus formant
poste avancé, avec une baraque pour les cuisines.

Sur la hauteur des Bisarocas, contrefort de la sierra de
Batet à l'est de la ville, on bâtit aussi une tour circulaire à
sous-sol et à deux étages, contre laquelle on appuya une
citerne surmontée d'une terrasse carrée. Le sous-sol était
aménagé en magasins aux vivres et aux munitions; au rez-
de-chaussée se trouvaient le lit de camp et le logement de
l'officier; enfin, l'étage principal renfermait la batterie armée
d'un canon Krupp de 8%₀ et surmontée d'un toit en tuiles.

A l'extrémité de la sierra de Batet la plus rapprochée
d'Olot se rencontre le hameau du même nom qui commande
tous les environs et la vallée de Beguda. Il était donc indis-

pensable d'occuper ce point et, pour s'en assurer la possession, on en retrancha les cinq maisons et l'église, qu'on
relia par des murs crénelés pourvus d'une banquette et
précédés d'un petit fossé. Une citerne adossée à l'une des
maisons fut comblée avec de la terre et son plafond en terrasse fut disposé pour recevoir un canon rayé de 8% court.

Les distances des différents forts à la ville d'Olot étaient
les suivantes : San Francesch à 400 mètres ; Montolivet à
600 mètres ; les Bisarocas à 700 et Batet à 2,000 mètres.

L'enceinte d'Olot, formée de murs de 4 à 6 mètres de hauteur et de maisons dont les ouvertures avaient été maçonnées,
était flanquée par dix tours crénelées, un tambour, deux
demi-tours et enfin par la maison Vaireda qu'on avait retranchée ; cinq portes avec corps de garde donnaient passage
aux chemins d'Olot, de Batet, de Santa Pau, de Vich et de
Ripoll ; deux barrières établissaient en outre les communications avec San Francesch et la tour n° 10 qui était extérieure.
La tour n° 2, située sur la rive droite de la Fluvia, battait
de revers la partie de l'enceinte appuyée à la rive gauche.

La partie nord de l'enceinte, protégée par le voisinage
immédiat du fort de San Francesch, consistait en une simple
palissade avec fossé, flanquée et soutenue, au pied du Montsacopa, par l'ermitage de San Francisco également retranché
et entouré d'un fossé, puis par les tours n°ˢ 1 et 10, et enfin
par un tambour voisin du cimetière.

L'enceinte enveloppait toute la ville à l'exception des faubourgs de San Bernardo, de San Miguel et de la Magdalena.
Le retranchement intérieur et les principaux magasins d'Olot
étaient établis dans le bâtiment de l'hospice mis en état de
défense au moyen de créneaux percés dans les fenêtres et de
deux tambours flanquants construits aux angles opposés ; il
servait à la fois de casernement à la majeure partie de la

garnison et de magasins de vivres et de munitions, tant pour la place que pour la division de la province de Gérone. Une autre fraction de la garnison était logée à la caserne du Carmen qu'on avait flanquée par deux tambours; enfin, un observatoire était installé dans le clocher de San Estéban.

DÉFILÉ DE CASTELLFULLIT N.° 14.

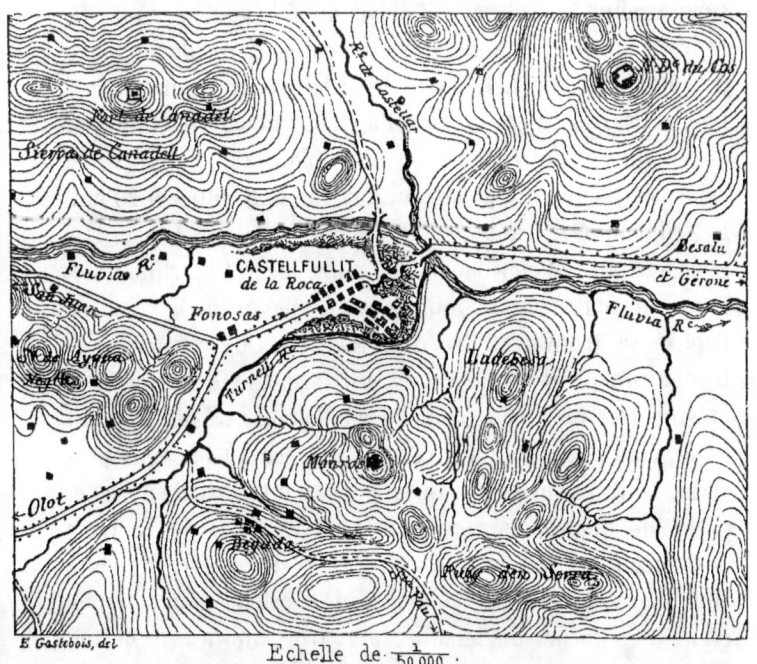

E Gastebois, del

Echelle de $\frac{1}{50.000}$.

A Castellfullit on se décida, après de nouvelles reconnaissances, à abandonner la hauteur de Ladebesa dont l'occupation devenait inutile du moment qu'on était établi sur celles du Cos et de Monros qui la commandaient.

Le fort de Canadell, décrit plus haut (*voir le croquis n° 8,* page 213), était situé sur l'un des sommets de la sierra de ce nom, à 1,800 ou 2,000 mètres au nord-ouest de Castellfullit ; par sa position il battait directement l'entrée du défilé, en défendait la gauche et commandait les vallées de Beguda et de·San Juan ; son armement se composait d'un canon Krupp de 8‰.

Le fort du Cos, à 2,300 mètres au nord-est de Castellfullit, sur un point très-élevé, défendait aussi la gauche du défilé, rendait impossible tout établissement sérieux de l'ennemi de l'autre côté sur la hauteur de Ladebesa et commandait la plaine de Besalu et de Tortella. Le fort était constitué par l'ermitage de Notre-Dame du Cos qu'on avait retranché et relié par des murs crénelés à une vieille tour située à 20 mètres plus loin. L'ermitage était crénelé et la nef, la sacristie et le vestiaire étaient aménagés pour loger les artilleurs et servir de magasins aux munitions. Au-dessus de la voûte de l'église se trouvaient des dortoirs avec lit de camp pour la troupe, un magasin de vivres, un logement d'officier et la cuisine avec un four à pain. La vieille tour, très-solidement bâtie, était pourvue d'une citerne qui recevait les eaux pluviales tombées sur la terrasse ; celle-ci fut aussi crénelée et garnie de quatre guérites pour le service de garde. Le reste de l'enceinte était formé par une batterie en terre avec une embrasure dirigée sur la plaine de Tortella, par un mur crénelé en forme de tenaille, avec trois embrasures et une barbette pour battre la route et le village de San Jaime de Llerca. Le fort, entouré d'un fossé sur le côté est, était armé d'un canon Krupp de 8‰.

Le fort de Monros, sur une hauteur à 1,200 mètres au sud de la ville, battait directement, comme celui de Canadell, l'entrée du défilé dont il défendait la droite ; son action, combinée avec celle des retranchements de Batet distants de 5 kilomètres seulement, s'étendait sur toute la vallée de Beguda. Le fort se composait de l'ermitage de Notre-Dame de Monros crénelé et entouré d'un fossé dans la partie la plus exposée ; le saillant formé par la sacristie et un tambour construit exprès pour cet objet en flanquaient les abords. Le lit de camp de la troupe était installé dans la nef et la sacristie servait de magasin aux vivres. Sur le toit, qui était très-solide et qu'on soutint en outre au moyen d'arceaux, on avait élevé une tour pour servir de logement aux artilleurs et de dépôt de munitions d'artillerie ; un canon Krupp de 8% était en batterie à l'étage supérieur. Le chœur de la chapelle avait été agrandi et aménagé en pavillon d'officiers ; enfin, une baraque extérieure abritait les cuisines.

Les trois forts dont il vient d'être question, suffisaient pour maîtriser le défilé de Castellfullit ; mais ils ne pouvaient interdire le passage de la route aux isolés, ni même aux partis ennemis ; il était à craindre en outre qu'il fût parfois difficile de relever leurs garnisons isolées. Pour parer à ces inconvénients, on retrancha également Castellfullit même, en utilisant l'escarpement vertical de 50 mètres de haut qui entoure les deux tiers de la ville. L'enceinte fut formée par les maisons qu'on crénela ainsi que les murs qui les reliaient ; d'ailleurs le flanquement s'obtint, soit par les inflexions du tracé, soit par des tours et des tambours lorsque cette disposition parut nécessaire. La route fut fermée par des portes assez larges pour le passage des voitures, et on ménagea, en deux autres points, des sorties pour les piétons. Trois maisons de la ville furent appropriées pour loger la garnison, et deux autres situées à l'extérieur, l'une sur la route et l'autre à mi-côte de Monros, furent retranchées pour donner plus de sécurité à la place, en empêchant l'ennemi d'approcher à portée de fusil pour inquiéter la garnison.

Les sept forts d'Olot et de Castellfullit formaient, avec les enceintes de ces deux villes et les autres postes secondaires, un vaste établissement militaire qui rendait l'armée maîtresse de la province de Gérone et contribua puissamment à la pacification de cette contrée.

Fortifications de l'Ampurdan. — La place de San Fernando de Figueras et les villes retranchées de Castellon de Ampurias et de La Junquera défendaient ce côté. Castellon de Ampurias avait une enceinte avec fossés pleins d'eau et des tours à machicoulis ; à La Junquera, l'enceinte flanquée par des tours, des tambours et une tour extérieure armée d'artillerie, présentait les dispositions ordinaires.

Sans parler davantage des fortifications élevées en un grand nombre d'autres points de la Catalogne, les descriptions précédentes paraissent suffisantes pour donner une idée exacte des travaux exécutés pendant la guerre civile. Quant aux défenses de Puigcerda, dont il a déjà été question, il suffit d'ajouter qu'après le siége soutenu par la place, elles furent encore notablement améliorées ; enfin, il n'y a pas lieu de parler ici des places fortes permanentes de Cardona et d'Hostalrich.

« Arrivé au terme de la tâche que nous nous étions tracée, « dit en finissant le commandant de la Llave, nous craignons « de n'avoir pas atteint notre but, qui était de faire connaître « les opérations les plus importantes et les plus caractéris-« tiques de la guerre dont la Catalogne a été le théâtre ; elles « nous paraissent mériter d'être sérieusement étudiées par « tous ceux qui peuvent avoir un jour, dans ce pays, à prendre « part à une guerre semblable ou à toute autre ; aussi souhai-« tons-nous voir ceux que leur position a mis à même de

« suivre les opérations de la dernière guerre et de recueillir
« des détails sur leur exécution, publier leurs études et leurs
« travaux ; c'est la seule manière d'arriver à former, sur la
« stratégie et la tactique spéciale de nos guerres civiles, un
« corps de doctrine qui en rendra l'extension plus difficile
« et la répression plus prompte, en empêchant de retomber
« constamment dans les mêmes erreurs ; ce sera le moyen
« le plus efficace pour assurer à notre patrie la paix que nous
« devons tous désirer et qui est le seul remède capable de
« guérir ses maux passés. »

Pour nous, qui nous associons de cœur à ces vœux patrio-
tiques, il reste encore d'autres enseignements à tirer des
pages qui précèdent. Le récit des péripéties de cette longue
lutte, l'exposé des causes matérielles et *psychologiques* qui
ont permis à l'insurrection de s'étendre au point qu'on a pu
croire un instant au triomphe de la cause carliste, l'étude
des mesures qui, plus tard, la réduisirent rapidement à l'im-
puissance et amenèrent le rétablissement définitif et complet
de l'ordre, peuvent, sans qu'il soit besoin d'insister davantage, paraître intéressants et instructifs à plus d'un titre.

Aussi, quel que soit l'accueil réservé à ce travail, nous
demandons du moins à nos camarades, avec l'auteur, que
notre bonne intention nous fasse pardonner de l'avoir entrepris.

NOTES EXPLICATIVES

Sur quelques mots du dialecte catalan.

Le patois qui se parle en Catalogne a tous les caractères d'une
véritable langue : il dérive de l'ancien limousin et, malgré ses
transformations, se rapproche encore plus aujourd'hui du français que de l'espagnol; sa ressemblance avec le provençal té-
moigne ainsi de la part qu'ont prise les Francs, dans la partie
orientale de l'Espagne, à la grande lutte qui s'est terminée par
l'expulsion des Maures.

La littérature catalane a eu, depuis une vingtaine d'années, une
renaissance assez remarquable : il se publie aujourd'hui plusieurs
journaux et revues littéraires dans cet idiome. Un certain nombre
d'expressions, surtout pour les noms de lieux ou ceux d'institutions propres au pays, sont conservées telles quelles en espagnol ;
il a semblé convenable de les conserver également dans le texte
français; mais on croit devoir donner de courtes explications sur
quelques-unes d'entre elles.

1° *Can, Col, Puig.* — En Catalogne, il arrive souvent que les
lieux habités prennent le nom d'une maison, d'un col, d'une
montagne, etc. Ainsi tous ceux dont les noms ont pour première
syllabe *Can* (en catalan, *maison*), ont pour origine une maison
de campagne autour de laquelle sont venues successivement se
grouper celles qui ont plus tard formé le hameau. De même les

noms, comme Col Suspina, indiquent un village situé près du col de ce nom; enfin tous ceux qui commencent par Puig (en catalan, *montagne*) appartiennent à des localités voisines d'une montagne. C'est pourquoi on a cru devoir conserver à certains mots, comme Puigcerda, l'orthographe espagnole plutôt que celle qui est habituellement admise en français.

2° *Conca.* — Mot catalan qui signifie *bassin :* on l'a néanmoins conservé dans certaines expressions, *Conca de Tremp, Conca de Barbera*, de même qu'on le fait en castillan, où l'on emprunte ces désignations au patois de la province.

3° *Somaten.* — Ce mot sert, depuis les temps les plus reculés, à désigner dans le dialecte catalan la levée en masse de la population.

Le général Foy qui avait, pendant ses campagnes, vu ces mouvements populaires des braves catalans, explique en ces termes les caractères généraux de cette institution patriotique : « Si les circonstances exigent le service d'un petit nombre de *Somatènes*, c'est leur ville ou leur village qui les choisit, les arme, les paie et nomme celui d'entre eux qui commandera les autres. Si le danger de la patrie appelle tout le monde aux armes, alors partent en masse tous les mâles de l'âge de seize à soixante ans, et, comme il n'y a jamais assez de fusils pour une aussi énorme multitude, l'un prend une vieille épée, l'autre une pique, et un troisième transforme en arme de guerre un instrument de labourage. » (*Histoire de la guerre de la Péninsule.*)

Pendant la dernière guerre, les carlistes cherchèrent à organiser le *Somaten*, en en faisant une sorte de milice territoriale; après la guerre, le *Somaten* fut au contraire réorganisé contre eux et prit alors le caractère d'une levée régulière des habitants pour la recherche et la poursuite des malfaiteurs et des criminels.

4° *Rondes ou patrouilles volantes locales.* — Petites compagnies recrutées sur certains points au moyen d'engagements volontaires et agissant habituellement en partisans dans les environs de leur centre de recrutement.

5° *Mozos de la Escuadra*. — Cette dénomination, intraduisible en français, a servi d'abord à désigner des corps de troupe de police créés vers le commencement du xviiie siècle, à la fin de la guerre de succession, pour poursuivre les bandes de maraudeurs qui s'étaient répandues dans le pays.

Ces troupes, payées par le budget de la province, étaient organisées par *escouades*, commandées chacune par un *cabo* ou caporal qui avait le grade de lieutenant, avec un enseigne ou sous-lieutenant appelé *subcabo* ou sous-caporal.

Le chef supérieur du corps des anciens mozos prenait le titre de commandant.

Les noms de cabo et de subcabo se donnaient aussi aux officiers du *Somaten*.

Sur le corps des officiers d'artillerie.

Autrefois, une partie des officiers d'artillerie sortait de l'école de Ségovie, le reste provenait de la classe des sous-officiers; mais ces derniers (*oficiales practicos*), lorsqu'ils étaient promus au grade de capitaine, étaient versés dans l'infanterie ou la cavalerie. Aujourd'hui, cette catégorie d'officiers n'existe plus dans l'artillerie, où les sous-officiers qui arrivent à l'épaulette sont nommés directement sous-lieutenants d'infanterie.

La dissolution du corps spécial des officiers d'artillerie, au mois de février 1873, eut les conséquences les plus funestes et l'on croit devoir rappeler brièvement les faits qui l'ont motivée.

En 1866, au milieu des troubles politiques qui agitaient alors l'Espagne, un officier d'artillerie, le capitaine Hidalgo, se laissa entraîner à prendre part à l'insurrection militaire du 22 juin, dans laquelle des soldats des régiments d'artillerie alors en garnison à Madrid, conduits par quelques sous-officiers, assassinèrent un colonel et huit autres officiers. Cette insurrection fut réprimée et le capitaine Hidalgo passa à l'étranger.

Mais, à la révolution de 1868, il rentra et fut nommé d'abord colonel d'infanterie, puis, peu de temps après, brigadier et général : il était maréchal de camp à la fin de 1872.

Les officiers d'artillerie avaient brisé toute relation avec leur ancien camarade qu'ils accusaient de complicité dans l'assassinat de ses compagnons d'armes, et lorsqu'il fut nommé capitaine-général des provinces basques, tous ceux qui y tenaient garnison, depuis le brigadier sous-inspecteur jusqu'au dernier lieutenant, s'abstinrent de paraître à la présentation officielle qui suivit sa prise de possession du commandement. Les mesures de rigueur dont furent alors frappés ces officiers, tous anciens chefs ou camarades du nouveau capitaine-général, ne firent que tendre la situation encore davantage.

Après quelques hésitations, le Gouvernement se décida à imposer le général Hidalgo et les officiers y répondirent en donnant en masse leur démission (février 1873); le général Cordoba, ministre de la guerre, l'accepta et crut, en nommant à leur place de nombreux sous-officiers, pouvoir prouver qu'il n'était pas nécessaire d'avoir un corps savant pour commander les batteries et tirer le canon; les sergents-majors furent élevés au grade de lieutenants et les simples sergents, dont plusieurs même venaient à peine d'être récemment promus à cet emploi, furent nommés sous-lieutenants.

Cette mesure ne tarda pas à porter ses fruits : l'artillerie fut généralement mal employée et bon nombre de pièces tombèrent entre les mains des carlistes, par suite de l'inexpérience de ces officiers improvisés. D'autre part, l'avancement si rapide des sous-officiers d'artillerie excita la jalousie de ceux de l'infanterie et fut ainsi l'une des causes qui amenèrent le relâchement des liens de la discipline, dont les effets se firent si malheureusement sentir, surtout en Catalogne.

L'absolue nécessité de porter remède à un tel état de choses détermina le président de la République, M. Castelar, et son ministre de la guerre, le général Sanchez Bregua, à réorganiser l'artillerie, en remettant le corps spécial des officiers sur son ancien pied : à la fin de septembre 1873 les officiers démissionnaires furent donc rappelés et réintégrés dans leurs emplois.

De la hiérarchie dans l'armée espagnole.

Il a été question, dans le cours de cet ouvrage, des doubles grades en usage dans l'armée espagnole; on en trouvera ci-dessous une courte explication d'après les renseignements de la *Revue militaire de l'étranger* (n°s 436 et 512).

« Dans l'armée espagnole, le *grade* est de deux sortes : le *grade réel* (*empleo*) qui définit le rang qu'un militaire occupe dans la hiérarchie par ses fonctions, la solde et les prérogatives dont il jouit, etc.; et le *grade honoraire* (*grado*) qui est un titre purement honorifique. »

Le grade honoraire peut d'ailleurs être supérieur d'un degré (*grado*) ou de deux degrés (*sobregrado*) au grade réel. L'officier qui en est revêtu n'en tire aucun avantage immédiat; mais lorsqu'il est promu à l'emploi supérieur, il prend rang dans cet *empleo* de la date de concession du *grado* et peut ainsi se trouver d'emblée reporté en tête de liste. Quant au *sobregrado* il est absolument honorifique jusqu'au jour où, par suite de la promotion de l'officier, il se trouve transformé en *grado* simple, dont il produit alors tous les effets à partir de cette date.

Dans les armes spéciales (état-major, artillerie et génie), les officiers peuvent recevoir non-seulement des grades honoraires, mais même des grades effectifs supérieurs à celui dont ils ont l'emploi. Ces grades effectifs sont dits *personnels* ou *dans l'armée* (*empleo personal* ou bien *en ejercito*). Ils ne changent rien à la situation de l'officier dans son arme, ni à son ancienneté dans les emplois successifs qu'il y occupe; mais l'officier a la solde, les honneurs et les prérogatives de son grade effectif personnel, et aussi, en dehors de son arme, les droits au commandement qu'il comporte.

TABLE DES MATIÈRES

PORTRAITS ET TYPES MILITAIRES.

CROQUIS DANS LE TEXTE.

NANCY, IMPRIMERIE BERGER-LEVRAULT ET Cie.

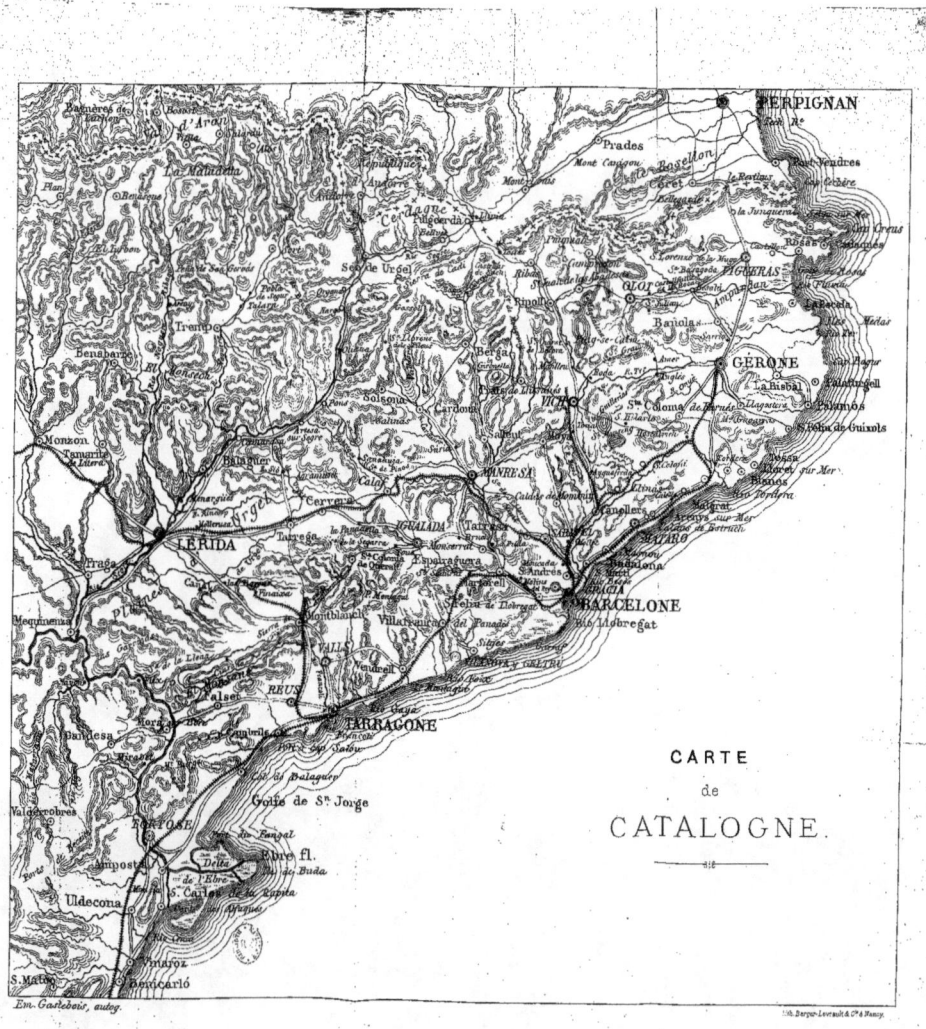

CARTE

de

CATALOGNE.